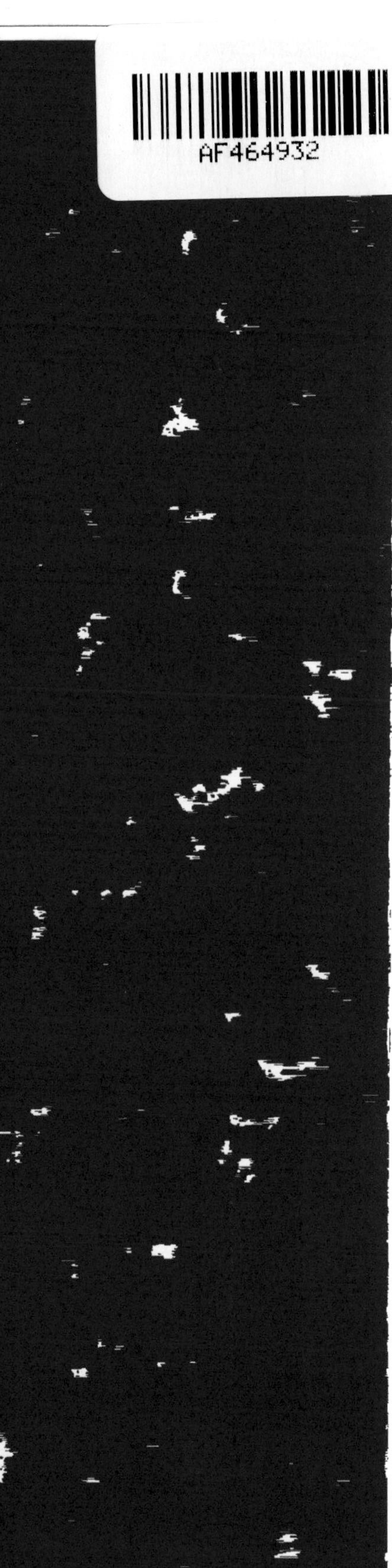

LE CLIMAT DE MADÈRE

ET SON

INFLUENCE THÉRAPEUTIQUE

SUR

LA PHTHISIE PULMONAIRE

PRÉFACE DU TRADUCTEUR.

L'étude expérimentale et comparée des climats, appliquée au traitement des maladies, est d'une utilité trop évidente pour qu'il soit nécessaire de la démontrer, et le célèbre traité *des airs, des eaux et des lieux* d'Hippocrate atteste hautement qu'elle fut considérée ainsi dès l'origine de l'art. Ce sujet a encore acquis une nouvelle importance depuis que la vapeur et l'électricité, supprimant les distances sur terre et sur mer, permettent des communications promptes et faciles entre tous les pays civilisés; car tous les climats sont rendus, par ce fait, accessibles à tous les peuples à la fois. Le domaine de l'art s'est donc considérablement agrandi sous ce rapport, et le médecin ne peut plus se borner à étudier les climats de son pays et des environs, il doit connaître tous ceux qui sont susceptibles de modifier efficacement un état pathologique quelconque ou l'organisme tout entier.

Cette connaissance est surtout impérieuse pour les climats réputés favorables et utiles aux phthisiques. A cet égard, l'ignorance serait presque un crime, car tous les autres remèdes échouant d'ordinaire chez ces infortunés malades, si nombreux et intéressants, on doit pouvoir conseiller celui-ci, qui a du moins la tradition en sa faveur, dans les cas et les circonstances où il est indiqué.

Ces considérations générales suffiraient à justifier cette traduction; mais en voici d'autres plus spéciales et non moins péremptoires. Madère n'est connu en France que par ses vins renommés; il y est à peine question de son beau climat et la plupart des médecins en ignorent même la vertu médicatrice et l'influence salutaire sur les affections chroniques du système respiratoire. Toutes nos connaissances à cet égard reposent sur quelques citations empruntées à nos voisins d'outre-Manche. Aucun ouvrage n'est venu jusqu'ici nous en révéler les bons effets, et malgré les publications variées faites à ce sujet, en

Angleterre et ailleurs, un très-petit nombre de médecins privilégiés parmi nous en ont une idée exacte. Aussi bien, tandis que de nombreux malades anglais, allemands, américains, russes, souffrant de la poitrine, sont envoyés chaque année pour chercher la guérison ou du soulagement qu'ils y trouvent le plus souvent, nos compatriotes y font ordinairement défaut.

L'absence d'un représentant national de la France à Madère n'est certainement pas étrangère à ce fâcheux et préjudiciable état de choses. Qu'un français aborde dans cette île et, ne trouvant personne à qui parler dans sa langue native, il ne peut s'éclairer sur la production, ni la consommation du pays, sur ses ressources, ses richesses et à plus forte raison sur l'influence salutaire de son climat. Souvent même, il lui est impossible de se renseigner exactement pour satisfaire au but qui l'amène et il est réduit à chercher, à deviner pour ainsi dire ce dont il a besoin. Aussi notre influence nationale est-elle à peu près nulle dans cette île où celle de la Grande Bretagne est toute puissante. Les produits de cette nation y couvrent le marché à l'exclusion des nôtres et les maisons anglaises y forment pour ainsi dire l'entrepôt du commerce. Notre monnaie, inconnue, n'y est reçue qu'avec difficulté et perte, lorsque les *souverains* y circulent presque exclusivement. Enfin le dialecte anglo-saxon y est parlé à l'égal de la langue nationale, tandis que la nôtre est tout à fait incomprise.

C'est donc avec tristesse et profondément froissé dans son orgueil national que le voyageur français constate cette absence complète de son pays dans cette île célèbre et favorisée. Il est si doux pour le navigateur, de retrouver dans ses relâches à l'étranger, comme le héros de Virgile, quelques traces de la grandeur de sa patrie, que le cœur le plus insensible en est rempli d'émotion, de joie, de bonheur. Quel n'est pas surtout l'étonnement, la surprise du médecin qui aborde pour la première fois dans cette autre île fortunée, d'y jouir d'une température douce, uniforme par excellence, et d'y rencontrer un climat tout à fait exceptionnel dont il n'avait jamais entendu parler! Et lorsque, frappé du concours de poitrinaires étrangers qu'on distingue se promenant à pied, à cheval, ou promenés en traîneau, en hamac, en chaise ou palanquin, il apprend les bienfaits que la plupart retirent de leur séjour sous ce climat, quel sentiment pénible n'éprouve-t-il pas de voir ses compatriotes privés fatalement de tels avantages !...

Telles furent nos impressions lors de notre passage à Funchal, capitale des îles Madère. C'était vers la fin d'octobre 1850. Nous venions de quitter le Hâvre où la température était déjà très-froide et humide et ce froid humide s'était encore accru en traversant la Manche. Nous avions essuyé de violentes tempêtes, couru de grands dangers sur cette mer orageuse et tourmentée et nous étions encore plongé dans les angoisses du mal de mer et le profond anéantissement qui en résulte lorsqu'on nous débarqua dans cette ville. Tout à coup, au lieu de ce froid humide de la mort, nous fûmes pénétré d'une douce chaleur vivifiante qui nous ranima; une atmosphère claire, limpide remplaçait les brumes de l'Océan, et à l'odeur nauséabonde, aux vapeurs méphitiques du navire, succédait un air pur, suave et fortifiant que nous respirions à pleins poumons. Ce fut pour nous comme une résurrection, la vie succédait à la mort, le printemps à l'hiver. Et quel printemps!... Une végétation touffue, verdoyante, variée, splendide, la nature la plus riche s'étendait de toutes parts à notre admiration, unissant la force majestueuse de celle des climats tempérés à la grandeur luxuriante qu'elle a sous les tropiques. Des plantes grimpantes, entrelacées aux rameaux des arbres et suspendues en guirlandes aux aisselles des branches formaient des berceaux, des coupoles de verdure jusque dans les promenades publiques. L'orme, le chêne, le platane s'y rencontraient à côté du laurier-rose, du palmier, du cocotier. A chaque pas, nos regards étaient arrêtés et charmés par des plantes tropicales nouvelles à l'aspect grandiose, aux proportions colossales. Les unes, couvertes de fleurs aux vives couleurs, d'un éclat éblouissant, excitaient notre admiration, tandis que d'autres, chargées de fruits succulents, faisaient nos délices. La tiède atmosphère, embaumée des suaves parfums de ces fleurs, de l'arôme de ces fruits délicieux, circulait partout, doucement agitée et rafraîchie par les brises de l'Océan. Une eau cristalline, descendant en cascades des montagnes, serpentait en ruisseaux dans la ville, sur un lit de cailloux et murmurait doucement dans sa course rapide avant d'arriver à la mer. C'était, pour le dire en un mot, un véritable Eden que nous quittâmes bien à regret et dont nous avons conservé le plus doux souvenir.

On objectera peut-être, que nous possédons des climats analogues à celui de Madère; que le climat de la Provence par exemple et d'autres encore au sud de la France ont la même influence sur les maladies de poitrine que celui de cette île éloignée, sans occasionner la douleur de la séparation et les inconvénients de dépense d'un si long voyage. On ajoutera même, sans doute, que les climats de Nice, Naples, Venise et bien d'autres environnants en Italie ou ailleurs, dont le séjour nous est facile, ont une renommée plus ancienne, une influence plus accréditée sur les affections pulmonaires et qu'il n'est pas nécessaire, par conséquent, de s'exposer aux incommodités, aux désagréments et aux périls de la navigation pour aller chercher au loin ce que nous avons si près. Si cette similitude des climats de France et d'Italie avec celui de Madère était réelle et prouvée par des faits positifs, il nous serait permis, sans doute, de négliger, de délaisser celui-ci ; mais où sont ces preuves? L'influence thérapeutique d'un climat ne peut s'établir que de deux manières : par des observations météorologiques précises, rigoureuses et répétées à divers intervalles, qui en représentent la théorie, ou par des faits cliniques nombreux, authentiques, bien observés et bien décrits, qui en sont la véritable pratique. Or, on cherche en vain ces deux conditions essentielles, indispensables, séparées ou réunies dans les écrits sur Hyères, Nice et les autres climats préconisés contre la phthisie. Les conditions météorologiques qui s'y trouvent signalées ne reposent, le plus souvent, que sur des données vagues, incertaines, isolées. Aucune statistique clinique n'établit l'influence de ces divers climats sur les affections chroniques des voies respiratoires, et leur valeur respective, à cet égard, ne repose que sur des opinions individuelles ou des *on dit*. Leurs analogies, leurs différences ne sont constatées rigoureusement nulle part. En un mot, la climatologie, basée sur les sciences physiques et sur l'observation clinique, existe à peine. Elle a été négligée et n'a pas suivi le mouvement progressif des autres branches thérapeutiques; ce qui dépend du défaut de médecins *périodeutes* comme dans l'antiquité : de ces hommes dévoués, faisant de la science pour la science et le bien de l'humanité. C'est bien plutôt par routine, par système ou par calcul que sur des observations scientifiques, sur la connaissance des lieux ou une expérience préalable, que la plupart des médecins conseillent tel ou tel climat. Les uns préfèrent Naples à Venise, d'autres Nice à Hyères, Pau à Montpellier ou au Vernet, la Provence aux Pyrénées, *et vice versa*, sans trop savoir pourquoi ou du moins sans pouvoir en donner une raison plausible. Il en est même qui les laissent aller où ils désirent, suivant leur goût, leur fortune ou leur commodité. Et cependant, quelles différences climatériques n'y a-t-il pas à coup sûr entre ces divers lieux conseillés contre la phthisie et quelle différence d'action ne doivent-ils pas exercer sur les malades, suivant la forme, le degré de la maladie, l'âge, le tempérament du sujet, etc., etc. !

Il est donc impossible d'assimiler ces divers climats, encore si imparfaitement connus, à celui de Madère qui l'est à peine. D'ailleurs, le peu qu'on en a dit en France, d'après les auteurs anglais, lui est très-favorable et tend à lui donner la prééminence sur tous les autres, comme on le verra dans ce livre. La situation de cette île, peu étendue, au milieu de l'Océan, la douce température qui y règne et ses faibles variations entre les saisons opposées, ont surtout fixé l'attention ; que l'on joigne à ces avantages une pression barométrique assez élevée unie à une humidité modérée, que les récentes observations ont mises en évidence, et l'on aura la réunion des conditions les plus favorables pour agir efficacement sur la phthisie. Suivant le professeur Martins, une forte pression barométrique, jointe à l'égalité de la température et l'humidité de l'air, est une condition capitale pour prévenir ou guérir les tubercules pulmonaires, et l'on comprend en effet, avec M. Pouget, que la pression de l'air, sur toute la périphérie du corps, agisse favorablement dans ces circonstances, en régularisant les phénomènes respiratoires et en développant la capacité du thorax. Elle doit même exercer sur la peau une action dérivative très-puissante et des plus salutaires pour les poumons, en raison de l'étroite relation physiologique de ces organes avec la surface cutanée. C'est ainsi que le corps se couvre d'une abondante transpiration dès que le baromètre baisse. La vaste étendue du réseau capillaire soumise ainsi à l'action de l'air, peut aussi, en suppléant l'hématose pulmonaire, modifier le sang et y introduire des éléments réparateurs en même temps que des principes médicamenteux propres à influer sur les tubercules. L'heureuse influence des conditions atmosphériques de Madère ne s'explique pas autrement.

Quant à la navigation à laquelle il est indispensable de se soumettre pour aller à Madère, n'est-elle pas un adjuvant des plus utiles de ce climat et l'une des causes indirectes des bons effets qu'on lui attribue ? Toutes nos connaissances cliniques, hématologiques et anatomo-pathologiques s'accordent à montrer la phthisie comme une affection profonde, générale, constitutionnelle, atteignant la vie dans sa source, et, lors même qu'elle est accidentelle et locale, c'est pour s'étendre, se généraliser aussitôt et revêtir son caractère cachectique. L'empirisme seul peut donc persister à chercher un spécifique, un antidote contre une telle maladie ; il ne saurait y en avoir et l'insuccès des nombreux essais thérapeutiques tentés dans ce but ne le prouve que trop. C'est, au contraire, en influant profondément sur toute l'économie, en transformant, pour ainsi dire, la constitution par un ensemble de moyens complexes et variés, que l'on peut espérer rationnellement prévenir, retarder ou guérir cette redoutable affection. Or, la navigation faite dans de bonnes conditions, dans des parages en deçà ou au-delà des tropiques, n'est-elle pas le plus puissant moyen pour produire cet effet? Le fait est hors de doute pour quiconque a navigué et observé les changements physiques résultant des longues traversées. Sans parler de l'action spéciale de l'atmosphère maritime sur les phthisiques, dont nous avons rapporté deux exemples remarquables dans notre voyage médical en Californie : le mal de mer, le changement complet d'habitudes, de nourriture, d'exercice, d'air, les variations brusques et journalières de navigation et de latitude, la vie particulière du bord, tout en un mot, jusqu'au spectacle majestueux, infini du ciel et de la mer, qui s'offre constamment aux regards sous mille aspects variés, n'est-il pas de nature à agir profondément sur l'organisme? Et si l'on ajoute à toutes ces influences modificatrices, celle des relâches ou des stations maritimes dans des parages salubres, proposées récemment par le docteur F. Rochard, ou mieux encore le séjour, pendant quelques mois, sous un climat favorable comme celui de Madère, quelles transformations organiques ne doivent pas résulter de ces changements successifs, variés et prolongés? Car, il ne faut pas l'oublier, les effets de ces changements, si prompts à se manifester à l'extérieur, ne sont réels et durables qu'autant que la cause productrice persiste et se renouvelle longtemps. Le physique, comme le moral, est difficile à modifier et le temps est une condition absolue à cet égard. Mais il n'en est pas moins vrai que la navigation, secondée par l'action des climats propices, est le plus sûr moyen d'opérer cette modification de l'organisme; elle peut même, suivant l'expression d'Hippocrate, en dénaturer les dispositions natives, par son action continue des airs, des eaux et des lieux.

Telle est la valeur des objections qu'on peut élever parmi nous contre le climat de Madère. Il s'en produira peut-être encore d'autres : que ne peut-on objecter en médecine!... Mais il n'y a pas lieu de s'en préoccuper. Il en est une cependant qu'il faut prévoir : c'est celle de l'incurabilité de la phthisie. Heureusement, cette fatale doctrine de Bayle, née de l'anatomie pathologique, perd chaque jour de ses partisans et la généralité des médecins observateurs se range aujourd'hui à l'idée consolante que cette maladie peut guérir et guérit même assez souvent. Les recherches statistiques de notre regrettable camarade E. Boudet, ont surtout contribué à mettre ce fait hors de doute, et cette doctrine encourageante, progressive, médicale, n'est plus seulement prêchée par quelques apôtres convaincus, elle est enseignée dans nos écoles et proclamée à la tribune des académies. Il n'est pas rare, en effet, de voir des tuberculeux *authentiques*, *incontestables*, déclarés tels par les maîtres de l'art, continuer à vivre malgré la prédiction contraire. Il est peu de praticiens qui n'aient rencontré de ces cas; seulement, tout en s'accordant à les constater, on ne s'entend pas sur la manière dont se produisent ces arrêts de développement ou ces guérisons inespérées. Pour les uns, c'est tel remède, tel médicament dont l'action reste inexplicable, tandis que, pour d'autres, la nature seule opère mystérieusement ces miracles. Ces deux opinions nous semblent trop exclusives. Un remède prudemment administré peut seconder la nature dans ses merveilleuses tendances, quoique l'initiative et la plus grande part nous paraissent toujours lui revenir sous ce rapport. Un changement profond, imprimé à l'organisme, par l'âge, le travail, les habitudes ou tout autre modificateur, nous semble être ordinairement la cause de l'arrêt de la phthisie ou de sa guérison; de même qu'en agissant dans un sens opposé, il peut contribuer à son développement. Il suffit de bien scruter l'économie pour en être convaincu. C'est au médecin à chercher de plus en plus à saisir ces merveilleux secrets de la nature pour arriver à les imiter.

Il était donc vivement à désirer qu'un ouvrage vînt éclairer les médecins français sur le climat de Madère, surtout aujourd'hui que des communications fréquentes et régulières ont lieu avec cette île renommée et que les malades peuvent s'y transporter facilement. Celui dont nous offrons la traduction se recommande à cet effet sous plusieurs rapports. Publié l'un des derniers sur la matière et résumant tous les travaux antérieurs, il peut mieux que tout autre, élucider la question. Émanant d'un médecin de l'école de Paris, exécuté suivant la méthode expérimentale ou bâconnienne qui se rapporte à nos doctrines médicales et ne reposant que sur des données statistiques, sur des faits observés rigoureusement ou soumis à un contrôle sévère, il est d'autant plus propre à persuader et à convaincre les esprits parmi nous. L'examen comparatif qu'il présente des principaux climats d'Italie et autres analogues, est surtout un grand avantage pour les praticiens. Enfin, la présentation de cet ouvrage remarquable à l'Académie Royale des sciences de Lisbonne et sa publication par ce corps savant, de même que la position éminente de l'auteur, sont de hautes garanties de son mérite et de sa valeur. D'ailleurs, les tristes circonstances dans lesquelles ce livre a été conçu et composé : la maladie, la mort de la jeune et infortunée princesse Marie Amélie, aussi française par le cœur que par son auguste mère, S. M. l'Impératrice douairière du Brésil, dont l'illustre naissance rappelle une de nos plus pures gloires nationales; la haute charité de S. M. qui a consacré, dans l'île, le douloureux souvenir de cet événement par la fondation de l'hôpital *Maria Amelia*, destiné spécialement aux maladies de poitrine, toutes ces considérations nous ont déterminé à en faire la traduction. Un livre se rattachant si étroitement à la France ne pouvait y rester étranger.

Le texte de cette traduction diffère beaucoup de celui de l'original. Des changements considérables, des transpositions, des additions, opérées avec l'assentiment de l'auteur, nous ont paru indispensables pour rendre les tableaux statistiques clairs et faciles à saisir; ce qui a exigé de notre part beaucoup de temps et de soin. C'est une édition refondue et augmentée de notes. La lecture des chiffres est si aride, si fastidieuse qu'il était important, pour un ouvrage de ce genre, de les présenter clairement, sans fatiguer l'attention du lecteur à cet égard, et d'en faire comprendre l'ensemble d'un seul coup d'œil.

Ce livre sera bien certainement une nouveauté dans notre littérature médicale, dont il remplira une lacune regrettable. Et puisque nous en sommes redevables à la littérature médicale portugaise, trop négligée et méconnue parmi nous, puisse-t-il la faire mieux apprécier comme nous y avons essayé dans ces derniers temps. Puisse-t-il surtout, éclairant nos compatriotes sur le beau climat de Madère, en faire profiter les infortunés qui souffrent de la poitrine ou qui sont menacés d'en être atteints et fortifier ainsi de plus en plus la doctrine consolante de la curabilité de la phthisie. C'est là toute notre ambition.

Paris, ce 31 octobre 1857.

INTRODUCTION

HISTORIQUE ET BIBLIOGRAPHIQUE.

Si la médecine peut être accusée d'avoir dévié quelquefois de son vrai chemin en délaissant l'expérience et l'observation pour courir après de vaines théories et de folles hypothèses, cette erreur, commune aux autres sciences naturelles, lui doit être pardonnée à cause du zèle, de la tenacité et de l'ardeur qu'elle a toujours mis à combattre, par tous les moyens en son pouvoir, sans trève ni repos, les grands fléaux qui, sous des formes plus ou moins apparentes, plus ou moins rapides, tourmentent et déciment l'espèce humaine. Si ses efforts n'ont pas été plus souvent couronnés de succès, ils n'en sont pas moins louables. Quand on ne peut découvrir l'antidote, le spécifique de maladies ordinairement fatales, mais que l'on parvient à déterminer les conditions propres à les améliorer et parfois même à les arrêter, le travail est déjà bien récompensé et l'on doit redoubler de zèle à poursuivre une entreprise toujours honorable, lors même qu'elle serait inutile. Il est impossible que la science et la profession se résignent à laisser mourir les infortunés atteints d'affections réputées incurables, sans tenter de suprêmes efforts pour les sauver et sans persévérer dans la recherche d'un remède ou d'un traitement contre ce mal; ce serait se placer dans une position tranquille à la vérité, mais entièrement opposée à la philosophie de la science et aux sentiments qui caractérisent et honorent les hommes de l'art.

La phthisie pulmonaire est un de ces fléaux lents qui, sans l'appareil effrayant et terrible des grandes épidémies, détruit plus de vies que toute autre maladie : n'épargnant ni âge, ni sexe, ni aucune position sociale, et paraissant même choisir ses victimes à l'époque de la vie où toutes les espérances sont en pleine vigueur. Cette maladie est d'autant plus formidable que, laissant beaucoup de temps pour l'application des remèdes, l'art s'est montré jusqu'ici presque impuissant contre elle. Ce n'est pas que l'étude en ait été négligée, mais la Providence n'a pas révélé encore aux efforts de la science ni aux tentatives de l'empirisme, le remède curatif de ce grand mal. La médecine a presque épuisé en vain tous ses secours contre lui. Les idées les plus rationnelles, les médicaments les plus énergiques et les plus variés, presque toute la matière médicale : traitements émanés de toutes les doctrines, même les plus opposées, jusqu'aux pratiques bizarres, tout a été essayé avec une inefficacité désespérante. D'une atmosphère chargée d'oxygène, on est passé à une autre plus saturée d'azote; de celle des champs à celle de l'écurie des vaches; de l'air pur et léger des montagnes à l'air épais et pesant des vallées; des rivages de la mer à l'intérieur des terres. La balançoire, la navigation, les inspirations forcées, les vomissements répétés, tout a été inutile. Un remède nouveau n'est pas entré dans la pratique, sans avoir été aussitôt expérimenté contre cette maladie, comme le chlore, l'iode, la créozote, le chloroforme, etc., etc., et c'est à peine s'il en est résulté quelques succès, presque toujours éphémères, que des observations ultérieures ont infirmés.

L'étude de ces derniers temps, en éclairant beaucoup

l'anatomie et le diagnostic de cette maladie, n'a pas contribué sensiblement à en rendre la thérapeutique plus sûre ni plus efficace. Toutefois, ce n'est pas à dire que les connaissances exactes, acquises aujourd'hui sur cette affection, soient entièrement inutiles pour son traitement. Si, d'une part, elles ont fait regarder certains cas de phthisie pulmonaire, guéris par les anciens, comme de simples bronchites, des pleurésies, des pneumonies chroniques ou autres affections du poumon, alors que le diagnostic différentiel en était si obscur, elles ont contribué, d'autre part, à établir deux points de doctrine importants dont on peut déjà tirer des conséquences favorables, à savoir : 1° que la phthisie pulmonaire est parfois curable, même avec caverne; 2° qu'il est possible assez souvent de diagnostiquer cette maladie avec toute probabilité à sa première période.

Ces deux acquisitions, sans remplir entièrement l'attente de la science à ce sujet, encouragent donc à combattre cette maladie avec l'espoir fondé de la vaincre, de la prévenir ou de la retarder.

En effet, tous les médecins d'une longue expérience ont vu, dans certains cas de ce genre, survenir des résultats inespérés. Parfois, c'est une guérison définitive s'établissant par cicatrisation ou autrement; d'autres fois, une suspension tellement prolongée a lieu, avec de telles apparences de santé, qu'elle équivaut presque à une guérison ; enfin, certains malades éprouvent à plusieurs reprises cette suspension.

Le second point est aussi important. Les résultats précédents étant plus faciles à obtenir dès l'invasion du mal ou à sa première période, et celle-ci pouvant être diagnostiquée assez souvent, surtout quand l'attention est attirée par une prédisposition constitutionnelle ou héréditaire, il s'ensuit que, dans l'imminence et le principe d'une maladie si dangereuse, le traitement le plus sûr, le plus efficace, doit être employé pour en prévenir ou arrêter les effets, qu'il serait peut-être impossible de conjurer plus tard. Dans le cas de prédisposition héréditaire, ce traitement, composé en grande partie de moyens hygiéniques, doit être commencé de bonne heure et continué rigoureusement durant plusieurs années.

Parmi les moyens conseillés contre cette maladie, il en est un qui, sans jouir de l'efficacité et de la certitude que la science recherche, a acquis depuis des siècles une certaine réputation, tout en trompant beaucoup d'espérances : c'est le changement de lieu, de climat. Arétée conseillait déjà la navigation aux phthisiques et le séjour sur les bords de la mer. Asclépiade, Thémison et Celse recommandaient comme plus favorables les longs voyages et le séjour en Italie ou en Egypte. Ce fut toujours une opinion parmi les médecins et une croyance populaire, que le séjour à la campagne, le changement de climat, les voyages sur mer, sont utiles contre la phthisie pulmonaire, en la guérissant parfois, l'améliorant dans d'autres cas et en en prévenant le développement chez ceux qui y sont prédisposés.

De tout temps, l'Italie fut spécialement conseillée dans ce but, comme réunissant à un doux climat et à un ciel pur, toutes les commodités de la vie et les distractions que les objets d'art, les monuments antiques et une civilisation avancée peuvent offrir d'agréable au goût des malades et des personnes qui les accompagnent ; lesquels, venant ordinairement du nord, échangent un hiver âpre et rigoureux contre une saison doucement tempérée. Il est encore commun aujourd'hui, dans beaucoup de pays, d'envoyer à la campagne, pendant la belle saison, les malades souffrant de la poitrine, sans grand choix de lieu, préférant souvent le plus près et le plus commode. Mais, depuis longtemps, les médecins des diverses nations se sont appliqués à découvrir, dans leur propre pays ou les environs, les localités que leurs conditions météorologiques, des eaux minérales ou une expérience préalable, indiquent comme favorables au séjour de ces malades, surtout pendant l'hiver. Ainsi en Angleterre : Undercliff, Hastings, Brighton, Torquay, Dawlish, Sydmouth, Exmouth, Salcombe, Penzance, Flushing, Clifton; en France : Montpellier, Marseille, Hyères, Pau et autres localités de la Provence; en Italie : Nice, Pise, Rome, Naples et, depuis peu, Venise et le lac de Côme ; en Allemagne et en Belgique, plusieurs des nombreuses localités de sources minérales; en Espagne, Malaga; dans la Méditerranée, les îles Ioniennes; Malte et l'Egypte ont aussi été reconnus et conseillés comme des climats convenables à cet effet. Diverses îles de l'Atlantique, les Canaries en particulier, ont encore été expérimentées à cet égard. Mais, de toutes ces localités, il en est une qui, sans jouir d'une réputation séculaire, a acquis une rapide célébrité et même une certaine préférence : c'est l'île Madère. Par une singulière circonstance, le crédit croissant dont elle jouit n'est pas tant dû aux nationaux qu'aux étrangers. Son excellent climat, ses beaux paysages, ses productions variées, ses vins généreux et exquis, étaient déjà bien connus, quand son efficacité, comme refuge des infortunés phthisiques, fut découverte. C'est au commerce avec l'Angleterre qu'on en est principalement redevable. Les récits de la suavité, de la bonté du climat, quelques cas favorables de guérison d'affections chroniques de la poitrine, certains faits, peut-être même exagérés, propagés parmi une nation avide de découvertes et dans des familles riches, recherchant la santé par tous les moyens et à tout prix, établirent peu à peu ce crédit; aussi, dès la fin du dernier siècle, quelques malades recherchaient déjà le climat de Madère, soit en se fixant dans l'île, soit en y passant l'hiver.

Ce que la tradition et les relations commerciales avaient commencé se confirma par les écrits et l'autorité des savants qui, pour trouver du soulagement à leurs maux, pour étudier le pays, ou pour tout autre motif, visitèrent l'île ou y envoyèrent des malades. Dès 1775, le docteur Fothergill vantait ce climat contre les maladies de poitrine (*On consumption medical observations*); et, encore avant lui, en 1751, le docteur Heberden avait publié des observations météorologiques faites à Madère assez régulièrement depuis 1747 et dont les résultats donnent une idée très-favorable de ce climat (*Philosoph. transact. X. abr.* 232). Adams confirma cette assertion relativement à la phthisie pulmonaire (*A guide to Madeira with an account of the climate, etc.*, 1801). L'ouvrage du docteur Gourlay, sans être un modèle à suivre, démontra l'utilité de ce climat dans cette maladie en établissant la régularité et les faibles variations de sa température par des observations météorologiques répétées (*Observations on the natural History, climate and diseases of Madeira during a period of eighteen years* 1811). Enfin, Kirwan publiait en même temps, dans sa *Température des diverses latitudes*, la moyenne annuelle et mensuelle de celle de Madère, d'après des observations de quatre années.

D'autre part, Madère gagnait de jour en jour plus de considération par ses excellents produits et était mieux apprécié comme point commercial et de passage pour la navigation, quand la guerre générale d'Europe mit cette île entre les mains des Anglais, en 1801 et 1807. Le pays se ressentit et profita des bienfaits de cette main civilisatrice dont on reconnaît encore les traces ; le commerce, l'exportation des vins enrichirent l'île et établirent de fréquentes et étroites relations avec l'Angleterre. L'Italie et le sud de la France étant alors interdits aux malades anglais, Madère fut expérimenté sur une plus large échelle et cette expérience ne fit qu'augmenter le crédit de son climat; car, sans guérir tous les phthisiques, il leur procurait autant et même plus de soulagement que tous les pays renommés à cet effet. La distance et le voyage, que Fothergill considérait comme un inconvénient pour les malades, furent ensuite jugés tout autrement à cause des bénéfices de la navigation qui en résultait, et les communications devenant chaque jour plus faciles et fréquentes à l'aide de la vapeur, toute difficulté disparut à cet égard.

D'après un livre du docteur Pitta, le nombre des malades fréquentant l'île était déjà notable en 1812 (*Account of Madeira*). Cet ouvrage, émané d'un homme de talent qui s'est hautement révélé depuis, contient la description du climat de l'île et sa géographie physique, politique et administrative; c'était le plus important jusqu'alors sur la topographie médicale du pays et le seul e[illegible]genre écrit par un Portugais quoique publié en angl[illegible]

L'éva[illegible]n des troupes britanniques en 1814 et la paix de 181[illegible] ouvrit l'Italie aux Anglais, ne diminuèrent pas le no[illegible]re des malades à Madère; mais plusieurs y arrivaient dans un tel état qu'ils ne pouvaient en tirer aucun bénéfice et discréditaient ainsi ce climat bienfaisant. Le docteur Renton, un des plus honorables praticiens de l'île, renouvela alors les plaintes faites en 1784 par le docteur Gordon, sur la négligence des malades et des médecins à ne pas recourir plus tôt à un remède dont l'efficacité est moindre, si ce n'est nulle, après un certain temps. La statistique publiée par ce médecin en 1827 (*Edinb. med. and surg. Journ.*) présente des résultats très-peu favorables comparés à ceux que sir J. Clark publia d'après lui quelques années plus tard.

Les observations du docteur Heineken, insérées dans le *Medical Repository*, 1824, et le *Philosophical Magasine*, 1827, firent aussi mieux connaître l'efficacité du climat de Madère, dont l'auteur lui-même offrait la preuve. Le docteur Vaz, comparant ce climat avec ceux de la France et de l'Italie recommandés aux phthisiques, établit l'avantage du premier dont il eût encore mieux fait ressortir la supériorité s'il avait connu l'île (*Thèses de Paris*, 1832, *n*° 205). Mais, de tous ces divers travaux et d'autres encore, ceux qui contribuèrent le plus à étendre et à fortifier la réputation de ce climat dans ces derniers temps, sont les divers écrits de sir J. Clark sur la phthisie et les climats. (*Cyc. of pratic. Med.* 1834 : *climate, tubercular phthisis.* — *On consumption and scrofula*, 1835. — *The sanative influence of climate,* 1846.) La grande autorité de ce médecin, dans la science et sur le public, eut une immense influence sur ce sujet, dont il a fait une étude spéciale et sur lequel il possède des renseignements très-complets.

Dans le même temps, l'île était encore étudiée sous d'autres points de vue propres à accréditer son climat. Bowdich, en la visitant en 1823, s'occupa de sa géologie, de sa météorologie et de son histoire naturelle, et bien qu'il n'ait pas vérifié suffisamment ces divers points et qu'on rencontre des inexactitudes dans son ouvrage, on y trouve néanmoins des données précieuses sur ces matières dont profitèrent ses successeurs (*Excursions in Madeira and Porto santo* 1824). En 1837, Mousinho d'Albuquerque, préfet de l'île, publia un travail sur la géologie de l'Archipel (*Memorias da Acad. das Scienc. de Lisboa*). Le docteur Macaulay en publia un autre sur la géographie physique, la géologie et le climat de Madère (*Edinburg*

New philos. Journ. 1840). J. Smith présenta à la Société géologique de Londres une note importante sur la géologie de cette île, qu'elle inséra dans ses Mémoires (1840 à 1841). Le professeur Heer, de Zurich, ayant habité l'île pour cause de santé, publia un mémoire en allemand sur les phénomènes périodiques du règne végétal à Madère (1851). Mais M. Lowe est celui qui s'est occupé le plus assidûment de l'histoire naturelle du pays, et les nombreux travaux qu'il a déjà publiés, en font vivement désirer d'autres plus étendus (*Synopsis of the fishes of Madeira, Transact. of the Zoological society* 1837, *with a supplement* 1839. — *A fasciculus on a new genus of the family Lophides; les pectorales pédiculés de Cuvier, discovered in Madeira communicated to the society* 1846. — *Synopsis diagnostica, sive species quædam novæ molluscorum terrestrium in insulis madeirensibus detectæ, notis diagnosticis succintis breviter descriptæ* 1852. *Primitiæ faunæ et floreæ Maderæ*). Et bien que ces écrits ne s'appliquent pas directement à la médecine, ils éclairent des points importants de la topographie de l'île et témoignent hautement de la beauté de son climat, car leurs auteurs font éclater à chaque page leur juste enthousiasme, à cet égard.

Parmi les nombreux médecins qui ont habité l'île pour cause de santé, deux d'un grand savoir et qui n'y trouvèrent malheureusement pas de soulagement, écrivirent deux ouvrages remarquables. Celui du premier, le docteur Kampfer, contribua beaucoup à faire connaître le climat de Madère en Hollande et en Allemagne (*Zeitschrift für die gesammte medicin. Hambourg* 1847). Celui du second, le docteur Mason, dont nous parlerons souvent, sans louer absolument l'excellence du climat, éclaira quelques points météorologiques (*A treatise on the climate and meteorology of Madeira* 1850). Cet ouvrage contient, outre les observations de l'auteur faites en 1834 et 1835, celles de Mac-Euen de Philadelphie, faites à Funchal en 1848 et 1849, celles de Young faites en même temps et au même lieu, une publication intéressante sur l'agriculture et la propriété rustique à Madère, par Peacok et une histoire descriptive de l'île, pour servir de guide aux étrangers, par Driver.

Enfin, deux autres volumes furent publiés à Londres en 1851, l'un de Robert White (*Madeira, its climate and scenery*) et l'autre de E. Harcourt (*A sketch of Madeira*); lesquels servent de guide aux étrangers, particulièrement aux Anglais. Ils contiennent la description de l'île, sa géologie, sa météorologie et d'autres particularités assez exactes et intéressantes pour le visiteur. Toutes ces publications, jointes aux nombreuses et belles gravures et aux lithographies des lieux les plus pittoresques de l'île, montrent l'intérêt qui s'est attaché à ce pays, soit comme point commercial, soit comme climat propre aux valétudinaires et spécialement à ceux qui souffrent de la poitrine. D'autres matériaux importants, recueillis par quelques-uns des nombreux malades qui affluent dans l'île, ou les personnes qui les accompagnent, ou de simples curieux, parmi lesquels il s'en trouve d'une haute instruction, figureront probablement dans des publications subséquentes et contribueront à mieux fixer la valeur spéciale de ce climat.

Ayant accompagné à Madère, en août 1852, S. M. l'Impératrice douairière du Brésil, Duchesse de Bragance, avec son auguste fille, la Princesse Marie-Amélie, qui y succomba, nous avons cherché à déterminer jusqu'à quel point était fondé le crédit de ce climat pour le traitement de la phthisie pulmonaire. A cet effet, nous avons pris tous les renseignements en notre pouvoir; nous avons examiné le climat et toutes les conditions hygiéniques que réclame cette maladie. Nous avons même comparé ces conditions avec celles qui règnent en Portugal, principalement à Lisbonne et ses alentours, imitant ce qui s'est fait dans d'autres lieux à cet égard. Tel est le faible travail que nous offrons à l'Académie. S'il n'a pas un grand mérite scientifique, il nous semble avoir au moins quelque utilité pratique. Désirant propager, répandre parmi nous les connaissances acquises sur ce sujet important, nous en avons réuni tous les éléments et nous avons signalé les travaux accomplis avant nous, non-seulement à cause du peu d'étendue des nôtres, mais surtout pour leur servir de contre-poids et de comparaison. Certaines vérités ne peuvent s'établir que par l'autorité du temps et de nombreux efforts. Toutes les personnes placées dans une condition favorable doivent donc étudier cette question et faire connaître le résultat de leurs travaux, afin qu'on sache positivement un jour quelle est l'influence du climat de Madère sur la phthisie, comme moyen curatif, suspensif et préventif; ou si, au contraire, la réputation dont il jouit est mal fondée ou exagérée, et si les malades n'y rencontrent d'autre bénéfice que celui de leur propre pays.

Cet examen doit se faire avec prudence et circonspection; non comme s'il s'agissait d'apprécier un remède héroïque, mais comme un moyen qui, dans une maladie presque toujours fatale, peut sauver quelques vies, en prolonger d'autres et rendre l'existence supportable. Ce n'est pas assurément tout ce qu'on peut désirer, mais si ce faible résultat est plus sûrement obtenu là qu'ailleurs, c'est déjà un grand bien pour l'humanité, une douce satisfaction pour les malades et une grande consolation pour les familles. Sans se contenter de si peu, la science, encouragée par ces faibles avantages, poursuivra ses investigations dans l'idée de parvenir un jour à des résultats plus heureux.

Ce travail est divisé en deux parties. La première comprend le climat et la topographie de Madère, et particulièrement de Funchal sa capitale, avec toutes les conditions hygiéniques relatives aux malades qui vont y chercher du soulagement. La seconde est un examen de l'utilité de ce climat sur la phthisie et les autres affections chroniques de la poitrine avec des études comparatives, au même point de vue, des climats analogues.

Depuis la publication de cet ouvrage, il a paru divers écrits sur Madère que nous devons signaler. C'est d'abord, quant aux auteurs déjà cités, un nouveau travail du révérend R. J. Lowe : *Catalogus molluscorum pneumatorum insularum madeirensium* (*Zoological society of London* 1854) ; puis une seconde édition augmentée du guide pour les étrangers par R. White (*Edinb.* 1857) et un mémoire du professeur Heer : *Ueber die fossilen Pflauzen von San Jorge in Madeira* (*Zurich* 1854). Trois autres ouvrages d'histoire naturelle ont encore été publiés avec un grand luxe typographique et des gravures représentant exactement les objets pour les deux premiers ; ce sont : *Insecta Madeirensia* ou description des insectes de l'archipel de Madère, par T. Vernon Wallaston (*London* 1854) ; *Malacographia madeirensis sive enumeratio molluscorum quœ in insulis Maderœ et Portus-Sancti, aut visa extant, aut fossilia reperiuntur*, auctore J. C. Albers (*Berolini* 1854) ; *On the geology of some parts of Madeira* ; par sir Ch. Lyell (*quaterly Journ. of geolog. society* 1854). Mais les plus importants sont deux publications du docteur G. Lund de Madère faites dans *Association medical Journal* (*London sept.* 1853) et une brochure intitulée : *The climate of Madeira* ou examen des diverses opinions sur sa valeur dans les maladies chroniques (*London* 1853). Le docteur Burgess répondit aussitôt à ces derniers travaux (*Ass.*

med. Journ. novemb. 1853), en niant absolument l'efficacité spéciale du climat de Madère, condamnant tout changement de climat comme moyen thérapeutique et prétendant que celui où l'on est né, où l'on a vécu et où vécurent ses aïeux est toujours le meilleur, parce que l'économie y est accoutumée. C'était infirmer tous les enseignements de la tradition, de la logique et de l'expérience. Cette étrange réponse faite à l'un des plus anciens et honorables praticiens de l'île, par un médecin qui ne l'avait seulement pas visitée, surprit beaucoup en Angleterre, surtout les nombreux malades que le climat de Madère avait rendus à la santé, à la vie. L'un d'eux, sir J. Mackensie Bloxam , sq. qu'un séjour de quatre années avait rendu témoin de tels succès et dont on ne saurait trop louer le zèle reconnaissant, s'éleva hautement et énergiquement contre ces assertions téméraires et inconsidérées, pour ne pas laisser égarer l'opinion à cet égard. Il publia successivement deux brochures sous forme de lettres adressées au docteur Lund, dans lesquelles il confirma tout ce que celui-ci avait dit (*The climate of the island of Madeira* ou erreurs et faussetés répandues sur ce sujet *London* 1854-1855). S'appuyant sur ce principe parfaitement juste que l'utilité d'un climat doit être jugée d'après l'expérience et non d'après les indications du baromètre et du thermomètre seulement, et que cette utilité ne peut exister avec un haut degré de chaleur ou d'humidité, il prouva ainsi celle de Madère. Il montra que pour soutenir la proposition contraire, le docteur Burgess empruntait systématiquement des observations défavorables, incomplètes, de Mason et Gourlay et qu'il faisait même dire à certains auteurs le contraire de leur pensée en altérant les textes, en falsifiant les phrases, en supprimant certains mots.

Ces procédés n'ont pas besoin d'être qualifiés; ils signifient la même chose dans toutes les langues. Les autres propositions ne méritent pas davantage d'être réfutées; il suffit de les citer pour en faire comprendre l'inanité. On peut sans doute discuter les avantages des divers climats entre eux, conseiller Malaga ou l'Egypte, l'Italie ou Madère; mais il est impossible de mettre en doute leur valeur.

Il nous reste à signaler un ouvrage du docteur Mittermayer (*Madeira und seine Bedeu tung als Heilungsort. Nach mehrjahrigen Beobachtungen fur arzte geschirdert. Heidelberg*, 1855). Ce praticien, ayant accompagné à Madère sa sœur malade et résidé pendant trois années à Funchal, où il exerça la médecine et suivit la pratique des hôpitaux, put ainsi prendre une parfaite connaissance du pays et recueillir de nombreuses observations. Son ouvrage se termine par cette phrase caractéristique : « La question de savoir quelle est la meilleure résidence pour « les phthisiques est encore loin d'être décidée ; peut-être « découvrira-t-on, dans l'avenir, un meilleur climat que celui « de Madère ; mais celui-ci n'en mérite pas moins certainement « toute la considération que lui accordent les médecins. »

PREMIÈRE PARTIE.

CLIMAT DE MADÈRE.

CHAPITRE PREMIER.

TOPOGRAPHIE ET GÉOLOGIE DE MADÈRE ET DE FUNCHAL SA CAPITALE.

L'île Madère est située entre 32° 49' 44" et 32° 37' 18" latitude nord et 16° 39' 30" et 17° 16' 38" longitude ouest de Greenwich, presque à 10° nord du tropique du Cancer. Elle forme un quadrilatère irrégulier présentant dans sa circonférence une série d'élévations plus ou moins prononcées, parmi lesquelles le cap *Girão* a 2000 pieds environ au-dessus du niveau de la mer. Son étendue en longueur, depuis la pointe *S.-Lourenço* jusqu'à celle du *Pargo*, est de 32 milles géographiques ; en largeur, de la pointe de la *Cruz* à celle de *S.-Jorge*, de 12 milles et de 77 en circonférence. Il existe au milieu une chaîne de montagnes ou cordillière se dirigeant de l'est à l'ouest avec des élévations crénelées, dentelées et des pics dont le plus haut a 6000 pieds au-dessus du niveau de la mer. Cette série de montagnes divise naturellement l'île en côte méridionale et côte septentrionale et détermine également la distribution des cours d'eau. Le sol est montagneux et sillonné de profondes crevasses, de ravins et d'excavations qui courent parfois de la cime des montagnes jusqu'à l'Océan avec plus ou moins d'inclinaison et des déviations, des sinuosités plus ou moins marquées; ce qui produit des accidents de terrain et des précipices de la forme la plus variée et la plus grandiose. La pente des montagnes est très-rapide en certains endroits, plus au nord qu'au sud, et se continue dans la mer, dont la profondeur est de plusieurs brasses à peu de distance de terre. Néanmoins, malgré cette disposition générale, il y a des localités d'une inclinaison plus douce : ainsi l'on rencontre de petites plaines, une à l'ouest, d'une étendue de quelques milles, à 5000 pieds environ au-dessus du niveau de la mer, et une autre moins vaste, à l'est, située à 2000 pieds au-dessus de ce niveau. C'est à ces hauteurs inaccessibles, à ces pics et ces profonds ravins où les eaux courent en formant des cascades et de grandes chutes, à cette végétation vigoureuse et abondante existant en certains endroits et à la terre aride, abrupte qu'on rencontre dans d'autres, que cette île doit la beauté et l'admirable variété de ses paysages. Ce pays, dont le nom vient des vastes et épais bosquets qui existaient autrefois, n'a pu encore les récupérer depuis leur destruction par le feu, et ce défaut se remarque vivement sur ce sol qui pourrait et devrait être animé d'une robuste végétation séculaire. Parmi les nouveaux bosquets et les forêts qui existent, on remarque le pin, le châtaignier, le tilleul, le laurier, le chêne, etc.; et l'on reconnaît la disposition de la nature à revêtir l'île d'une nouvelle et riche parure, si la main de l'homme y aidait un peu. Enfin, on rencontre partout une végétation plus humble, mais toujours forte et vigoureuse, parmi laquelle on distingue plusieurs plantes tropicales et principalement la canne à sucre, le caféier, le bananier, ce qui donne au pays un aspect délicieux et nouveau pour l'européen, surtout pendant l'hiver.

Il n'existe pas de travaux géologiques complets sur Madère; les plus remarquables sont ceux de Bowdich, Mousinho d'Albuquerque, Macaulay, Smith, qui s'accordent généralement dans la partie descriptive, tout en différant beaucoup dans l'interprétation et l'explication des faits. D'après l'opinion générale, le sol est évidemment volcanique, et d'après Smith il offre même ce caractère à un très-haut degré d'intérêt pour l'étude. Sa disposition extrêmement inégale et son caractère fragmentaire s'expliquent par cette constitution volcanique et l'action des torrents des montagnes, sans recourir à la supposition plus extraordinaire que le groupe des Madères et d'autres îles de l'Atlantique est le reste d'un vaste continent submergé. Toutefois, il est certain que d'aussi grandes élévations que le cap *Girâo* et le pic *Ruivo*, à plus de 6000 pieds au-dessus du niveau de la mer, à côté d'aussi profondes excavations que l'abîme des *Freiras*, à 1300 pieds au-dessous et toutes les autres grandes inégalités de ce sol, prouvent que l'action volcanique, ayant produit ces formes géologiques remarquables, doit avoir agi avec une force, une intensité épouvantables et sur une échelle gigantesque. Le sol est principalement composé d'une croûte de matière volcanique de quelques milles pieds de profondeur, due à diverses éruptions de la période tertiaire. La lave est basaltique et contient de nombreux cristaux olivâtres. Le basalte se présente sous toutes les formes : couches compactes, agglomérations de différentes espèces, structure dense, cellulaire, globuleuse, spongieuse, vitrifiée, sablonneuse, cendrée, et dénonce partout une origine pyrogénique. Dans les lieux où un suc silico-ferrugineux pénètre ces agglomérations, leur consistance est d'autant plus considérable qu'elles en contiennent davantage. Quelques-unes présentent à l'intérieur des cristaux de quartz hyalin fracturés, ce qui montre qu'ils n'ont pas été formés là, mais que, transposés violemment de leur position primitive, ils ont été enveloppés dans ces agglomérations.

On rencontre dans quelques parties de l'île et notamment près de la plage *Formosa*, la pointe *S.-Lourenço* et au pied de *S.-Vicente* sur la côte nord, un calcaire grossier avec silice sur des formations basaltiques et recouvert également de couches basaltiques d'une date plus récente, ce qui indique diverses époques dans la formation pyrogénique. Ces couches calcaréo-argileuses contiennent des résidus végétaux et animaux. Mousinho d'Albuquerque, comme Bowdich, y a cru voir des troncs pétrifiés, dont quelques-uns avaient deux pieds de hauteur au-dessus de la racine, droits et placés comme un bois récemment coupé, conservant encore des rameaux. Il reconnut aussi, dans les couches inférieures, des racines plus ou moins grosses ayant appartenu à des plantes dicotylédones dont il ne put déterminer le genre. Il observa encore des résidus de différents mollusques que Bowdich rapporte à une espèce analogue aux delphinules de Lamark et à divers héliconiens appartenant au sous-genre hélicostyle de Férussac. M. Lowe y rencontra plus récemment d'autres espèces n'existant plus aujourd'hui dans l'île.

Macaulay, après examen sur les lieux, partagea d'abord la même opinion sur la nature de ces pétrifications décrites par Mousinho d'Albuquerque comme appartenant à des végétaux dicotylédons; mais en ayant emporté des fragments en Angleterre, il fut conduit, par l'analogie, les observations microscopiques et l'analyse chimique, à les considérer comme une espèce de corail fossile de la famille des alcyonides, et le docteur Fischer, médecin du duc de Leuchtemberg, confirma cette opinion lors de son séjour à Madère en 1849. On a recueilli depuis sur la côte, des coraux dont la disposition des rameaux est analogue à celle de ces pétrifications.

La plus importante des formations calcaires est celle du *S.-Vicente*, à 2 milles au-dessus de la vallée, à l'est du ruisseau. On y voit encore les traces de deux fours à chaux, abandonnés probablement à cause de la difficulté des transports. Ce dépôt, étudié spécialement par Smith, est regardé par lui comme formant la roche fondamentale de l'île et traversant la Cordillière à 2 ou 3000 pieds au-dessus du niveau de la mer. Ce calcaire est blanc, dur, luisant, avec des couches basaltiques à l'intérieur et une enveloppe de même nature. Smith y rencontra aussi divers fossiles, plusieurs zoophites et des testacés marins dont il signala huit genres sans pouvoir déterminer les espèces.

Il existe encore sur la côte nord entre *Santa-Anna* et *S.-Jorge*, près de la rivière de ce nom ou plutôt d'un de ses affluents appelé *Tabaco*, une couche de lignite noire et consistante, brûlant avec une flamme claire et des vapeurs acides. Elle repose sur une couche d'argile endurcie qu'elle pénètre et sous laquelle on trouve immédiatement le basalte. Le professeur Johnston la considère comme les restes d'une ancienne mine de charbon et attribue son brillant, sa densité et sa cassure rhomboïdale à l'action du basalte qui la recouvre. Elle est composée de : carbone 60,70, hydrogène 5,82, oxygène et azote 33,47 avec un faible résidu.

La nature pyrogénique du sol de Madère a conduit les explorateurs à rechercher les traces d'éruptions volcaniques récentes ou d'anciens foyers éteints. Mousinho d'Albuquerque n'en trouva pas même l'indice dans la forme et l'arrangement des terrains qu'il examina, les formations pyrogéniques et les scories n'ayant pas la disposition radiée ou divergente propre aux terrains volcaniques. D'après la disposition des diverses couches, l'absence de cratères, les grandes divisions du sol et d'autres raisons, il pense que l'archipel de Madère est probablement le reste d'une région beaucoup plus vaste, submergée et disparue en partie par des causes qu'il est impossible de préciser. Macaulay, Smith et d'autres pensent, au contraire, que l'île est de formation volcanique et que l'abîme des *Freiras* est un ancien cratère éteint aujourd'hui et qui n'était pas le seul; établissant ainsi une grande analogie entre les divers groupes d'îles de l'Atlantique dont quelques-unes conservent encore des volcans en action. Cette opinion est la plus accréditée. Smith pense que la Cordillière était beaucoup plus élevée autrefois, parce qu'on rencontre sur la cime des couches qui existent ordinairement à la base des cônes volcaniques actifs.

La profondeur des ravins, des sillons et des excavations de ce sol basaltique, où courent ordinairement de petits ruisseaux et très-rarement de grands torrents, fait penser à l'immensité de temps nécessaire pour que l'action de l'eau l'ait creusé et labouré si profondément. Mais rien ne s'oppose, dit Mousinho d'Albuquerque, à admettre que les secousses, les tremblements, les violentes catastrophes que l'observation indique n'aient produit ces profonds ravins où les eaux, trouvant une issue facile et une consistance altérée, se sont creusé rapidement les lits où elles courent aujourd'hui. Quelques-uns pensent aussi que ces cours d'eau étaient beaucoup plus grands autrefois. La rivière des *Socorridos*, selon Peacock, était assez profonde pour conduire des trains de bois dans l'Océan, tandis qu'elle n'est plus maintenant qu'un petit ruisseau.

Il n'a pas encore été découvert de source minérale pouvant concourir à la célébrité de l'île; celles qu'on connaît sont des eaux légèrement ferrugineuses peu connues et non employées.

La température des fontaines et des puits ne diffère pas de la température ambiante la plus élevée. Celle des puits entre les rivières *S.-João* et *Joân Gomes*, dont la moyenne est de 67°,142 à la superficie et de 66°,818 au fond, est la plus haute. Ce fait résulte d'observations faites à différentes époques de l'année et à diverses températures, depuis 64°,25 jusqu'à 72°,78. Bowdich mentionne des puits dont la température était plus basse que celle de l'air ambiant, et il en attribue la cause à ce que leurs eaux venaient des montagnes à une température très-basse. Dans une observation faite à *Rabaçal*, le 23 novembre 1852, la température, à l'air libre, était de 49° et celle de la fontaine à 50°,5.

L'aspect de l'île est grandiose et pittoresque. L'atmosphère est fréquemment chargée de nuages et des brumes existent parfois sur la cime des montagnes. Dans certains endroits le sol est âpre, sauvage, mais au sud, surtout près de Funchal, le paysage est riche et délicieux; on aperçoit, sur toute la côte, de belles habitations avec jardins et en bas une ville peu étendue et irrégulièrement bâtie ayant une apparence de propreté et de gaieté qui plaît généralement.

La ville de Funchal est disposée en amphithéâtre sur le versant des montagnes, avec sa principale exposition au sud. Elle commence à quelques pieds au-dessus de l'Océan, tandis que plusieurs habitations qui en font partie, par suite d'une circonscription peu rigoureuse, sont à la hauteur de 2 à 300 pieds. Elle est située à 32° 37′ 45″ latitude nord et 16° 55′ 20″ longitude ouest de Greenwich, à 535 milles de Lisbonne, 625 de Gibraltar, 380 de la côte d'Afrique, 260 de Sainte-Croix de Ténériffe et 1325 de Southampton.

L'impression du climat sur le voyageur est d'une suavité, d'une douceur si agréable, qu'il semble que les constitutions les plus délicates, les plus affaiblies puissent y vivre à l'air libre. En général, une température quasi uniforme et toujours modérée, durant le jour, par une douce ventilation et les brises de la mer ; quelques nuages adoucissant les rayons du soleil pendant la grande chaleur ; jamais de froid notable ; des pluies parfois abondantes, mais passagères et laissant aussitôt le sol propre à la promenade; une atmosphère sans humidité ni poussière ni émanations incommodes ; tout cela ne donne-t-il pas l'idée d'un climat exceptionnel, convenable au traitement des maladies chroniques? Et pour l'habitant du nord qui, fuyant les rigueurs d'un climat inhospitalier, aborde l'hiver dans cette île où il rencontre une végétation abondante et en pleine vigueur, les plantes les plus belles et les plus utiles de tous les climats, ce pays produit l'effet merveilleux d'un de ces paradis imaginaires décrits par les poëtes. Mais le médecin, sans être indifférent à ces impressions favorables, cherche à savoir, par un examen plus profond et sévère, si chacun des éléments constitutifs du climat et des diverses parties de la topographie médicale sont dans les conditions hygiéniques qui caractérisent un pays salubre et propre au but que l'on se propose.

Les observations météorologiques que nous avons faites à cet effet ont été recueillies à Funchal, du premier septembre 1852 au 27 avril 1853, c'est-à-dire durant l'automne, l'hiver et une partie du printemps, époque à laquelle les malades étrangers viennent habituellement y résider. Ainsi donc, si elles pèchent par le nombre, elles ont du moins l'avantage de présenter les conditions climatériques auxquelles sont exposés ces malades pendant leur séjour. Elles eurent lieu dans la maison habitée par S. M. l'Impératrice, située dans le quartier des *Augustias*, à l'ouest de la ville, à 130 pieds au-dessus du niveau de la mer qui en est éloignée de 416 pieds. Ce lieu, considéré comme un des plus salubres de la ville et très-recherché par les malades, est à 32° 37′ 45″ latitude nord et à 16° 55′ 20″ longitude ouest de Greenwich. Ces observations peuvent donc éclaircir la question générale du climat et caractériser en outre ce site en particulier où la ville tend à s'étendre.

Quoique comprenant huit mois seulement et étant notre premier travail de ce genre, ces observations méritent une certaine attention en ce qu'elles ont été faites dans cette partie de l'année pendant laquelle les malades séjournent ordinairement à Funchal, et comme il n'y a pas dans cette ville d'observatoire où ces observations se fassent régulièrement, et que tout ce qui existe à cet égard est dû à des étrangers, médecins pour la plupart, elles peuvent aider à mieux définir ce climat; c'est pourquoi nous les publions. S'il est certain que les travaux de ce genre, faits officiellement, d'une manière continue, avec des instruments exacts, sont les plus propres à établir les divers points météorologiques d'une région quelconque, il n'est pas moins hors de contestation que ces conditions météorologiques varient beaucoup aux divers endroits du même pays, comme aussi de la même ville, suivant la latitude, l'exposition, l'abri des montagnes, et que ces conditions locales échappent aux travaux d'observatoire et ne peuvent être représentées que par des observations locales. Il faut donc réunir tous les éléments légués par les divers observateurs, non-seulement pour en extraire la formule la plus exacte du climat, mais encore l'expression des conditions particulières de chaque lieu, expression aussi indispensable pour la question thérapeutique que pour la topographie médicale. Il ne suffit pas, en effet, d'envoyer un malade dans un pays favorable, il faut encore l'y placer dans les conditions les plus avantageuses pour son traitement. Dans tous ceux qui sont conseillés comme tels, il y a des lieux reconnus plus utiles pour l'habitation des malades, soit par l'expérience, la tradition, l'étude des conditions météorologiques, ou autrement. Ainsi, tout ce qui peut contribuer à marquer et établir la supériorité de certains lieux nous paraît d'une grande utilité, sinon pour la météorologie générale du pays, au moins pour les applications thérapeutiques. Cette étude spéciale et circonscrite est également utile à l'hygiène publique et doit toujours précéder la fondation des établissements sanitaires, asiles, prisons, etc., comme elle peut aussi profiter au choix et à l'adoption de certaines cultures.

CHAPITRE II.

PRESSION BAROMÉTRIQUE.

L'étude de la pression barométrique à Madère n'est pas très-avancée jusqu'ici, parce qu'on ne lui a pas accordé beaucoup d'importance ni une grande influence pour la connaissance du climat. Néanmoins, la hauteur au-dessus de la mer de la plupart des montagnes, des édifices et de plusieurs habitations particulières, a été calculée par le baromètre. Cet instrument a été très-employé à cet effet par divers observateurs, et non-seulement les résultats ont coïncidé ou se sont rapprochés de très-près, mais encore, quand la mesure directe a été possible, ce procédé a confirmé l'exactitude du baromètre de mercure ou de l'anéroïde. Les divers instruments de météorologie employés dans ces cas étaient d'origine anglaise.

Les plus anciennes observations barométriques sont du docteur Heberden. Elles ont été faites de 1749 à 1753 inclusivement. En voici le résumé mensuel pour les deux premières années [1].

	1749			1750		
	Maximum.	Minimum.	Médium.	Maximum.	Minimum.	Médium.
	Pouces.	Pouces.	Pouces.	Pouces.	Pouces.	Pouces.
Janvier.....	»	»	»	29,8	29,4	29,495
Février.....	»	»	»	29,75	29,5	29,692
Mars......	30,2	29,8	29,81	29,65	29,3	29,42
Avril......	30,2	29,8	30,175	29,4	29,1	29,285
Mai........	30,1	29,6	29,55	29,9	29,5	29,775
Juin.......	30,15	29,75	30,017	30,1	29,5	29,875
Juillet.....	30,1	29,95	30,027	29,95	29,8	29,887
Août.......	30,1	29,95	30,013	30,1	29,75	29,920
Septembre..	30,15	29,85	30,054	30,05	29,7	29,915
Octobre....	30	29,7	29,841	29,9	29,5	29,797
Novembre..	30	29,55	29,68	30,05	29,55	29,875
Décembre..	29,9	29,4	29,675	30,2	29,7	29,843

1. On remarquera quelques erreurs dans ce tableau que nous n'avons pu corriger.

Les observations du docteur Gourlay, recueillies de 1793 à 1802 inclusivement, seraient doublement importantes par leur durée et leur date; mais ces chiffres présentent de telles irrégularités, qu'il est impossible de s'en servir. Heineken avait déjà élevé de grands doutes sur leur exactitude; il dit qu'elles furent faites par J. Murdock au *Valle*, à 400 pieds au-dessus de la mer, et ne peuvent ainsi s'appliquer à Funchal; qu'en outre on y trouve des chiffres qui sont inadmissibles. La pression barométrique de 26 pouces 9 lignes, signalée au mois de mars 1794, et de 31 pouces en juillet 1796, est si extraordinaire à cette hauteur et contraire à tout ce qui a été observé depuis, qu'il y a lieu de se défier de ces observations. Enfin, le docteur Gourlay n'indique ni la qualité du baromètre qu'il employa, ni l'exposition, la hauteur, la correction par le thermomètre, le nombre d'observations journalières, les heures de ces observations ni d'autres circonstances qu'il convient de connaître. A peine présente-t-il la différence mensuelle de pression barométrique, et ce n'est pas sans grande difficulté qu'on peut admettre la moyenne mensuelle de la hauteur barométrique à 30 pouces sans fraction. Nous ne tiendrons donc pas compte de ces faits, malgré notre pénurie à cet égard.

Bowdich parle de quelques observations barométriques faites par lui à Madère, qui donnèrent les moyennes de 767^{m},30, 764^{m},20, et 761^{m},60; mais cela est traité si légèrement qu'on ne peut en tenir compte également.

Celles du docteur Heineken, faites à Funchal en 1826, à 89 pieds au-dessus de la mer, ont eu lieu exactement deux fois par jour, à dix heures du matin et dix heures du soir, avec la correction par la température prise à la même heure; en voici le tableau :

	Pression barométrique.			Correction par le thermomètre.		
	Maximum.	Minimum	Médium	Maximum.	Minimum.	Médium.
	Pouces.	Pouces.	Pouces.	Pouces.	Pouces.	Pouces.
Janvier.....	30,25	29,63	30,049	30,165	29,547	29,977
Février....	30,59	29,91	30,378	30,505	29,838	30,292
Mars......	30,34	29,68	30,083	30,254	29,595	29,998
Avril......	30,30	29,83	30,140	30,214	29,732	29,959
Mai........	30,24	29,74	30,063	30,155	29,655	29,978
Juin.......	30,31	30,05	30,166	30,210	29,952	30,068
Juillet.....	30,29	29,91	30,050	30,179	29,806	29,992
Août......	30,23	29,97	30,108	30,119	29,859	29,997
Septembre .	30,25	29,95	30,116	30,150	29,839	30,005
Octobre....	30,24	29,80	30,059	30,129	29,702	29,948
Novembre..	30,39	29,39	29,964	30,304	29,294	29,886
Décembre..	30,37	29,74	30,127	30,284	29,655	30,062

RÉSUMÉ :

	Pression.	Correction.
Maximum...	30 pouces 590	30 pouces 505
Minimum...	29 » 390	29 » 294
Médium....	30 » 133	30 » 030

Le docteur Mason, dont les travaux météorologiques nous ont beaucoup servi, ne fit aucune observation barométrique, ce qui est inexplicable. Celles de Young, faites aux *Ilheos*, à 100 pieds au-dessus de la mer, avec un baromètre anéroïde, eurent lieu une fois par jour, sur les neuf heures du matin, depuis le mois d'octobre 1848 jusqu'au 15 juin 1849; en voici la moyenne mensuelle :

Octobre.................	29 pouces 98
Novembre...............	29 » 92
Décembre...............	29 » 98
Janvier.................	29 » 96
Février.................	30 » 02
Mars....................	29 » 83
Avril...................	29 » 80
Mai.....................	29 » 83
Juin....................	29 » 80

Les observations de Mac-Euen furent faites à l'hôtel Holloway, dans le chemin du milieu, à 280 pieds au-dessus de la mer avec un baromètre anéroïde, comparé préalablement avec un bon baromètre au mercure. Elles eurent lieu depuis le mois de décembre 1849 jusqu'en mai 1850, à neuf heures du matin et à quatre heures du soir, à l'exception du premier mois ; les voici en entier :

	OBSERVATION DU MATIN.			OBSERVATION DU SOIR.		
	Maximum.	Minimum.	Médium.	Maximum.	Minimum.	Médium.
	Pouces.	Pouces.	Pouces.	Pouces.	Pouces.	Pouces.
Décembre..	30,03	29,31	29,85	»	»	»
Janvier	30,26	29,17	29,99	30,20	29,13	29,96
Février	30,15	29,84	30,02	30,13	29	29,98
Mars......	30,19	29,34	29,92	30,18	29,33	29,86
Avril	30,05	29,50	29,80	30,03	29,48	29,78
Mai.......	29,96	29,50	29,75	29,95	29,57	29,78

Les dernières observations qu'il nous reste à citer sont de White. Elles furent recueillies à 132 pieds au-dessus de la mer, en 1850 et 1851, et comprennent seize mois, dont les quatre premiers proviennent de celles de Heineken et Renton, faites à 89 pieds au-dessus de la mer, de 1826 à 1831.

	Moyenne mensuelle.	Variation mensuelle.
Janvier.........	29 pouces 91	0 pouces 69
Février.........	30 » 05	» » 59
Mars...........	29 » 98	» » 46
Avril	29 » 91	» » 66
Mai............	30 » »	» » 33
Juin	29 » 49	» » 22
Juillet..........	29 » 55	» » 29
Août...........	29 » 56	» » 21
Septembre......	29 » 66	» » 36
Octobre........	29 » 97	» » 77
Novembre......	30 » 17	» » 29
Décembre	30 » 11	» » 70
Moyenne...	29 » 86	» » 46
Janvier........	30 » 20	» » 72
Février.........	30 » 02	» » 75
Mars...........	30 » 25	» » 33
Avril	29 » 93	» » 72

En faisant le résumé de ces observations prudemment choisies, faites en différents lieux et à des hauteurs diverses, avec des baromètres de mercure et anéroïde, la moyenne annuelle de la pression barométrique de Funchal est de 29 p. 916; savoir :

Heberden...............	29p,915	moyenne... 29p,916.
Heineken...............	30 ,030	
Young..................	29 ,90	
Mac-Euen...............	29 ,877	
White..................	29 ,86	

En procédant de la même manière pour chaque mois, on trouve les moyennes suivantes :

Janvier................	29	pouces	828
Février................	30	»	136
Mars...................	29	»	769
Avril..................	29	»	803
Mai....................	29	»	648
Juin...................	29	»	752
Juillet................	29	»	924
Août...................	29	»	739
Septembre..............	29	»	908
Octobre................	29	»	907
Novembre...............	29	»	902
Décembre...............	29	»	92

La pression barométrique ne paraît avoir de relation ici ni avec les saisons ni avec la température; excepté quant à la dilatation par le calorique des baromètres de mercure, ce qui ne dépend pas de la pression atmosphérique et ce qui doit être calculé par la formule propre. La différence mensuelle de pression est peu sensible, 0 p. 367 étant la plus grande entre février et mars et 0 p. 001 la moindre entre septembre et octobre, ce qui n'a pas d'importance. La moyenne la plus élevée est en février, la plus basse en mai, et la différence entre ces deux extrêmes n'est que de 0 p. 488.

La plus grande élévation barométrique se trouve dans les observations de Heineken; elle est de 30 p. 505 et il parle même d'une pression supérieure de 30 p. 62. Dans celles de Mac-Euen se trouve une pression extraordinaire de 30 p. 95, le 10 janvier 1849 à quatre heures du soir; mais c'est là évidemment une faute typographique, car cette pression n'est pas en rapport avec celle qui précède ni celle qui suit, une erreur en résulte dans le total du mois et elle doit être rétablie à 30 p. 05.

La pression barométrique inférieure est de 29 p. 1 dans les observations de Heberden en avril 1750, celle de 29 p. dans celles de Mac-Euen devant être une autre erreur typographique. Ainsi la différence entre les deux extrêmes de pression barométrique est donc de 1 p. 52.

Ces variations sont extraordinaires à Funchal où les oscillations du baromètre restent ordinairement entre 29 p. 40 et 30 p. 35; mais il faut tenir compte de la hauteur à laquelle ces observations ont été recueillies.

Les variations barométriques journalières sont faibles et lentes. Ni la loi qui les régit, ni l'heure habituelle de leur maximum et de leur minimum n'ont été établies jusqu'ici. Tout ce que nous pouvons dire à cet égard, c'est que l'élévation du baromètre coïncide fréquemment avec un beau temps, quoiqu'on l'observe quelquefois aussi par un temps couvert et pluvieux. Il pleut ordinairement quand celui-ci descend au-dessous de 29 p. 60 et parfois la pluie survient quelques heures après cet abaissement.

Il nous a été impossible également d'établir la relation de la pression barométrique avec l'échelle hygrométrique. Assez souvent l'abaissement du baromètre coïncide avec l'augmentation de l'humidité, mais ce n'est pas là une loi, une relation fixe ni un fait constant. Il y a dans les observations précédentes des jours d'un degré seulement de sécheresse à l'hygromètre de Daniell, tandis que le baromètre marquait 30 p. 05 jusqu'à 30 p. 16. Mais l'élévation du baromètre coïncide très-fréquemment avec l'augmentation de sécheresse à l'hygromètre sans qu'il y ait proportion dans le mouvement des deux échelles. D'après les différentes observations météorologiques, nous croyons cependant qu'il est très-rare de voir l'hygromètre marquer un haut degré de sécheresse quand le baromètre est bas.

La relation entre les variations barométriques et les vents ne peut s'exprimer par une loi constante. Outre la difficulté d'examiner les vents à Funchal, comme on le verra plus loin, les mouvements du baromètre y sont sans relation bien appréciable avec leurs diverses directions et leur force. Tandis que les variations barométriques sont lentes, les changements du vent sont rapides et soumis parfois à des règles connues. On peut dire cependant que les vents prolongés du sud-ouest d'une certaine force coïncident fréquemment avec la pluie et l'abaissement du baromètre et ceux du nord avec une pression élevée.

Observations de l'auteur.

Nos observations barométriques furent faites avec un baromètre anéroïde de Lerebours et Secretan de Paris et un autre au mercure de W. Scott d'Édimbourg, pour les corriger; lesquels furent comparés fréquemment avec d'autres baromètres réputés sûrs. Ils étaient placés près l'un de l'autre, le premier à six pieds au-dessus du sol, c'est-à-dire à 136 pieds au-dessus du niveau de la mer, et le réservoir du second à quatre pieds au-dessus du sol et à 134 au-dessus de ce niveau. L'observation était régulièrement faite trois fois par jour : le matin à sept heures, à deux et à sept heures après-midi, comme on va le voir.

Observation de 7 heures du matin.

1852-1853.	Septemb.	Octobre.	Novemb.	Décemb.	Janvier.	Février.	Mars.	Avril.
	mètres.	mètres.	mètres.	mètres.	mètres.	mètres.	mètres.	mètres.
1	0,765	0,750	0,761	0,763	0,764	0,768	0,761	0,763
2	767	759	759	764	763	766	766	762
3	766	761	759	767	766	766	767	763
4	763	763	758	766	768	763	767	764
5	760	764	759	766	765	758	767	762
6	760	765	762	762	765	758	767	758
7	763	763	764	758	765	756	764	750
8	765	760	760	758	766	755	763	752
9	766	754	757	759	765	756	764	755
10	765	753	757	759	765	756	763	755
11	764	757	753	752	766	756	762	755
12	762	759	750	747	764	759	761	759
13	761	757	754	752	761	753	762	756
14	759	754	756	756	764	753	761	756
15	761	754	750	760	765	754	762	758
16	760	754	752	762	765	757	762	756
17	760	748	758	766	765	756	758	754
18	762	742	759	766	770	762	761	752
19	765	751	758	758	768	759	762	753
20	761	757	759	757	769	753	760	756
21	759	758	765	763	770	751	759	756
22	762	758	765	770	771	754	761	760
23	761	758	766	770	770	756	762	»
24	760	763	763	770	765	762	756	»
25	759	765	759	769	762	762	750	762
26	760	764	759	766	759	760	753	761
27	759	760	762	765	742	758	760	760
28	760	759	765	763	748	760	758	
29	762	761	763	760	750		759	
30	759	762	760	757	758		761	
31		764		759	764		762	

Observation de 2 heures après-midi.

1852-1853.	Septemb	Octobre.	Novemb.	Décemb.	Janvier.	Février.	Mars.	Avril.
	mètres.	mètres.	mètres.	mètres.	mètres.	mètres.	mètres.	mètres.
1	0,765	0,749	0,760	0,766	0,657	0,766	0,763	0,763
2	767	760	759	767	764	765	766	762
3	766	762	758	767	767	765	767	764
4	762	765	759	767	767	761	767	764
5	759	765	760	765	765	757	768	761
6	763	765	763	761	764	757	767	756
7	765	763	765	757	766	753	764	753
8	765	759	759	760	765	756	765	753
9	767	752	758	758	764	754	764	756
10	766	755	756	758	765	756	763	755
11	763	758	752	750	764	756	762	758
12	762	759	751	748	763	758	762	758
13	761	756	755	753	762	752	762	755
14	760	755	754	757	764	753	760	757
15	760	754	751	761	765	756	763	757
16	759	752	753	763	766	756	761	757
17	762	747	760	767	766	758	758	754
18	764	745	759	761	768	761	761	753
19	764	752	758	757	766	757	762	754
20	761	758	759	759	769	752	760	756
21	761	759	765	765	770	752	759	757
22	763	757	766	771	771	753	763	»
23	760	759	765	771	768	758	762	»
24	760	764	763	769	764	762	755	762
25	759	765	759	768	761	762	750	762
26	760	762	759	766	758	759	757	760
27	760	759	763	764	743	758	760	761
28	762	758	767	762	748	761	758	
29	763	762	762	759	752		760	
30	758	763	760	756	759		762	
31		763		760	766		763	

Observation de 7 heures du soir.

1852-1853.	Septemb	Octobre.	Novemb.	Décemb.	Janvier.	Février.	Mars.	Avril.
	mètres.	mètres.	mètres.	mètres.	mètres.	mètres.	mètres.	mètres.
1	0,766	0,753	0,760	0,765	0,763	0,767	0,764	0,763
2	767	760	760	766	764	766	767	762
3	765	762	757	767	767	764	767	764
4	761	765	759	767	767	760	766	764
5	758	765	761	764	765	757	768	760
6	762	763	763	760	763	758	766	754
7	764	762	764	756	767	754	763	751
8	766	757	758	760	764	756	764	754
9	766	753	757	757	764	755	764	757
10	765	756	756	757	765	757	762	755
11	762	758	751	748	764	758	760	758
12	761	758	751	749	761	758	762	757
13	760	755	757	755	763	752	762	756
14	761	754	752	758	765	753	761	757
15	761	754	750	762	765	756	763	757
16	758	752	756	764	765	755	760	756
17	762	745	759	767	767	760	759	753
18	763	747	759	761	769	761	762	753
19	763	753	758	757	767	757	760	754
20	760	758	760	761	770	751	761	756
21	762	759	765	767	770	753	759	758
22	762	756	764	770	770	753	762	»
23	760	761	764	770	767	759	760	»
24	759	764	760	769	763	763	752	762
25	757	765	758	767	760	762	749	762
26	759	761	759	765	754	758	759	760
27	760	759	765	764	745	759	759	761
28	762	759	765	761	749	761	758	
29	760	762	761	757	754		760	
30	755	764	759	755	760		762	
31		763		760	768		762	

Des observations précédentes résultent les moyennes et les variations barométriques journalières qui suivent :

1852-1853.	SEPTEMBRE.		OCTOBRE.		NOVEMBRE.		DÉCEMBRE.		JANVIER.		FÉVRIER.		MARS.		AVRIL.	
	Moyenne.	Variation.	Moyenne.	Variation.	Moyenne.	Variation.	Moyenne.	Variation.	Moyenne.	Variation.	Moyenne.	Variation.	Moyenne.	Variation.	Moyenne.	Variation.
	m		m		m		m		m		m		m		m	
1	0,765,3	1	0,750,6	4	0,760,3	1	0,764.6	3	0,764	2	0,767	2	0,762,3	3	0,763	0
2	767	0	759,6	1	759,6	1	765,6	3	763,6	1	765,6	1	766,3	1	762	0
3	765,6	1	761,6	1	758	2	767	0	766,6	1	765	2	767	0	763,6	1
4	762	2	764,3	2	758,6	1	766,6	1	767,3	1	761,3	3	766,6	1	764	0
5	759	2	764,6	1	760	2	765	2	765	0	757,3	1	767,6	1	761	2
6	761,6	3	764,3	2	762,6	1	761	2	764	2	757,6	1	766,6	1	756	4
7	764	2	762,6	1	764,3	1	757	2	766	2	754,3	3	763,6	1	751,3	3
8	765,3	1	758,6	3	759	2	759,3	2	765	2	755,6	1	764	2	753	2
9	766,3	1	753	2	757,3	1	758	2	764,3	1	755	2	764	0	756	2
10	765,3	1	754,6	3	756,3	1	758	2	765	0	756,3	1	762,6	1	755	0
11	763	2	757,6	1	752	2	750	4	764.6	2	756,6	2	761,3	2	757	3
12	761,6	1	758,6	1	750,6	1	748	2	762,6	3	758,3	1	761,6	1	758	2
13	760,6	1	756	2	755,3	3	753,3	3	762	2	752,3	1	762	0	755,6	1
14	760	2	754,3	1	754	4	757	2	764,3	1	753	0	760,6	1	756,6	1
15	760,6	1	754	0	750,3	1	761	2	765	0	755,3	2	762,6	1	757,3	1
16	759	2	752,6	2	753,6	4	763	2	765,3	1	756	2	761	2	756,3	1
17	761,3	2	746,6	3	759	2	766,6	1	766	2	758	4	758,3	1	753,6	1
18	763	2	744,6	5	759	0	762,6	5	769	2	761,3	1	761,3	1	752,6	1
19	764	2	752	2	758	0	757,3	1	767	2	757,6	2	761,3	2	753,6	1
20	760,6	1	757,6	1	759,3	1	759	4	769,3	1	752	2	760,3	1	756	0
21	760,6	3	758,6	1	765	0	765	4	770	0	752	2	759	0	757	2
22	762,3	1	757	2	765	2	770.3	1	770,6	1	753.3	1	762	2	»	»
23	760,3	1	759,3	3	765	2	770,3	1	768	3	757,6	3	761,3	2	»	»
24	759,6	1	763,6	1	762	3	769,3	1	764	2	762,3	1	754,3	4	»	»
25	758,3	2	765	0	758,6	1	768	2	761	2	762	0	749,6	1	762	0
26	759,6	1	762.3	3	759	0	765,6	1	757	5	759	2	756,3	6	760,3	1
27	759,6	1	760,6	1	763,3	3	764,3	1	743,3	3	758,3	1	759,6	1	760,6	1
28	761,3	2	758,6	1	765,6	2	762	2	748,3	1	760,6	1	758	0		
29	761,6	3	761,6	1	762	2	758,6	3	752	4			759,6	1		
30	757,3	4	763	2	759	1	756	2	759	2			761,6	1		
31			763,3	1			759,6	1	766	4			762,3	1		

On voit que les variations barométriques journalières furent faibles et graduelles en général, atteignant rarement 4 à 5 millimètres pendant le jour, 6 millimètres en mars, ce qui s'accorde avec les précédents observateurs. Cependant, il y eut à trois reprises, durant la nuit, des variations de 8 à 12 millimètres et une seule fois de 17 dans les vingt-quatre heures. Mais ces variations extrêmes, dans cet espace de temps, sont très-rares ; elles ont lieu presque toujours en bas et indiquent la tempête.

Voici maintenant les proportions mensuelles de cette pression atmosphérique et de ses variations.

1852-1853.	PRESSION.				VARIATION.		
	Maximum.	Minimum.	Médium.	Différence extrême.	Maximum.	Minimum.	Médium.
Septembre....	0m,767	0m,755	0m,761,85	0m,012	0m,004	0m,0	0m,001,633
Octobre......	765	742	758	23	5	0	1,419
Novembre....	766	750	750	16	4	0	1,566
Décembre....	771	747	761,56	24	5	0	2,064
Janvier.......	771	742	763,4	29	5	0	1,777
Février.......	768	751	757,87	17	4	0	1,607
Mars.........	768	749	761,44	19	6	0	1,354
Avril.........	764	750	757,5	14	4	0	1,25

La moyenne de ces huit mois est de 0m,760, tandis que la moyenne annuelle des autres observations est de 29 p. 916, correspondant à 0m,759,7 ; la différence est donc à peu près nulle. Le maximum de pression barométrique des observations de Heineken étant de 30 p. 505 ou 0m,774,7 est supérieur au nôtre fixé à 771, tandis que le minimum obtenu par Heberden, étant de 27 p. 1 ou 0m,739,13, il lui est inférieur dans la même proportion. Enfin la plus haute différence entre ces deux extrêmes, obtenue par nous, est de 0m,029, tandis que, d'après les observations antérieures, elle s'élève à 0m,035,57 et même à 0m,038, d'après une observation de Heineken, différence très-élevée sans doute pour cette latitude.

Voici également ces proportions suivant les saisons :

1852-1853.	PRESSION.				VARIATION.		
	Maximum.	Minimum.	Médium.	Différence extrême.	Maximum.	Minimum.	Médium.
	m	m	m	m	m	m	m
Automne...	0,767	0,742	0,749,6	0,025	0,005	0,0	0,001,539
Hiver......	771	742	760,94	29	5	0	1,816

Tels sont les résultats de nos observations barométriques. Ils sont insuffisants, sans doute, pour fixer définitivement la pression atmosphérique à Funchal; mais on peut compter du moins sur leur exactitude et leur fidélité pour aider à la déterminer un jour.

Nous ne pouvons nous empêcher de remarquer ici que l'action de la pression atmosphérique sur la phthisie est une idée moderne, signalée seulement dans ces derniers temps. La température et l'hygrométrie furent d'abord exclusivement prises en considération pour déterminer la valeur ou la nocuité d'un endroit quelconque pour le séjour des phthisiques; puis on eut égard à l'exposition, aux vents, etc. ; enfin, on examina successivement les éléments constitutifs de l'atmosphère. Mais qu'il s'agît de l'habitation des montagnes, des plateaux, des plaines ou des vallées, de l'air de terre ou de mer où la pression barométrique diffère considérablement, on ne tenait nullement compte de cette condition importante, essentielle. Son action directe, naturelle sur les poumons et toute la surface cutanée, n'éveille pas l'idée qu'elle pouvait modifier la marche de la phthisie. M. Martins, ayant remarqué que cette maladie est infiniment plus rare en Norwége sous le 70° de latitude, où le climat est essentiellement égal, qu'à Stockholm, sous le 59° où il est éminemment extrême, quoique moins froid, fut conduit à formuler la proposition suivante : que l'égalité du climat, l'humidité de l'air et une forte pression barométrique sont les conditions capitales pour prévenir ou guérir les tubercules pulmonaires (*Annuaire météorologique*, 1849). Ce que M. Martins avait avancé sous la forme prudente du *peut-être* vient d'être affirmé explicitement par M. Pouget relativement à l'air maritime (*Union médicale*, 1855, n° 33). On comprend, d'après cela, la valeur de ce chapitre, malgré ce qu'il peut laisser à désirer.

CHAPITRE III.

TEMPÉRATURE.

Cette partie de la météorologie a été beaucoup plus et mieux étudiée que la pression barométrique; les matériaux sont plus nombreux, et de plus les observateurs s'accordent généralement entre eux et ne présentent guère que des différences dues aux localités, aux saisons, aux années, etc. Nous allons rapporter les principales observations thermométriques publiées sur Funchal, afin de donner une idée précise de la température de cette ville et éclairer un des points les plus importants de ce climat. Malheureusement, tous ces faits ne peuvent encore satisfaire l'observateur exact et rigoureux, et ils doivent être répétés sur une plus grande échelle, spécialement sur certains points.

Tout ce qui suit s'applique donc exclusivement à la température de Funchal, sauf de légères exceptions que nous aurons soin de signaler. Cette réserve est nécessaire, parce que sur ce point l'île diffère considérablement aux divers endroits, expositions et hauteurs. Ces différences sont telles que l'on peut y obtenir le même jour, à la même heure, la température de tous les climats, suivant la plus ou moins grande élévation et l'exposition où l'observateur est placé. C'est pourquoi nous avons indiqué soigneusement les endroits où ont été faites les observations que nous avons rapportées, et les nôtres en particulier. C'est un point d'une grande importance et qui explique les différences des divers observateurs entre eux.

Température extérieure à l'ombre.

Observations d'Heberden.

	1749.			1750.		
	Maximum.	Minimum.	Médium.	Maximum.	Minimum.	Médium.
Janvier.......	»	»	»	68°	62°	64°
Février.......	»	»	»	67	61	63,8
Mars..........	70°	61°	64°66	71	61	66,5
Avril.........	68	64	66,07	68	65	66,45
Mai...........	69	65	66,53	68	65	66,25
Juin..........	72	64	68,75	72	65	69,06
Juillet........	75	72	74,58	75	71	73
Août..........	77	74	75,07	78	72	75,4
Septembre....	78	72	76,53	77	72	74,93
Octobre......	77	68	72,2	77	70	73,87
Novembre....	73	67	68,6	76	67	70,826
Décembre....	68	62	64,9	74	64	66,27

Les années 1751, 1752 et 1753 donnent une très-faible différence avec celles-ci. La moyenne en est de 68°,918. La plus grande variation thermométrique fut de 20°, c'est-à-dire de 60° à 80°, mais ce dernier chiffre s'observa une seule fois pendant le *leste*; autrement le thermomètre ne dépassa pas 78°.

Observations de Kirwan.

Janvier............	64°,18
Février............	64,3
Mars..............	65,5
Avril..............	65,5
Mai...............	66,53
Juin..............	69,74
Juillet............	73,45
Août..............	75,02
Septembre.........	75,76
Octobre...........	72,5
Novembre.........	69,8
Décembre.........	65

Ces moyennes mensuelles, établies sur des observations

de quatre années, donnent une moyenne annuelle de 68°,77. D'après Kirwan, la température moyenne d'une latitude de 32° est de 69°,1, ce qui est en rapport avec ces observations.

Observations de Gourlay.

	1798.			1799.			1800.			1801.			1802.		
	Maximum.	Minimum.	Médium.	Maximum.	Minimum.	Médium.	Maximum.	Minimum.	Médium.	Maximum.	Minimum.	Médium.	Maximum.	Minimum.	Médium.
Janvier	70°	60°	65°	68°	55°	60°	65°	53°	59°	67°	52	58°	65°	51°	58
Février	70	56	60	72	58	67	65	55	59	65	52	58	67	54	60
Mars	68	54	60	68	55	62	67	53	60	71	56	62	72	55	59
Avril	71	58	60	67	54	61	67	56	60	67	53	60	67	54	61
Mai	80	60	65	70	59	63	70	58	62	67	52	62	69	56	62
Juin	74	62	67	71	60	64	72	62	66	73	60	66	70	61	65
Juillet	77	66	70	77	71	73	76	65	70	75	66	69	73	64	69
Août	80	70	74	81	69	75	77	66	68	79	67	74	80	68	73
Septembre	81	68	74	82	71	76	77	66	69	77	68	72	84	70	75
Octobre	80	65	71	80	64	72	76	60	67	76	64	72	76	66	69
Novembre	75	59	65	76	61	63	71	58	63	72	61	65	70	60	65
Décembre	73	62	65	66	54	59	64	57	60	70	58	62	63	52	57

Ces cinq années d'observation nous ont paru suffire à notre but et les années subséquentes n'en différant pas sensiblement, nous avons omis de les relater avec d'autant plus de raison que leurs résultats nous ont paru peu exacts.

Observations de Heineken.

1826.	MAXIMUM.	MINIMUM.	MÉDIUM.
Janvier	69°	50°	59°9
Février	68	51	58,8
Mars	69	51	61,3
Avril	72	55	62,8
Mai	69	55	63,2
Juin	73	58	65,8
Juillet	76	63	67,5
Août	82	65	72,9
Septembre	84	64	73,1
Octobre	77	58	62,5
Novembre	72	52	62,8
Décembre	68	52	60,8
Résumé	84	50	64,3

Les observations de janvier 1824 à décembre 1826, inclusivement, donnent les résultats suivants :

Maximum.....	85°
Minimum.....	50
Différence.....	35

Observations de Mason.

1834-1835.	Maximum.	Minimum.	Différence.	Maximum moyen.	Minimum moyen.	Différence.	Médium.
	°	°	°	°	°	°	°
Janvier.....	65	55	10	63,23	57,26	5,97	60,24
Février.....	69	55	14	64,75	57,50	7,25	61,12
Mars.......	71	53,5	17,5	68,39	58,48	9,81	63,43
Avril.......	75	58	17	70,46	60,33	10,13	65,39
Mai........	77,5	61	16,5	72,60	63,35	9,25	67,97
Juin	80	63	17	73,16	65,73	7,43	64,44
Juillet......	80	66	14	75,06	68,29	6,77	71,68
Août.......	80	66	14	76,93	68,64	8,29	72,78
Septembre..	79	66	13	76	68,32	7,68	72,16
Octobre....	77	62	15	73,06	65,93	7,13	69,49
Novembre...	73	57	16	68,70	62,20	6,50	65,45
Décembre..	72	55	17	66,80	61,71	5,09	64,25

Observations de Young.

1848.	Octobre................	70°
	Novembre.............	67
	Décembre.............	67
1849.	Janvier.................	64
	Février................	65
	Mars...................	63
	Avril...................	64
	Mai....................	67
	Au 15 juin.............	69

Observations de Mac-Euen.

1848-1849.	MAXIMUM	MINIMUM.	DIFFÉRENCE.	MAXIMUM moyen.	MINIMUM moyen.	DIFFÉR. moyenne	MÉDIUM.
Décembre.........	70°,5	63°	7°,5	67°	60°,4	6°,6	63°,7
Janvier............	70 ,5	53	17 ,5	67	56 ,6	10 ,4	61 ,7
Février............	73	53	20	68 ,2	56 ,8	11 ,4	62 ,5
Mars...............	75	52 ,5	22 ,5	69	57 ,2	11 ,8	63 ,5
Avril..............	74	54 ,5	19 ,5	67 ,6	57 ,4	10 ,2	62 ,3
Mai................	78	54	24	70 ,7	59 ,9	10 ,8	65 ,3

Observations de White.

1850-1851.	8 HEURES DU MAT.			2 HEURES DU SOIR.			6 HEURES DU SOIR			10 HEURES DU SOIR.			JOURS DE LESTE.
	Maximum.	Minimum.	Médium.	Maximum.	Minimum.	Médium.	Maximum.	Minimum.	Médium.	Maximum.	Minimum.	Médium.	
Janvier...	64°	54°	58°,72	70°	61°	66°,13	64°	58°	61°,69	60°	53°	57°,46	
Février...	66	55,5	60 ,73	72	65	66 ,89	68,5	58	63 ,68	63	55	58 ,37	4
Mars.....	67,5	59	62	73	64	67 ,54	69,5	62	64 ,35	64	56	59 ,67	
Avril.....	69	57	65	75	68	71 ,31	71	61	68 ,75	66	61	64 ,56	
Mai......	70	64	66 ,30	75	68,5	71 ,77	74	67	70 ,22	70	60,5	65 ,20	
Juin.....	68	64	66 ,38	71	67	68 ,78	68	62	65 ,38	67	63	64 ,33	
Juillet...	72	67	69 ,32	74	67,5	71 ,45	72	65,5	68 ,69	69	65	66 ,98	
Août.....	72	67	69 ,50	74,5	67	71 ,92	69,5	65,5	68 ,19	68,5	66	67 ,22	3
Septemb.	72,5	65	69 ,08	76,5	67	72 ,36	71	66	68 ,60	69	62	66 ,78	
Octobre..	73	64	68 ,77	76,5	68	72 ,74	74,5	65	70 ,24	72,5	63	67 ,51	
Novembre	68,5	61	63 ,93	74	67	70 ,16	72	64	66 ,46	66	61	63 .71	
Décembre	65	56	60 ,37	70,5	60	65 ,67	67	58	62 ,38	67,5	56	63 ,49	
Moyenne annuelle....			65	....	....	69 ,72	....	....	66 ,55	....	....	63 ,49	7
Janvier...	63	55,5	59 ,90	70	63	66 ,21	65	59	62 ,24	63	56	59 ,38	
Février...	61	54	57 ,50	69,5	61	63 ,98	64	53	59 ,46	60,5	53	57 ,01	
Mars.....	65	56,5	61 ,27	71	61,5	66 ,74	67	58	62 ,71	62,5	55	58 ,96	
Avril.....	66,5	58	63 ,15	74	65	68 ,73	67	60,5	64 ,73	65,5	56	61 ,48	

De ces diverses observations thermométriques, faites à des époques très-diverses par différents observateurs et en des lieux variés de Funchal, excepté celles de White, faites à Machico en mai, juin, juillet et août, nous croyons qu'il est possible de déduire plusieurs propositions très-importantes sur la température de cette localité, la plus intéressante à étudier pour notre but.

1° SUIVANT LES ANNÉES :

La température moyenne annuelle de Funchal est représentée par des nombres très-rapprochés les uns des autres. Heberden la fixe à 68°,918 avec la correction de Shown à 67°,30; Kirwan à 68°,77; Gourlay, après dix-huit années successives d'observations, à 68°,89; Heineken à 64°,3 et Mason à 66°,93. Or, en prenant la moyenne proportionnelle de ces résultats, on trouve une moyenne annuelle de 67°,23 qui nous semble bien établie et qui concorde avec celle de 67°,61 fixée dans la météorologie du professeur Dowe, sauf la différence de 0°,38. Les observations de Young, de Mac-Euen et de White n'entrent pas dans ce calcul comme étant incomplètes, insuffisantes; mais si l'on prend la moyenne annuelle du médium indiqué par ces trois observateurs, savoir : 66°,22 par Young, 63°,16 par Mac-Euen, 66°,19 par White, on aura le nombre 65°,19, moyenne très-basse en raison de ce que les mois d'été ne figurent pas dans les deux premières séries de ces observations.

2° SUIVANT LES MOIS :

La température moyenne mensuelle, déjà fixée dans les tableaux précédents, peut être déterminée plus exactement en prenant la moyenne des résultats obtenus par les neuf observateurs. Voici ce calcul :

Janvier....	62°18	Juillet.....	71°52
Février....	62,71	Août......	73,71
Mars......	63,46	Septembre.	73,98
Avril......	64,07	Octobre...	69,92
Mai.......	65,82	Novembre..	66,68
Juin	67,45	Décembre .	63,76

La faible variation de température d'un mois à l'autre est un des caractères les plus remarquables de ce climat. La différence ordinaire n'est que 2 à 3 degrés et rarement plus de 4. Voici, d'après Mason, quelle est cette différence des mois successifs entre eux.

1834—1835.	Janvier. — Février.........	0°,88
	Février. — Mars...........	2,31
	Mars. — Avril.............	1,96
	Avril. — Mai..............	2,58
	Mai. — Juin...............	1,47
	Juin. — Juillet...........	2,24
	Juillet. — Août...........	1,10
	Août. — Septembre.........	0,62
	Septembre. — Octobre......	2,67
	Octobre. — Novembre.......	4,04
	Novembre. — Décembre......	1,20
	Décembre. — Janvier.......	4,01

Ce qui donne une différence moyenne de 2°,09.

D'après le même observateur, la différence entre la plus haute et la plus basse température observée dans chaque mois, varie de 10° à 17°,5 et la différence moyenne du mois le plus chaud au plus froid, août et janvier, est seulement de 12°,54; d'après le calcul du professeur Dowe, celle-ci n'est que de 10°,80.

Il n'était pas sans intérêt de rechercher, d'après les neuf observateurs cités, quelle était la plus haute et la plus basse température apparue aux différents mois de l'année; ce résumé ayant l'avantage de reposer sur des observations faites à diverses époques depuis plus d'un siècle, par différents observateurs et en des lieux divers. Voici, d'après ce calcul, le maximum et le minimum de cette température mensuelle, soit pendant un ou plusieurs jours successifs à la même heure, soit pendant quelques heures seulement.

	MAXIMUM.	MINIMUM.
Janvier.....	70°	50°
Février.....	73	51
Mars.......	75	51
Avril.......	76,5	53
Mai........	77	52
Juin.......	80	58
Juillet......	80	61
Août.......	82	64
Septembre..	85	63
Octobre....	80	58
Novembre..	76	52
Décembre..	73	53

Il résulte de là que la plus haute température observée à Funchal dans toute l'année, sans *leste*, est de 85°, et la plus basse de 50°, ce qui donne une différence entre ces deux extrêmes de 35° seulement; laquelle s'observe très-fréquemment dans un seul mois et même dans un seul jour, en certains climats. D'ailleurs, cette température extrême de 85°, sans *leste*, est infiniment rare; elle ne se rencontre même pas dans quelques observations, et le thermomètre extérieur méthodiquement placé s'est élevé rarement au-dessus de 80°. Les plus basses températures ne s'observent également que la nuit ou de grand matin et par conséquent n'affectent pas les malades. On verra plus loin que nos observations, avec le thermométrographe, accusent une température plus basse que celles-ci, et qu'elle est descendue une fois à 45°.

3° SUIVANT LES SAISONS :

Quant à la température moyenne des saisons, voici les résultats des six observateurs cités :

	Hiver.	Printemps.	Été.	Automne.	Différence.
	°	°	°	°	°
Heberden.	64,46	65,18	72,64	72,82	8,36
Kirwan.	64,33	65,84	72,73	72,68	8,4
Gourlay.	60,46	60,82	69,53	69,2	9,07
Heineken.	59,83	62,43	68,73	66,13	8,9
Dowe:.	63,5	64,46	71,6	70.88	8,1
Mason.	61,87	65,59	71,3	69,3	9,43

En réunissant à ces observations, celles de Young, Mac-Euen et White, la moyenne des saisons est réduite ainsi :

Hiver.	62°,88	Différence. . . . . , 8°,01
Printemps.	64 ,45	
Eté. . . . . , .	70 ,89	
Automne.	70 ,19	

Enfin, voici, d'après Mason, la différence moyenne de la température des saisons successives entre elles :

Hiver. — Printemps.	3,72
Printemps. — Eté.	5,71
Eté. — Automne.	2
Automne. — Hiver.	7,43

En comparant les observations les plus anciennes avec les plus modernes sur la température moyenne des années, des mois et des saisons, on voit qu'elle n'a pas éprouvé d'altération sensible à Funchal depuis un siècle, ni dans sa graduation, ni dans sa régularité, ni dans la faiblesse de ses variations. Nous signalerons seulement, sans y donner une grande importance, que la température moyenne de l'automne, d'après les observations d'Heberden, fut plus élevée que celle de l'été en 1749 et 1750. Nous noterons aussi que la plus basse température, résultant de ses cinq années d'observation, est de 60°, tandis qu'elle est de

61° d'après les deux années que nous avons rapportées; ce qui peut dépendre du moment de l'observation et de la différence des instruments employés.

4° SUIVANT LES JOURS.

La température du jour est peu variable. Dans les vingt-quatre heures de jour et de nuit, elle varie rarement au-delà de 3° à 10° à l'échelle de Farenheit [1]. Les plus fréquentes variations sont de 4° à 8°, les plus rares de 3°, 9° et 10°. Il y a des jours où cette variation n'est que de 1°,5 et d'autres où elle s'élève à 13°, 15° et 17°. Mais ces différences extrêmes s'observent rarement, elle n'existent qu'entre le maximum du jour et le minimum de la nuit et sont marquées par le thermométrographe.

La plus grande chaleur du jour est de une à trois heures après midi, le plus grand froid de quatre à six heures du matin. Au lever du soleil, la température s'élève rapidement jusqu'à huit ou neuf heures, puis elle varie peu tout le restant du jour et marque le maximum jusqu'à trois heures après midi; elle diminue insensiblement jusqu'au coucher du soleil où elle baisse pendant une ou deux heures pour rester à peu près la même durant la nuit, ou avec une légère et successive diminution jusqu'à l'aurore où elle marque le minimum. C'est pourquoi, lors même qu'une plus grande variation de température arrive entre le jour et la nuit, entre le maximum et le minimum, elle est peu sensible pour la plupart des habitants et beaucoup moins pour les malades qui sortent rarement avant sept ou huit heures du matin et après les heures correspondantes le soir. Le tableau suivant de White, comprenant seize mois d'observation, dont quatre à *Machico*, montre la variation thermométrique journalière. Ces observations eurent lieu

1. Tout ce que nous disons du thermomètre se rapporte à cette échelle quand une autre n'est pas indiquée explicitement.

à huit heures du matin, à deux et six heures du soir et signalent la température existant au moment de l'observation ainsi que cela est généralement adopté.

	Janvier.	Février.	Mars.	Avril.	Mai.	Juin.	Juillet.	Août.	Septembre.	Octobre.	Novembre.	Décembre.	Janvier.	Février.	Mars.	Avril.
1	3°	5°,	5°,5	3°	9°	4°	1°	4°,5	6°	3°	4°	3°	6°	2°	4°	6°
2	9	5	4	6	1	5	3,5	3,5	2,5	4	6,5	6,5	3,5	5	8,5	5
3	7	5	3	6,5	4	7	4	4,5	3,5	4,5	7,5	6,5	7,5	10	6	5
4	6	5	6	3	7	4,5	4	4,5	4,5	2	4	6	7	9	3,5	5
5	10	5	5	4	7	4	5	4	3,5	5	3,5	7	7	9,5	6,5	5
6	10	11	5,5	6,5	7,5	2,5	3	2,5	4,5	4	7	1	6	8	4	5
7	10,5	8	6	6,5	9,5	3,5	4,5	4,5	4	5	5,5	3	5,5	9,5	6	8,5
8	9	10,5	9	9	5	4	4	3,5	5,5	2	8	5	8	7,5	5,5	6,5
9	6	6	9	3,5	5	3,5	3	5	4,5	3,5	4,5	1	7	8	8	8
10	10	4	8	6	9	4	3	6	7	8	4	9	5,5	9,5	6,5	9
11	10	5	4,5	11	8,5	5,5	2	5	5	8	3,5	8	9	7	5,5	4
12	8	7	3,5	5	6	4	2	4,5	4	2,5	7	4	6	5	6,5	7
13	5	5	7	5,5	5	4	2	2,5	5,5	4	4,5	7	7	5	3	5,5
14	7	8	3	7,5	6,5	5	4	3	4,5	2,5	8	9	3	6,5	5,5	6,5
15	9	6	9	5	8,5	3	2,5	3	6,5	3,5	3,5	9	7	8	6	7,5
16	6	5,5	5,5	[illegible],5	2	1	1,5	4	3,5	1,5	9	5,5	6	3	3	7
17	7	2,5	4,5	6,5	4,5	3,5	1,5	3	5	6,5	9,5	4,5	4	2,5	5	5
18	8	6	3	9	4	2	1	5,5	4,5	3,5	9	6	7,5	7,5	3,5	8
19	7	8,5	6,5	8,5	4	2,5	4	4	4,5	5	9	4	3	8	5	6
20	7	5	6	7 5	4.5	3	3	5	1,5	5	8	7,5	3,5	7,5	5	5
21	9	7,5	7	6	3,5	4	3	4	3,5	5,5	6	4	6	6	4,5	6
22	7,5	6	6	8	5,5	3,5	1,5	5,5	5,5	5	7,5	4	6,5	9	9,5	3,5
23	6	3	6	10	5	4	3	2	5	4,5	6	3,5	8,5	5,5	3	4
24	4	1	6	7	4,5	2,5	2	3,5	4	4,5	7,5	3,5	8	9,5	6	2,5
25	3	2	4	6	9	2	2	3	5	4,5	6,5	4	6,5	6	4,5	4,5
26	5	6	6	5	4	2,5	3	6	4	1,5	5	5,5	8	5,5	8	7
27	5	6	6	10	3	2,5	2,5	5	2	2	5	9	9	7,5	8	3
28	7	5,5	5,5	6	4	2,5	3,5	3,5	2	1,5	6	4	7	9,5	8	6
29	5,5		5	2,5	4	3,5	3,5	3,5	2,5	3,5	8,5	9,5	5		5,5	2,5
30	7		5	8	4	3,5	3	4	3,5	6,5	5,5	8,5	5,5		6,5	5,5
31	6		6		6		3,5	2,5		6,5		4,5	7		4	
Moy.	7,08	5,71	5,67	6,31	5,48	3,54	2,87	4,01	4,23	4,14	6,3	5,50	6,33	7,01	5,38	5,63

D'après ce tableau, la plus grande variation fut de 11° le 6 février et le 11 avril 1850, et d'autres fois de 10°; mais nous sommes certains, par des observations très-régulières faites avec le thermométrographe, que cette variation, durant les vingt-quatre heures, excède parfois 10° et 11°; elle arriva même une fois à 19°.

Enfin le tableau suivant des mêmes observations de White, en offrant la moyenne journalière, montre clairement la faible variation de la température d'un jour à l'autre.

	Janvier.	Février.	Mars.	Avril.	Mai.	Juin.	Juillet.	Août.	Septembre.	Octobre.	Novembre.	Décembre.	Janvier.	Février.	Mars.	Avril.
	°	°	°	°	°	°	°	°	°	°	°	°	°	°	°	°
1	60,7	62,3	65,5	67	70	66,7	67,2	70,5	70,3	74	68,3	66,6	62,2	59,7	62,7	66,7
2	59,3	63,3	66,3	65,7	69,7	66,8	67,6	70,2	69,3	72,3	67,8	66,5	61,2	55,3	63,5	64,3
3	57,7	62,7	64,3	67,3	70,8	67	68,6	71,3	70,2	73,7	67,7	64,5	61,8	58,8	59,2	65,8
4	61	62,7	64	68,3	69,3	65,5	68,5	71,2	70,3	74,3	66,7	63,7	65,7	59,8	59,3	66,7
5	62,7	62,7	62	69,9	69,7	66	70,3	70,5	71,5	72	67,8	64,7	62,2	61,2	59,7	65
6	62,3	62,2	64,2	67,8	69,2	66,5	69	71,2	72,2	72,3	68	65,6	64,3	58,7	61,7	64
7	60,8	60,3	64,3	67	68,2	66,5	68,5	69,7	72	72	71,4	65,6	65,5	61,2	63	64
8	61,7	61,8	64,7	67,7	67,8	67,3	68,3	69,5	73,2	73,5	69,5	66,3	65,7	60,8	64,2	63,8
9	61,5	61,7	64,7	69,5	66,7	66,8	67	70	72,8	73	67,5	61,3	60,8	59,7	62,5	61,5
10	60,5	62,3	63,2	68	69,7	66,7	67	70,7	71,8	72	67,8	62,7	62,2	62	64,8	62,3
11	61,1	63,3	64,3	65,1	70,2	64,8	68,2	70,7	71,5	70	67,8	63,7	61,3	60,3	63,3	63,5
12	61,3	63,3	61,2	65,3	71,7	66,7	68,6	70	69,2	69,3	67,7	63	63	59,5	65,2	65
13	63,7	62	64,3	65,8	71,3	66,5	69,3	68,8	70,7	71,8	66,5	61,7	61	60,3	61,3	61,5
14	63,5	62,7	65,2	68,2	71,5	66,7	71,6	69,2	72,2	72,3	66	63,6	63,7	59	63,8	64,5
15	63,3	62,3	64,7	68,5	71,8	66,3	70,2	70	69,3	72,2	66,5	62	63,3	61	65,3	66,7
16	62,7	65,2	64,3	68,8	69,6	65,7	69,8	69,7	70,8	73	66	61,5	63,8	60,7	62	67,3
17	65,7	66,7	62,8	67,2	67,8	66,2	70,8	69	70,7	73	66	61,5	64	59,3	61,3	68
18	61,5	64,7	65	69	67,3	65,8	72	71	69,7	69,8	65,8	62,3	64,5	60,5	61	68,1
19	63,2	64,2	63,8	69,5	67,3	66,7	71,6	70,3	68,7	70	65,8	61,8	61,3	62	63,5	67
20	63,7	65,7	66	68,5	67,5	67,3	71,5	70,3	68,5	70,8	66,7	62,8	62,2	61,3	63,8	67,3
21	63,3	64,8	64,3	68,5	67,2	68,3	72	70,3	67,5	71	66,5	62	63,5	61	63,2	66,2
22	64,2	70	61,7	68,6	66,8	68	72,5	67,8	68,2	67,7	65,3	62,7	62	58,3	65,8	67,3
23	62,7	72,7	65	70,3	67,2	67,7	71,3	67,7	69,2	67,2	66,3	62,2	59,7	60,5	66,3	67,3
24	64	72,3	66	69	69,3	66,2	70,8	69,5	69,8	67,5	67	60,2	60,3	60,5	67	67,5
25	64,5	72,7	63,7	69,7	71,7	67	71,6	69,7	68	68,8	65,8	58	61,2	61	64,8	67,2
26	62,8	68,7	64,7	69,7	69,3	67,2	70,3	70,8	67,7	66,5	64,3	61,2	62,8	61	65	65,8
27	62,5	68,2	65,2	70,3	69,2	67,8	71	77,3	67,7	67	66,3	62,3	64,5	62,5	62,7	66,3
28	60,3	67	65,2	71,7	69,7	67,5	69,6	77,8	67,8	66,5	66,3	62,3	64,7	64,5	66,3	63,5
29	61,8		64,7	69,8	71,2	68,5	69,6	78,8	69,7	66,2	65,3	61,5	63		66	65,7
30	61,4		67	69,7	72,7	68,5	69,8	70	69,8	69,3	65,2	61,2	62,5		66,2	56,3
31	62,2		68,3		71		70,3	68,8		69		62	62,5	-	66,3	
Moy.	62,18	64,94	64,63	68,35	69,43	66,84	69,82	70,71	70,01	70,58	66,85	62,80	62,78	60,31	63,57	65,54

Dans ce tableau, la température moyenne de février 1850 est augmentée de 1°,08, à cause de quatre jours de *leste* et celle d'août de 0°,84 à cause de trois jours de ce vent.

Les changements dans la pression barométrique, le vent et la pluie n'ont pas une action aussi marquée sur la température qu'en d'autres climats. Quand la pression barométrique est très-basse, le ciel se couvre ordinairement, la pluie survient, la température descend de quelques degrés et ne s'élève pas autant qu'à l'ordinaire, à l'heure où les rayons solaires échauffent le plus l'atmosphère ; car ils ne peuvent traverser les nuages. Dans ces circonstances, la variation thermométrique est encore plus faible que dans les jours beaux et clairs. Quand la neige tombe dans les montagnes avec le vent du nord, la température baisse et le froid se fait sentir. Quand le *leste* règne, elle s'élève de quelques degrés; mais ces deux circonstances arrivent rarement et ne durent que peu de jours.

Il est donc bien établi que la plus haute température de Funchal à l'ombre est de 80°, et très-rarement, sauf pendant le *leste,* de 85°. Cette température extrême n'existe que peu de jours et pendant quelques heures seulement, de juin à octobre, lorsque les malades quittent ordinairement la ville pour retourner dans leurs pays, ou pour aller à la campagne, où ils trouvent, à une plus grande élévation, une température plus fraîche. Celle qu'on observe pendant leur séjour habituel dépasse rarement 76 à 77°.

La plus basse température que l'on puisse constater est de 50 à 52° pendant la nuit ou à l'aurore, moment le plus froid pendant l'hiver. Elle descendit exceptionnellement au-dessous en 1853 et arriva même une fois à 45°. Mais il est extraordinaire que les malades s'exposent à ces basses températures. Celles qu'ils rencontrent de huit heures du matin jusqu'à six heures du soir, même en hiver, varie de 58 à 72°, et la moyenne dans cette saison est de 62°,88.

Observations de l'auteur.

Nos observations sur ce sujet eurent lieu avec un thermomètre de maximum et minimum de Harris et Son de Londres confirmé par un thermomètre ordinaire de Lerebours et Secretan. Il était fixé extérieurement au côté d'une fenêtre située au nord, à cinq pieds au-dessus du sol et restait exposé le jour et la nuit. Il ne recevait à aucun moment les rayons directs du soleil, mais seulement la réflexion solaire de la terre et celle du côté opposé de la fenêtre de huit à dix heures et demie du matin, c'est-à-dire lorsque ses indications n'étaient pas utilisées. Dès le commencement de mars, l'observation du matin ne put être recueillie sur ce thermomètre à cause de l'action directe du soleil qui, malgré l'enveloppe de l'instrument, influait très-notablement sur sa graduation. Il fut remplacé par un thermomètre ordinaire placé dans de meilleures conditions.

Observation de 7 heures du matin.

1852-1853.	Septemb	Octobre.	Novemb.	Décemb.	Janvier.	Février.	Mars.	Avril.
1	72°	69°	65°	57°	58°	55°	54°	59°
2	70	66	67	60	58	55	51	58
3	71	66	65	58	56	56	53	61
4	70	66	63	61	56	56	55	64
5	71	66	61	62	55	55	53	65
6	70	64	63	63	56	52	50	60
7	70	64	63	58	59	51	52	65
8	69	65	65	55	57	51	55	64
9	70	64	65	58	60	53	52	64
10	72	66	66	56	60	54	60	67
11	72	66	65	63	60	54	55	66
12	72	66	63	60	59	53	55	65
13	73	66	65	59	59	55	52	64
14	72	66	66	60	59	53	57	64
15	70	68	63	59	55	49	51	63
16	71	65	61	60	55	49	53	63
17	74	60	60	60	54	52	56	60
18	75	63	63	59	56	55	53	60
19	69	65	66	63	55	54	54	60
20	68	67	62	57	57	60	55	63
21	69	65	62	58	56	57	58	65
22	72	65	62	58	55	55	56	64
23	72	63	63	57	55	55	55	»
24	67	61	63	57	56	55	54	»
25	70	61	63	56	56	51	58	65
26	70	60	61	60	57	56	57	63
27	67	63	62	60	57	52	55	67
28	65	63	62	61	52	53	60	
29	66	63	61	60	51		56	
30	65	62	58	58	52		59	
31		63		55	50		60	

Observation de 2 heures après midi.

1852-1853.	Septemb	Octobre.	Novemb.	Décemb.	Janvier.	Février.	Mars.	Avril.
1	73°	74°	75°	67°	66°	65°	60°	70°
2	73	75	74	70	69	66	64	69
3	79	75	74	68	68	66	59	70
4	77	77	69	68	68	67	59	72
5	76	76	70	68	65	65	59	69
6	75	73	71	68	66	62	67	68
7	73	78	69	64	69	61	64	70
8	73	75	70	66	68	61	68	71
9	74	75	73	64	66	62	68	71
10	77	74	70	65	64	61	64	73
11	79	72	69	60	64	60	64	73
12	78	73	67	62	66	62	65	74
13	79	75	69	63	70	61	65	72
14	82	75	62	66	67	60	64	71
15	82	75	67	66	66	61	65	68
16	79	72	67	68	66	56	62	71
17	78	68	69	65	68	63	64	72
18	80	64	70	69	66	61	63	68
19	74	69	69	66	67	60	68	65
20	71	69	69	64	65	61	70	69
21	72	72	70	67	64	65	70	73
22	73	70	71	69	66	55	60	»
23	78	68	72	63	69	59	64	»
24	77	74	72	60	70	57	63	73
25	75	70	69	61	68	59	62	72
26	72	74	70	67	59	60	63	73
27	70	73	69	65	54	66	67	73
28	75	73	70	66	63	64	66	
29	71	74	64	67	62		66	
30	75	73	62	62	60		68	
31		73		60	65		69	

Observation de 7 heures du soir.

1852-1853.	Septemb	Octobre.	Novemb.	Décemb.	Janvier.	Février.	Mars.	Avril.
1	73°	70°	72°	62°	59°	61°	53°	65°
2	72	71	67	62	59	60	60	64
3	73	70	68	62	61	62	56	66
4	74	72	64	62	60	61	57	65
5	72	70	64	62	60	56	56	65
6	72	69	64	64	62	56	63	64
7	72	72	65	58	61	55	63	67
8	73	68	66	60	63	58	62	68
9	72	69	66	58	62	60	64	68
10	75	69	65	60	60	59	61	70
11	75	70	65	55	60	55	61	70
12	75	66	65	58	61	56	59	70
13	77	70	65	61	63	59	60	69
14	74	70	66	61	61	58	59	69
15	74	69	63	63	59	52	61	67
16	74	64	63	62	58	53	60	65
17	74	62	63	62	62	56	61	65
18	72	63	65	64	56	57	63	66
19	70	67	65	60	60	61	62	61
20	69	67	65	58	61	60	63	67
21	70	66	64	60	60	59	62	67
22	70	65	66	60	62	56	58	»
23	74	65	66	57	62	55	58	»
24	72	66	66	58	62	55	58	67
25	72	64	65	60	62	54	60	69
26	70	65	66	61	55	58	60	68
27	70	65	65	62	52	58	61	69
28	67	67	63	61	48	58	59	
29	67	67	64	59	55		63	
30	70	66	59	58	58		65	
31		68		60	61		63	

Il résulte de ces observations les moyennes et les variations thermométriques journalières suivantes :

1852-1853	Septembre.		Octobre.		Novembre.		Décembre.		Janvier.		Février.		Mars.		Avril.	
	Moyenne.	Variation.	Moyenne.	Variation.	Moyenne.	Variation.	Moyenne.	Variation.	Moyenne.	Variation.	Moyenne.	Variation.	Moyenne.	Variation.	Moyenne.	Variation.
	°	°	°	°	°	°	°	°	°	°	°	°	°	°	°	°
1	72,6	1	71	5	70,6	10	62	10	61	8	60,3	10	55,6	7	64,6	11
2	71,6	3	70,6	9	69,3	7	64	10	62	11	60,3	11	58,3	13	63,6	11
3	74,3	8	70,3	9	69	9	62,6	10	61,6	12	61,3	10	56	6	65,6	9
4	73,6	7	71,6	11	65,3	6	63,6	7	61,3	12	61,3	11	57	4	67	8
5	73	5	70,6	10	65	9	64	6	60	10	58,6	10	56	6	66,3	4
6	72,3	5	68,6	9	66	8	65	5	61,3	10	56,6	10	60	17	64	8
7	71,6	3	71,3	14	65,6	6	60	6	63	10	55,6	10	59,6	12	67,3	5
8	71,6	4	69,3	10	67	5	60,3	11	62,6	11	56,6	10	61,6	13	67,6	7
9	72	4	69,3	11	68	8	60	6	62,6	6	58,3	9	61,3	16	67,6	7
10	74,6	5	69,6	8	67	4	60,3	9	61,3	4	58	7	61,6	4	70	6
11	75,3	7	69,3	6	66,3	4	59,3	8	61,3	4	56,3	6	60	9	69,6	7
12	75	6	68,3	7	65	4	60	4	62	7	57	9	59,6	10	69,6	9
13	76,3	6	70,3	9	66,3	4	61	4	64	11	58,3	6	59	13	68,3	8
14	76	10	70,3	9	64,6	4	62,3	6	62,3	8	57	7	60,6	9	68	7
15	75,3	12	70,6	7	64,3	4	62,6	7	60	11	54	12	59	14	66	5
16	74,6	8	67	8	63,6	6	63,3	8	59,6	11	52,6	7	58,3	9	66,3	8
17	75,3	4	63,3	8	64	9	62,3	5	61,3	14	57	11	60,3	8	65,6	12
18	75,6	8	63,3	1	66	7	64	10	59,3	10	57,6	6	59,6	10	64,6	8
19	71	5	67	4	66,6	4	63	6	60,6	12	58,3	6	61,3	14	62	5
20	69,3	3	67,6	2	65,3	7	59,6	7	61	8	60,3	1	62,6	15	66,3	6
21	70,3	3	67,6	7	65,3	8	61,6	9	60	8	60,3	8	63,3	12	68,3	8
22	71,6	3	66,6	5	66,3	9	62,3	11	61	11	55,3	1	58	4	»	
23	74,6	6	65,3	5	67	9	59	6	62	14	56,3	4	59	9	»	
24	72	10	67	13	67	9	58,3	3	62,6	14	55,6	2	58,3	9	»	
25	72,3	5	65	9	65,6	6	59	5	62	12	54,6	8	60	4	68,6	7
26	70,6	2	66,3	14	65,6	9	62,6	7	57	4	58	4	60	6	68	10
27	69	3	67	10	65,3	7	62,3	5	54,3	5	58,6	14	61	12	69,6	6
28	69	10	67,6	10	65	8	62,6	5	54,3	15	58,3	11	61,6	7		
29	68	5	68	11	63	3	62	8	56	11			61,6	10		
30	70	10	67	11	59,6	4	59,3	4	56,6	8			64	9		
31			68	10			58,3	5	58,6	15			64	9		

D'après ce tableau, la variation journalière de la température est supérieure à celle des observateurs précédents. Ainsi elle fut de 17° par le thermomètre ordinaire le 6 mars. Mais ce sont là de très-rares exceptions qui ne se prolongent pas comme en d'autres pays.

Voici maintenant quelles sont les proportions mensuelles de cette température extérieure à l'ombre et de ses variations :

1852-1853.	TEMPÉRATURE.				VARIATION.		
	Maximum.	Minimum.	Médium.	Différence extrême.	Maximum.	Minimum.	Médium.
Septembre...	82°	65°	72°,61	17°	12°	1°	5°,7
Octobre......	78	60	68 ,21	18	14	1	8 ,45
Novembre....	75	58	65 ,81	17	10	3	6 ,56
Décembre....	70	55	61 ,5	15	11	3	6 ,87
Janvier.......	70	48	60 ,4	22	15	4	9 ,90
Février......	67	49	57 ,57	18	14	1	7 ,89
Mars..........	70	50	59 ,93	20	17	4	9 ,67
Avril........	74	58	66 ,85	16	12	4	7 ,58

Ces résultats diffèrent des précédents. Tandis que la moyenne annuelle des observations antérieures est de 67°,23 elle n'est que de 64°,03 d'après ces huit mois. On pourrait expliquer cette infériorité dans nos observations en ce que les quatre mois chauds de l'année n'y sont pas compris, mais en les supprimant de même dans les observations antérieures, la moyenne est encore de 65°,84, c'est-à-dire supérieure à la nôtre de 1°,81.

La moyenne obtenue par nous est donc réellement plus basse que celle des précédents observateurs. Nous attribuons cette différence à ce que l'année fût plus froide partout, ainsi qu'au défaut de réflexion solaire sur notre thermomètre. Le maximum de nos observations, 82° en septembre, est également inférieur à celui de 84° signalé par nos prédécesseurs et même 85° d'après Heineken. Nous dirons à ce sujet, avoir remarqué plusieurs fois une différence de 1 à 2 degrés en plus sur des thermomètres placés au bas de la ville en les comparant avec les nôtres.

De même, le minimum de 50° ressortant des tableaux correspondants est supérieur à celui obtenu par nous en janvier et février. Il tomba à cette époque une grande quantité de neige dans la sierra et le vent du nord soufflait directement sur notre thermomètre sans rencontrer d'obstacles à 3 ou 4 milles de distance. Nos observations à cet égard ayant été faites avec le plus grand soin et confirmées par le thermométrographe, ne peuvent être entachées d'erreur. L'hiver de 1852 à 1853 fut considéré à Funchal comme beaucoup plus rude, plus froid qu'à l'ordinaire et fut remarqué par des neiges plus abondantes que les années précédentes.

Voici également ces proportions suivant les saisons :

1852-1853.	TEMPÉRATURE.				VARIATION.		
	Maximum.	Minimum.	Médium.	Différence extrême.	Maximum.	Minimum.	Médium.
Automne.....	82°	58°	68°,87	24°	14°	1°	6°,9
Hiver.........	70	48	59 ,82	22	15	1	8 ,22

Observations avec le thermométrographe.

Pour ne laisser exister aucun doute sur l'exactitude des résultats précédents sur la température extérieure, nous les avons vérifiés avec le thermométrographe à chacune des trois observations du jour, comme nous l'avons déjà dit. Mais cet instrument de précision indiquant en outre le maximum et le minimum du jour et de la nuit, c'est-à-dire des vingt-quatre heures, nous allons signaler ces proportions extrêmes de la température extérieure avec la moyenne et la différence qui en résultent.

1852.	SEPTEMBRE.				OCTOBRE.				NOVEMBRE.				DÉCEMBRE.			
	Maximum.	Minimum.	Médium.	Différence.	Maximum.	Minimum.	Médium.	Différence.	Maximum.	Minimum.	Médium.	Différence.	Maximum.	Minimum.	Médium.	Différence.
1	°	°	°	°	74°	68°	71°	6°	76°	64°	70°	12°	69°	54°	61°,5	15°
2					75	65	70	10	76	67	71,5	9	72	57	64,5	15
3					77	65	71	12	75	64	69,5	11	69	56	62,5	13
4	78	67	72,5	11	78	65	71,5	13	70	62	66	8	68	59	63,5	9
5	78	68	73	10	76	64	70	12	71	57	64	14	69	60	64,5	9
6	78	67	72,5	11	73	62	67,5	11	72	58	65	14	70	61	65,5	9
7	74	65	69,5	9	78	62	70	16	70	61	65,5	9	68	58	63	10
8	74	65	69,5	9	76	63	69,5	13	71	64	67,5	7	68	53	60,5	15
9	75	67	71	8	76	63	69,5	13	74	64	69	10	64	54	59	10
10	79	67	73	12	75	64	69,5	11	72	65	68,5	7	67	53	60	14
11	80	68	74	12	73	63	68	10	69	63	66	6	64	59	61,5	5
12	80	68	74	12	74	64	69	10	70	61	65,5	9	64	55	59,5	9
13	81	68	74,5	13	75	64	69,5	11	70	64	67	6	65	53	59	12
14	83	66	74,5	17	76	65	70,5	11	68	65	66,5	3	68	56	62	12
15	82	67	74,5	15	76	66	71	10	70	63	66,5	7	70	56	63	14
16	79	69	74	10	72	62	67	10	69	58	63,5	11	70	58	64	12
17	80	72	76	8	70	56	63	14	69	56	62,5	13	69	58	63,5	11
18	80	72	76	8	64	57	60,5	7	71	62	66,5	9	70	57	63,5	13
19	76	66	71	10	69	61	65	8	70	64	67	6	70	61	65,5	9
20	72	67	69,5	5	69	66	67,5	3	70	58	64	12	67	54	60,5	13
21	73	68	70,5	5	72	65	68,5	7	71	58	64,5	13	70	56	63	14
22	74	66	70	8	71	63	67	8	72	60	66	12	71	56	63,5	15
23	80	68	74	12	69	61	65	8	74	61	67,5	13	64	53	58,5	11
24	80	65	72,5	15	75	60	67,5	15	73	61	67	12	61	52	56,5	9
25	75	68	71,5	7	71	60	65,5	11	71	60	65,5	11	66	53	59,5	13
26	76	68	72	8	75	59	67	16	70	60	65	10	69	58	63,5	11
27	72	66	69	6	75	61	68	14	70	59	64,5	11	68	58	63	10
28	78	63	70,5	15	75	61	68	14	72	60	66	12	66	59	62,5	7
29	71	62	66,5	9	75	60	67,5	15	70	59	64,5	11	69	58	63,5	11
30	75	63	69	12	73	60	66,5	13	66	55	60,5	11	66	54	60	12
31					75	61	68	14					62	50	56	12

1853.	JANVIER.				FÉVRIER.				MARS.				AVRIL.			
	Maximum.	Minimum.	Médium.	Différence.	Maximum.	Minimum.	Médium.	Différence.	Maximum.	Minimum.	Médium.	Différence.	Maximum.	Minimum.	Médium.	Différence.
1	70°	56°	63°	14°	66°	53°	59°,5	13°	64°	52°	58°	12°	71°	54°	62°,5	17°
2	60	54	61,5	15	67	53	60	14	66	49	57,5	17	70	55	62,5	15
3	70	53	61,5	17	67	53	60	14	61	53	57	8	72	56	64	16
4	70	53	61,5	17	68	53	60,5	15	61	53	57	8	72	57	64,5	15
5	69	53	61	16	66	57	58,5	15	61	51	56	10	72	55	63,5	17
6	70	54	62	16	63	49	56	14	67	48	57,5	19	70	55	62,5	15
7	69	56	62,5	13	63	51	57	12	67	50	58,5	17	71	57	64	14
8	71	55	63	16	66	50	58	16	69	53	61	16	73	61	67	12
9	72	57	64,5	15	63	52	57,5	11	68	50	59	18	72	61	66,5	11
10	65	56	60,5	9	62	53	57,5	9	65	59	62	6	74	62	68	12
11	66	58	62	8	63	52	57,5	11	64	54	59	10	74	60	67	14
12	69	57	63	12	62	50	56	12	66	54	60	12	75	60	67,5	15
13	72	57	64,5	15	61	50	55,5	11	66	50	58	16	73	59	66	14
14	69	57	63	12	61	51	56	10	68	54	61	14	73	59	66	14
15	70	53	61,5	17	62	46	54	16	67	49	58	18	70	58	64	12
16	71	53	62	18	62	45	53,5	17	64	51	57,5	13	72	57	64,5	15
17	70	52	61	18	65	47	56	18	65	53	59	12	73	57	65	16
18	68	54	61	14	61	53	57	8	65	51	58	14	68	56	62	12
19	69	53	61	16	61	53	57	8	70	53	61,5	17	67	56	61,5	11
20	64	54	59	10	63	59	61	4	71	53	62	18	72	58	65	14
21	66	55	60,5	11	65	57	61	8	71	56	63,5	15	73	57	63	16
22	68	53	60,5	15	55	54	54,5	1	61	54	57,5	7	»	»	»	»
23	71	53	62	18	60	54	57	6	64	53	58,5	11	»	»	»	»
24	72	54	63	18	57	54	55,5	3	64	53	58,5	11	74	59	66,5	15
25	70	55	62,5	15	60	50	55	10	64	55	59,5	9	74	56	65	18
26	66	54	60	12	61	54	57,5	7	63	55	59	8	74	56	65	18
27	62	52	57	10	68	52	60	16	68	52	60	16	74	58	66	16
28	63	50	56,5	13	66	50	58	16	67	56	61,5	11				
29	63	48	55,5	15					69	54	61,5	15				
30	64	49	56,5	15					70	55	62,5	15				
31	65	50	57,5	15					72	55	63,5	17				

Ces observations thermométrographiques, en accusant une variation de 19° le 6 mars, confirment donc l'exactitude des précédentes sur l'étendue de ces différences journalières de la température extérieure. En voici maintenant les proportions mensuelles :

1852-1853.	TEMPÉRATURE.				VARIATION.		
	Maximum.	Minimum.	Médium.	Différence.	Maximum.	Minimum.	Médium.
Septembre....	83°	62°	72°,01	21°	17°	5°	10°,25
Octobre......	78	56	68 ,03	22	16	3	11 ,16
Novembre....	76	55	66 ,08	21	14	3	9 ,966
Décembre.....	72	50	61 ,8	22	15	5	11 ,41
Janvier.......	72	48	60 ,98	24	18	8	14
Février.......	68	45	57 ,37	23	18	1	11 ,25
Mars.........	72	48	59 ,45	24	19	6	13 ,22
Avril........	75	54	64 ,7	21	18	11	14 ,9

On voit que, même par le thermométrographe, le maximum le plus élevé fut de 83°, tandis que Heineken signale celui de 85°. A la vérité, le jour où nous obtînmes cette excessive température, le thermomètre s'éleva à 85° en bas de la ville. Enfin le minimum de 45° est également au-dessous de celui des précédents observateurs. On peut objecter sans doute que le thermométrographe, exposé dehors, peut recevoir de la pluie ou de la rosée et descendre par l'évaporation de l'humidité comme le thermomètre humide de l'hygromètre Mason ; il est même certain que le nôtre, lorsqu'il était mouillé également dans ses trois colonnes, s'abaissait immédiatement de quelques degrés. Mais cet instrument était protégé de manière à ne pas recevoir de rosée, et, s'il est vrai que la pluie et le vent pouvaient lui communiquer de l'humidité, il est remarquable qu'il n'y eut pas de pluie lors de ses plus grandes descentes et nous le vîmes même quelquefois au-dessous de 50° le matin à l'aurore, étant parfaitement sec. On peut donc dire qu'exceptionnellement, dans un hiver froid, la température de Funchal, pendant la nuit ou à l'aurore, peut descendre au-dessous de 50° et arriver à 45°.

Enfin il nous reste à indiquer ces mêmes proportions quant aux saisons :

1852-1853.	TEMPÉRATURE.				VARIATION.		
	Maximum.	Minimum.	Médium.	Différence.	Maximum.	Minimum.	Médium.
Automne. . . .	83°	55°	68°,70	28°	17°	3°	10°,45
Hiver..	72	45	60 ,05	27	18	1	12 ,22

II.

Température extérieure de jour et de nuit.

Le docteur Mason est celui qui s'est le plus occupé de la température de Funchal. Non content de connaître celle du jour et les faibles variations qu'elle comporte, il a voulu connaître également celle de la nuit pour les comparer ensemble et déterminer la différence de variation thermométrique entre le jour et la nuit.

Pour éclairer ce point, Mason a dressé le tableau suivant, résultant de ses observations, et établissant le maximum et le minimum de la température mensuelle de jour et de nuit.

1° SUIVANT LES MOIS ET L'ANNÉE.

1834-1835.	JOUR.			NUIT.		
	Maximum.	Minimum.	Différence.	Maximum.	Minimum.	Différence.
Janvier	65°	59°	6°	61°	55°	6°
Février	69	60	9	62	55	7
Mars	71	61	10	60	53 ,5	6 ,5
Avril	75	67	8	64	58	6
Mai	77 ,5	67	10 ,5	67	61	6
Juin	80	68	12	69	63	6
Juillet	80	72	8	72	66	6
Août	80	74	6	72 ,5	66	6 ,5
Septembre	79	72	7	72 ,5	66	6 ,5
Octobre	77	68	9	69	62	7
Novembre	73	64	9	66	57	9
Décembre	72	64	8	65	55	10
Résumé annuel	80	59	21	72°,5	55	17°,5

On voit que la différence extrême de la température du jour fut de 6 à 12°, et celle de la nuit de 6 à 10° seulement; que le maximum du jour fut de 80° et le minimum de 59°, dont la différence est 21°, tandis que le maximum de la nuit étant 72° 5, et le minimum 55°, la différence n'est que de 17,°5, ce qui montre en définitive une variation moindre de température la nuit que le jour. D'après le tableau suivant de White résultant de ses observations avec le thermométrographe, la plus grande variation mensuelle fut de 21° en avril, et la moyenne fut de 11° le jour et autant la nuit.

1850-1851.	JOUR. Maximum.	Minimum.	Maximum moyen.	NUIT. Maximum.	Minimum.	Maximum moyen.	Moyenne de la variation mensuelle.
Janvier........	70°	63°	66°,76	59°	51°	52°,25	11°,51
Février.......	72	65	67 ,08	59	53	55 ,2	11 ,88
Mars..........	74	63	68 ,66	60 ,5	52 ,5	56 ,6	12 ,06
Avril.........	76 ,5	69	73	64 ,5	55 ,5	60	13
Mai...........	77	69 ,5	73	66	56 ,5	61 ,67	11 ,33
Juin..........	72 ,5	68	69 ,93	65	60	62 ,45	7 ,48
Juillet........	75	69	72 ,32	68	61	65 ,71	6 ,61
Août..........	76	70	73 ,26	67 ,5	64	66 ,32	6 ,94
Septembre...	78	69 ,5	73 ,33	67 ,5	63	65 ,16	8 ,17
Octobre......	78	69 ,5	74 ,61	70	61	64 ,56	10 ,05
Novembre....	74 ,5	69	70 ,98	64	58 ,5	61 ,03	9 ,95
Décembre....	71 ,5	63 ,5	66 ,58	65 ,5	54 ,5	58 ,45	8 ,13
			70 ,79			61, 03	9 ,77
Janvier......	70	64 ,5	67 ,59	60	51	56 ,46	11 ,12
Février......	69 ,5	58	64 ,89	58 ,5	52	54 ,18	10 ,71
Mars........	71	63	67 ,60	60 ,5	51 ,5	55 ,35	12 ,25
Avril........	74	65 ,5	69 ,55	65	53	58 ,81	10 ,74

2° SUIVANT LES SAISONS ET L'ANNÉE.

Observations de Mason.

1834-1835.	JOUR. Maximum moyen.	Minimum moyen.	Différence.	NUIT. Maximum moyen.	Minimum moyen.	Différence.	Différence extrême.
Hiver......	68°,66	61°	7°,66	62°,66	55°	7°,66	13°,66
Printemps...	74 ,5	65	9 ,5	63 ,66	57 ,5	6 ,16	17
Eté........	80	71 ,33	8 ,67	71 ,16	65	6 ,16	15
Automne....	76 ,33	68	8 ,33	69 ,16	61 ,66	7 ,5	14 ,67
Année.....	74 ,87	66 ,33	8 ,54	66 ,66	59 ,79	6 ,87	15, 80

III.

Température extérieure au soleil.

Cette partie de la température extérieure n'est pas la moins importante. Il était donc essentiel d'en déterminer les proportions pour connaître celle-ci sous tous ses rapports.

Sans entrer dans l'étude ou l'examen de la loi qui règle l'intensité de la force solaire en relation avec la latitude des climats, nous dirons que cette force est grande à Madère, surtout au sud de l'île, et à Funchal en particulier. L'heure de la plus forte chaleur à l'ombre, qui est régulièrement de une à trois après-midi, n'est pas celle de la plus grande force des rayons solaires, et, soit que les brises de terre ou de mer rafraîchissent l'atmosphère à cette heure, soit que les nuages absorbent le calorique du soleil ou interceptent le passage de ses rayons plus ou moins de temps et lui fassent perdre ainsi une partie de son calorique déjà absorbé par la terre, il est certain que le thermomètre, bien préparé et disposé convenablement, ne marque pas la plus grande force solaire à ce moment. C'est ordinairement de neuf à onze heures du matin qu'elle se manifeste, et alors le thermomètre marque 170°. D'après nos observations à cet égard, l'instrument étant près du sol, abrité et longtemps exposé à toute la force solaire, s'éleva à peine à 136°. Mais, en le plaçant dans ces mêmes conditions et en l'enveloppant, de plus, de laine noire, Mason le vit monter plus haut à la même heure. Voici, d'après cet auteur, la force de la radiation solaire suivant les mois, les saisons et l'année toute entière.

1834-1835.	Maximum moyen de la température.	Maximum moyen de la radiation solaire.	Maximum de la force solaire.
Janvier	63°,23	22°,51	55°
Février	64 ,75	34 ,5	51
Mars	68 ,39	48 ,49	71
Avril	70 ,46	50 ,2	87
Mai	72 ,6	53 ,17	92 ,5
Juin	73 ,16	52 ,08	90
Juillet	75 ,6	55 ,45	72
Août	76 ,93	65 ,78	82
Septembre	70	54 ,65	77
Octobre	73 ,06	38 ,44	62
Novembre	68 ,7	46 ,9	73
Décembre	66 ,8	32 ,71	53
Hiver	64 ,92	29 ,9	53
Printemps	70 ,48	50 ,62	83 ,5
Eté	75 ,23	57 ,77	81
Automne	70 ,58	46 ,66	70
Année	70 ,3	46 ,24	71 ,87

Cette graduation de la force solaire s'entend de celle qui est au-dessus de la température extérieure à l'ombre et doit être additionnée avec elle. On voit donc qu'elle est beaucoup plus grande dans les mois chauds que dans les mois froids, puisque le maximum moyen de cette force solaire est de 65°,78 en août, celui de l'air à l'ombre étant de 76°,93, tandis qu'en mai, le maximum de la force du soleil est de 92°,5, quand le maximum moyen de la température n'est que de 72°,60. On doit remarquer aussi que, si la différence de température à l'ombre est très-faible d'un jour à l'autre et pendant plusieurs jours successifs, celle de la radiation peut être très-grande de cette manière et varier beaucoup le même jour.

Ces variations de force des rayons solaires altèrent peu la température à l'ombre et n'ont pas d'inconvénients pour les malades, non-seulement parce qu'ils ne s'exposent pas en plein soleil, mais encore parce qu'en s'y exposant à la promenade, la force de la radiation solaire à l'air libre diffère beaucoup de celle qu'on obtient par le thermomètre dans les conditions signalées. Dans quelques expériences comparatives de Mason, pour déterminer cette différence, le thermomètre exposé au soleil en plein air, sans abri, s'éleva à 82°. Or, la température à l'ombre étant de 73°, c'est seulement 9° de plus, et le thermomètre préparé et à l'abri marquant 120°, c'est, au contraire, 38° de moins. Dans d'autres expériences du même genre consignées dans son ouvrage, Mason vit le thermomètre suspendu en plein air marquer 12° au-dessus de la température à l'ombre.

Mais, quoique la différence de température que l'on éprouve en passant du soleil à l'ombre, *et vice versa*, ne soit pas aussi grande qu'on pourrait le supposer, les malades n'en doivent pas moins éviter prudemment ces transitions, à Madère comme partout ailleurs, et s'abstenir de stationner longtemps en plein soleil, puis de s'arrêter ensuite à l'ombre. A Londres, la plus grande force de la radiation solaire arrive à 154° selon Daniell; à Funchal, le maximum absolu est de 170° et la moyenne de 116°,54; par conséquent, la plus haute température moyenne annuelle à l'ombre étant de 70°,30, c'est seulement 46°,24 au-dessus.

Observations de l'auteur.

Nos observations, à ce sujet, eurent lieu à 2 heures de l'après-midi avec un thermomètre de Lerebours et Secretan. Il était placé sur l'appui d'une fenêtre exposée au sud et recevait directement toute la force solaire et les rayons voisins longtemps avant l'heure de l'observation. Cet instrument était abrité postérieurement et latéralement, mais sans être enveloppé de laine et sans avoir le verre coloré comme celui de Mason. En voici les résultats journaliers :

1852-1853.	Septem.	Octobre.	Novemb.	Décemb.	Janvier.	Février.	Mars.	Avril.
1	86°	98°	92°	94°	95°	»	89°	102°
2	83	102	90	110	94	83°	102	106
3	92	106	102	90	101	»	86	104
4	86	106	108	»	94	95	»	112
5	84	92	95	»	91	84	97	108
6	80	98	86	92	»	95	97	109
7	80	90	82	»	86	»	102	100
8	95	87	»	90	97	91	104	106
9	95	90	84	85	104	90	101	107
10	90	108	»	»	»	96	97	98
11	94	»	88	»	100	105	»	104
12	96	»	86	83	»	77	96	107
13	104	102	»	»	100	»	94	100
14	106	100	»	90	»	92	95	103
15	102	103	88	85	106	89	97	»
16	86	82	94	101	107	»	100	104
17	96	82	96	100	»	90	98	106
18	112	»	»	104	»	»	92	»
19	»	»	98	»	101	»	107	»
20	»	»	86	101	94	»	113	104
21	82	110	94	95	90	101	»	103
22	86	106	104	102	88	»	89	»
23	106	»	102	102	105	86	83	»
24	95	103	98	85	106	85	»	108
25	»	»	»	»	93	89	»	106
26	»	102	99	96	»	96	88	108
27	»	112	»	»	»	97	102	106
28	106	»	100	93	»	112	102	
29	96	107	86	»	»		110	
30	104	102	84	101	95		106	
31		104		91	88		111	

Voici, maintenant, les proportions de cette température extérieure au soleil, suivant les mois et les saisons :

1852-1853.	Maximum.	Minimum.	Médium.
Septembre	112°	80°	93°,56
Octobre	112	82	99 ,86
Novembre	108	82	93 ,13
Décembre	110	83	94 ,76
Janvier	107	86	92 ,14
Février	112	77	92 ,26
Mars	114	83	98 ,5
Avril	112	98	105 ,
Automne	112	80	95 ,5
Hiver	112	77	93 ,05

On voit que le maximum de la température solaire de ces observations est beaucoup au-dessous de celui de 170° obtenu par Mason. Mais il faut remarquer qu'il obtint ce degré élevé en mai et juin avec un thermomètre préparé exprès pour réfléchir, absorber la chaleur solaire et qu'en outre l'heure de notre observation n'est pas celle de la plus grande force solaire à Funchal. Les observations que nous fîmes à une autre heure, à l'effet de connaître cette force solaire, nous donnèrent un maximum de 136°, comme nous l'avons dit.

IV.

Température intérieure.

Cette partie est la plus négligée des observateurs qui ont étudié la météorologie de Madère; mais elle est la plus cultivée des *amateurs*. Sans avoir l'importance de la température extérieure, elle n'est point à dédaigner. Elle est soumise à tant d'influences modificatrices, le jour et la nuit, que son étude n'est pas aussi facile que celle de la première. L'exposition de l'habitation, une fenêtre, une porte ouverte ou fermée, le nombre des personnes séjournant à l'intérieur, les lumières, etc., en sont de puissants modificateurs qu'il faut prendre en considération pour établir sa graduation. La proximité de la cuisine, l'usage du feu, la réunion de plusieurs personnes la nuit, forment quelquefois une température artificielle périodique, dont on doit tenir compte dans les observations. Cependant, en examinant la température intérieure des habitations à Funchal, en dehors de ces influences, autant que possible, on trouve qu'elle subit beaucoup moins de variations d'un jour à l'autre, de saison en saison, de mois en mois, d'heure en heure et du jour à la nuit, que la température extérieure. Très-souvent, elle se conserve uniforme le jour et la nuit ou varie seulement d'un degré et reste ainsi plusieurs jours de suite.

De tous les observateurs cités, Mason est celui qui s'occupa le plus de la température intérieure, ainsi que le montrent les tableaux que nous allons reproduire sur ce sujet.

1° SUIVANT LES MOIS :

1834-1835.	Maximum moyen.	Minimum moyen.	Différence.	Maximum du jour.	Minimum de la nuit.	Différence.	Moyenne.
Janvier	62°,48	59°,41	3°,07	65°	57°	8°	60°,94
Février	63 ,75	59 ,92	3 ,83	67	57	10	61 ,83
Mars	65 ,7	61 ,76	3 ,94	71	57	14	63 ,73
Avril	68 ,03	64 ,9	3 ,13	70	63	7	66 ,46
Mai	70 ,6	67 ,3	3 ,3	75	64	11	68 ,95
Juin	72 ,13	69 ,53	2 ,6	78	66	12	70 ,83
Juillet	75 ,54	72 ,74	2 ,8	78	71	7	74 ,14
Août	76 ,12	72 ,8	3 ,32	79	70	9	74 ,46
Septembre	75 ,24	72 ,2	3 ,04	77	70	7	73 ,72
Octobre	72 ,1	68 ,53	3 ,57	77	66	11	70 ,31
Novembre	67 ,66	64 ,13	3 ,53	72	60	12	65 ,89
Décembre	66 ,87	63 ,41	3 ,46	72	60	12	65 ,14

La différence de la température moyenne intérieure entre le mois le plus chaud, août, et le plus froid, janvier, est donc de 13°,52.

Voici maintenant la différence des mois successifs entre eux :

1834-1835.	Janvier. — Février......	0°,89
	Février. — Mars........	3 ,4
	Mars. — Avril..........	1 ,23
	Avril. — Mai...........	2 ,49
	Mai. — Juin............	1 ,88
	Juin. — Juillet.........	3 ,31
	Juillet. — Août.........	0 ,32
	Août. — Septembre.....	0 ,74
	Septembre. — Octobre...	3 ,41
	Octobre. — Novembre...	4 ,42
	Novembre. — Décembre.	0 ,75
	Décembre. — Janvier....	4 ,2

Ce qui donne une différence moyenne de 2°,25.

2° SUIVANT LES SAISONS ET L'ANNÉE.

1834-1835.	JOUR.			NUIT.			Différence extrême.
	Maximum moyen.	Minimum moyen.	Différence.	Maximum moyen.	Minimum moyen.	Différence.	
Hiver......	68°	61°,33	6°,67	63°,16	58°	5°,16	10°
Printemps...	72	65	7	67 ,16	61 ,33	5 ,83	10 ,67
Eté........	78 ,33	71	7 ,33	75 ,33	69	6 ,33	9 ,33
Automne....	75 ,33	68	7 ,33	71 ,66	65 ,33	6 ,33	10
Année......	73 ,41	66 ,33	7 ,08	69 ,32	63 ,41	5 ,91	10

D'où résulte une différence moyenne de 10°,5 entre l'été et l'hiver.

Quant à la différence des saisons successives entre elles, elle est de :

1834-1835.	Hiver. — Printemps.........	4°,24
	Printemps. — Été...........	6 ,36
	Été. — Automne............	3 ,71
	Automne. — Hiver..........	7 ,33

Les diverses pièces d'une même habitation ont une température différente suivan tleur exposition ; celles qui sont au sud l'ont toujours plus élevée, celles du nord moins et la différence entre les unes et les autres varie de 1 à 5 degrés et plus. Cette différence n'est pas toujours la même ; elle diminue pendant la nuit et surtout vers le matin, quoiqu'il en existe constamment. L'exposition au levant et au couchant n'exerce pas une action bien sensible sur la température moyenne du jour, mais elle contribue à la distribuer différemment ; ainsi, le matin jusqu'à onze heures, la pièce située au levant a une température supérieure à celle qui est au couchant, et c'est le contraire depuis trois heures de l'après-midi jusqu'à la nuit. La température des pièces au couchant est ordinairement inférieure à celle des chambres au levant, lors de la plus grande chaleur.

Quoique la température intérieure, à Funchal, ne soit pas froide, même en hiver, il arrive parfois, dans cette saison, quand le vent souffle du nord et que la neige tombe dans les montagnes, que le froid se fait sentir, même à l'intérieur, à l'approche de la nuit ou le matin ; sensation qui n'incommode pas les personnes bien portantes, mais qui est désagréable et nuisible aux malades. On sait combien ceux qui souffrent de la poitrine sont impressionnables au froid et combien le feu est nécessaire pour les personnes qui y sont accoutumées. Aussi, plusieurs habitations ont des chambres avec poêle ou cheminée qui servent rarement ; on n'en fait même pas usage certains hivers ; mais il y a des jours, dans cette saison, où cette commodité est très-utile et agréable. Quand les fenêtres restent ouvertes pendant le jour et que l'air circule librement, les températures intérieure et extérieure se rapprochent beaucoup et s'égalent parfois; mais toujours avec une tendance à suivre les conditions que nous allons établir, et l'équilibre n'est pas de longue durée. La température de la chambre du malade est une des plus importantes conditions hygiéniques de son traitement, et elle doit être réglée avec le thermomètre. A Funchal, cette température convenable aux malades est très-facile à obtenir et existe naturellement dans la maison.

Observations de l'auteur.

L'examen de la température intérieure eut lieu avec un thermomètre de Borelli et Cie, de Londres. Cet instrument était placé à 6 pieds au-dessus du sol, dirigé vers le nord, à côté des baromètres et confirmé par le thermomètre annexé à l'hygromètre de Saussure et le thermomètre de Mason. La chambre où ces instruments étaient placés avait une fenêtre au levant, ouverte le jour et fermée la nuit. Les thermomètres ne recevaient de réflexion ni de l'extérieur ni des murailles tapissées de papier de couleurs obscures, réfléchissant à peine la lumière et le calorique.

L'observation du thermomètre intérieur eut lieu quatre fois par jour. La première, à 2 heures du matin, fut assez irrégulière et se fit plus ou moins à l'heure indiquée; mais sans que cela apportât de différence notable dans le résultat, la graduation étant à peu près la même toute la nuit et variant à peine d'un demi-degré. Les autres observations successives eurent lieu aux mêmes heures que précédemment. Voici séparément les résultats journaliers de ces quatre observations.

Observation de 2 heures du matin.

1852-1853.	Septemb	Octobre.	Novemb.	Décemb.	Janvier.	Février.	Mars.	Avril.
1	73°	73°	72°	68°	66°	64°	62°	66°
2	73	73	73	68	67	64	62	66
3	73	74	73	68	66	65	62	66
4	73	74	73	69	66	65	62	67
5	73	74	72	68	67	65	62	67
6	73	74	72	68	67	64	62	67
7	73	74	71	69	67	64	63	68
8	73	74	70	68	67	64	63	68
9	73	74	71	67	68	64	63	68
10	71	74	71	67	68	64	64	69
11	73	74	71	67	67	64	64	69
12	73	74	71	67	67	64	64	69
13	73	73	71	67	67	63	64	70
14	75	74	71	67	68	64	63	69
15	74	74	71	67	68	63	63	69
16	74	74	71	67	67	63	63	68
17	76	73	70	68	68	63	63	69
18	75	72	69	67	68	63	63	68
19	75	72	70	68	68	62	64	68
20	74	72	70	68	68	63	64	67
21	72	72	70	68	68	64	65	68
22	73	72	70	68	67	64	66	»
23	73	72	70	68	67	64	65	»
24	74	72	70	67	68	63	64	»
25	74	72	70	67	68	62	64	67
26	75	71	70	67	68	62	64	68
27	75	72	70	67	67	62	64	68
28	74	72	70	67	66	62	64	
29	73	72	70	67	65		64	
30	73	72	69	67	64		64	
31		72		66	64		65	

Observation de 7 heures du matin.

1852-1853.	Septemb	Octobre.	Novemb.	Décemb.	Janvier.	Février.	Mars.	Avril.
1	73°	73°	72°	69°	66°	64°	62°	66°
2	73	74	72	68	66	64	62	66
3	73	74	73	68	66	65	62	66
4	75	74	72	69	66	65	62	67
5	73	74	72	68	67	65	62	67
6	73	74	72	68	67	64	62	67
7	72	74	71	69	67	64	63	68
8	73	74	70	67	67	64	63	68
9	73	74	71	67	68	64	63	68
10	73	74	71	67	67	64	64	69
11	73	74	71	67	67	64	64	70
12	73	74	71	66	67	64	64	69
13	73	74	71	67	67	63	64	70
14	75	74	71	66	68	64	63	69
15	73	74	71	67	68	63	63	69
16	74	74	70	67	67	63	63	68
17	76	73	69	67	68	63	63	69
18	76	71	69	67	68	63	63	68
19	75	72	70	68	68	62	64	68
20	73	72	69	68	68	63	64	67
21	72	72	69	68	67	64	65	67
22	73	72	70	68	67	64	66	68
23	73	72	70	68	67	63	65	»
24	74	72	70	67	68	63	64	»
25	74	71	70	67	68	62	64	67
26	75	71	70	67	68	62	64	68
27	75	72	70	67	67	62	64	68
28	74	71	70	67	66	62	64	
29	73	71	69	67	65		64	
30	73	72	69	67	64		64	
31		71		66	64		65	

Observation de 2 heures après midi.

1852-1853.	Septemb	Octobre.	Novemb.	Décemb.	Janvier.	Février.	Mars.	Avril.
1	73°	75°	73°	68°	68°	65°	62°	66°
2	72	75	74	69	67	65	62	66
3	73	76	74	69	67	65	61	67
4	75	76	72	68	67	66	62	68
5	73	76	72	68	67	64	63	68
6	73	75	71	69	68	64	63	68
7	74	76	71	68	68	64	63	68
8	73	76	71	68	68	63	64	69
9	73	76	72	68	68	64	64	69
10	75	75	72	68	67	63	64	70
11	73	75	71	67	67	63	64	70
12	75	74	71	67	68	63	64	70
13	77	75	71	67	69	64	64	70
14	77	75	71	67	68	63	63	69
15	77	75	71	67	68	62	63	68
16	78	74	70	68	68	63	62	69
17	78	72	70	67	68	63	64	68
18	77	71	70	68	68	63	64	67
19	74	72	71	69	67	63	65	67
20	73	72	71	68	68	64	67	68
21	72	73	71	68	68	65	66	69
22	74	72	71	69	67	65	65	»
23	76	72	71	67	68	64	65	»
24	75	73	71	66	68	62	64	68
25	76	72	70	66	68	62	64	68
26	76	72	70	68	67	62	64	68
27	75	73	70	67	65	63	65	68
28	75	73	70	68	63	63	65	
29	73	72	70	68	64		65	
30	74	73	68	66	64		65	
31		73		66	65		66	

Observation de 7 heures du soir.

1852-1853.	Septemb	Octobre.	Novemb.	Décemb.	Janvier.	Février.	Mars.	Avril.
1	73°	74°	73°	67°	67°	64°	62°	66°
2	72	75	73	68	66	65	62	65
3	73	75	73	69	67	65	62	67
4	73	75	71	67	67	65	62	68
5	73	75	72	68	67	64	63	67
6	73	74	71	69	67	64	63	68
7	73	76	70	68	67	64	63	68
8	73	75	70	67	67	64	63	69
9	72	74	71	68	68	64	64	69
10	73	74	70	67	67	64	63	69
11	73	74	71	67	67	64	64	70
12	75	74	71	67	67	63	64	70
13	75	75	71	67	68	64	63	70
14	75	75	71	67	68	63	63	70
15	77	74	71	67	68	63	63	68
16	75	73	70	68	68	63	63	69
17	76	71	69	67	68	63	64	68
18	75	72	70	67	68	63	63	67
19	74	72	70	69	67	63	64	67
20	72	72	70	67	68	64	65	67
21	72	72	70	68	67	65	66	68
22	73	72	70	68	67	64	65	»
23	75	72	70	67	68	64	64	»
24	74	72	70	67	68	63	64	67
25	76	72	70	67	68	63	64	68
26	76	71	70	67	67	62	64	68
27	75	72	70	67	65	63	65	68
28	75	72	69	68	66	62	65	
29	73	72	67	68	63		64	
30	74	72	68	66	64		65	
31		72		65	65		66	

Il résulte de ces quatre observations la moyenne et la variation journalières suivantes de la température intérieure :

1852-1853.	Septembre.		Octobre.		Novembre.		Décembre.		Janvier.		Février.		Mars.		Avril.	
	Moyenne.	Variation.	Moyenne.	Variation.	Moyenne.	Variation.	Moyenne.	Variation.	Moyenne.	Variation.	Moyenne.	Variation.	Moyenne.	Variation.	Moyenne.	Variation.
1	73°	0°	73°7	2°	72°5	1°	68°	2°	66°7	2°	64°2	1°	62°	0°	66°	0°
2	72,5	1	74,2	2	73	2	68,2	1	66,5	1	64,5	1	62	0	65,7	1
3	73	0	74,7	2	73,2	1	68,5	1	66,5	1	65	0	61,7	1	66,5	1
4	74	2	74,7	2	72	2	68,2	2	66,5	1	65,2	1	62	0	67,5	1
5	73	0	74,7	2	72	0	68	0	67	0	64,5	1	62,5	1	67,2	1
6	73	0	74,2	1	71,5	1	68,5	1	67,2	1	64	0	62,5	1	67,5	1
7	73	2	75	2	70,7	1	68,5	1	67,2	1	64	0	63	0	68	0
8	73	0	74,7	2	70,7	1	67,5	1	67,2	1	63,7	1	63,2	1	68,5	1
9	72,7	1	74,5	2	71,2	1	67,5	1	68	0	64	0	63,	1	68,5	1
10	73	4	74,2	1	71	2	67,2	1	67,2	1	63,7	1	63,7	1	69,2	1
11	73	0	74,2	1	71	0	67	0	67	0	63,7	1	64	0	69,7	1
12	74	2	74	0	71	0	66,7	1	67,2	1	63,5	1	64	C	69,5	1
13	74,5	4	74,2	2	71	0	67	0	67,7	2	63,5	1	63,7	1	70	0
14	75,5	2	74,5	1	71	0	66,7	1	68	0	63,5	1	63	0	69,2	1
15	75,2	4	74,2	1	71	0	67	0	68	0	62,7	1	63	0	68,5	1
16	75,2	4	73,7	1	70,2	1	67,5	1	67,5	1	63	0	62,7	1	68,5	1
17	76,5	2	72,2	2	69,5	1	67,2	1	68	0	63	0	63,5	1	68,5	1
18	75,7	2	71,5	1	69,5	1	67,2	1	68	0	63	0	63,2	1	67,5	1
19	74,5	1	72	0	70,2	1	68,5	1	67,5	1	62,5	1	64,2	1	67,5	1
20	73	2	72	0	70	2	67,7	1	68	0	63,5	1	65	3	67,2	1
21	72	0	72,2	1	70	2	68	0	67,5	1	64,5	1	65,5	1	67,7	2
22	73,2	1	72	0	70,2	1	68,2	1	67	0	64,2	1	65,5	1	»	»
23	74,2	3	72	0	70,2	1	67,5	1	67,5	1	63,7	1	64,7	1	»	»
24	74,2	1	72,2	1	70,2	1	66,7	1	68	0	62,7	1	64	0	»	»
25	75	2	71,7	1	70	0	66,7	1	68	0	62,2	1	64	0	67,5	1
26	75,5	1	71,2	1	70	0	67,2	1	67,5	1	62	0	64	0	68	0
27	75	0	72,2	1	70	0	67	0	66	2	62,5	1	64,5	1	68	0
28	74,5	1	72	2	69,7	1	67,5	1	65,2	3	62,2	1	64,5	1		
29	73	0	71,7	1	69	3	67,5	1	64,2	2			64,2	1		
30	73,5	1	72,2	1	68,5	1	66,5	1	64	0			64,5	1		
31			72	2			65,7	1	64,5	1			65,5	1		

Il est très-facile, comme on voit, de conserver une température égale à l'intérieur des habitations, d'après ces faibles variations journalières qui sont même nulles assez souvent. A cet égard l'observation apprend que quand le thermomètre descend pendant la nuit, une lampe carcel ou modérateur suffit, même dans une vaste pièce, pour y établir et y entretenir celle du jour. Quelques maisons, en très-petit nombre, exposées au nord ou situées en certains endroits de la ville, échappent à cette règle et le froid s'y manifeste à certains moments. Mais, sauf ces rares exceptions, la température régulière varie de 63 à 70 degrés, laquelle est très-agréable et bienfaisante pour les malades souffrant de la poitrine [1].

La plus haute température intérieure que nous ayons obtenue est de 78° et la plus basse de 61°. Elle peut s'élever davantage en ouvrant une fenêtre au sud pour donner accès aux rayons solaires ou descendre plus bas en en ouvrant une au nord pour rafraîchir la chambre. On peut ainsi modifier facilement cette température et la rendre conforme aux exigences des malades; mais nous avons voulu simplement déterminer les résultats de l'observation en conservant la chambre, autant que possible, dans les mêmes conditions.

1. Cette uniformité naturelle d'une douce température intérieure est évidemment très-avantageuse aux malades. Qu'est-ce, en effet, que l'atmosphère artificielle que l'on crée l'hiver dans nos habitations froides, sinon un air raréfié, vicié, altéré dans sa composition. Or, les poitrinaires sont les plus sensibles à ressentir l'influence de ces fâcheuses conditions, et c'est pourquoi nous nous sommes élevé contre le séjour de ces malades dans les hôpitaux généraux. (*J. des Conn. méd. prat.* 1854.)

Voici maintenant les proportions de cette température et de ses variations suivant les mois et les saisons.

1832-1833.	TEMPÉRATURE.				VARIATION.		
	Maximum.	Minimum.	Médium.	Différence.	Maximum.	Minimum.	Médium.
Septembre....	78°	72°	73°,91	6°	4°	0°	1°,43
Octobre......	76	71	73 ,17	5	2	0	1 ,225
Novembre....	74	67	70 ,66	7	3	0	0 ,93
Décembre.....	69	65	67 ,45	4	2	0	0 ,87
Janvier........	69	63	66 ,97	6	3	0	0 ,806
Février.......	66	62	63 ,52	4	1	0	0 ,714
Mars..........	67	61	63 ,65	6	3	0	0 ,7
Avril.........	70	65	67 ,9	5	2	0	0 ,83
Automne.....	78	67	72 ,57	11	4	0	1 ,195
Hiver........	69	62	65 ,98	7	3	0	0 ,796

V.

Température intérieure et extérieure.

Mason est le seul qui ait comparé ces deux températures. Voici les différences qu'il a constatées :

1° Suivant les saisons et l'année.

1834-1835.	Moyenne extérieure.	Moyenne intérieure.	Différence.
Hiver..............	61°,87	62°,64	0°,77
Printemps..........	65 ,59	66 ,88	1 ,29
Été................	71 ,3	73 ,14	1 ,84
Automne............	69 ,3	69 ,97	0 ,67
Année..............	66 ,95	68 ,16	1 ,21

Ce qui donne une légère différence en faveur de la température intérieure. Voici maintenant celle des saisons successives :

1834-1835.	Moyenne extérieure.	Moyenne intérieure.	Différence.
Hiver. — Printemps...	3°,72	4°,24	0°,52
Printemps. — Eté.....	5 ,71	6 ,36	0 ,65
Eté. — Automne......	2	3 ,71	1 ,71
Automne. — Hiver....	7 ,43	7 ,33	0 ,10 —
Hiver. — Eté.........	9 ,43	10 ,5	1 ,07

2° Suivant les mois.

1834-1835.	Moyenne extérieure.	Moyenne intérieure.	Différence.
Janvier..............	60°,24	60°,94	0°,7
Février..............	61 ,12	61 ,83	0 ,71
Mars................	63 ,43	65 ,23	1 ,8
Avril................	65 ,39	66 ,46	1 ,07
Mai..................	67 ,97	68 ,95	0 ,98
Juin.................	69 ,44	70 ,83	1 ,39
Juillet..............	71 ,68	74 ,14	2 ,46
Août................	72 ,78	74 ,46	1 ,68
Septembre...........	72 ,16	73 ,72	1 ,56
Octobre..............	69 ,49	70 ,31	0 ,82
Novembre............	65 ,45	65 ,89	0 ,44
Décembre............	64 ,25	65 ,14	0 ,89
Différence moyenne des mois entre eux......	2 ,09	2 ,25	0 ,16
Différence entre Janvier et Août............	12 ,54	13 ,52	0 ,98

On voit que la température moyenne intérieure est également plus élevée que la moyenne extérieure aux divers mois de l'année, quoique souvent le maximum et le minimum de celle-ci dépassent les degrés correspondants de celle-là. Voici les différences de ces températures moyennes intérieure et extérieure entre les mois successifs :

1834-1835.	Moyenne extérieure.	Moyenne intérieure.	Différence.
Janvier. — Février........	0°,88	0°,89	0°,01
Février. — Mars..........	2 ,31	3 ,40	1 ,09
Mars. — Avril............	1 ,96	1 ,23	0 ,73—
Avril. — Mai.............	2 ,58	2 ,49	0 ,09—
Mai. — Juin..............	1 ,47	1 ,88	0 ,41
Juin. — Juillet..........	2 ,24	3 ,31	1 ,07
Juillet. — Août..........	1 ,10	0 ,32	0 ,78—
Août. — Septembre.......	0 ,62	0 ,74	0 ,12
Septembre. — Octobre....	2 ,67	3 ,41	0 ,74
Octobre. — Novembre.....	4 ,04	4 ,42	0 ,38
Novembre. — Décembre...	1 ,20	0 ,75	0 ,45—
Décembre. — Janvier.....	4 ,01	4 ,20	0 ,19

En résumé, la température intérieure est non-seulement plus égale que l'extérieure, mais encore celle-ci atteint des limites extrêmes, en haut comme en bas du thermomètre, qu'on ne constate pas à l'intérieur.

VI.

Température de divers pays.

L'égalité de température et ses faibles variations entre les jours, les mois, les saisons et les années, tant à l'intérieur qu'à l'extérieur, constituent surtout l'excellence du climat de Madère et le distinguent de tous ceux qui sont conseillés contre les affections pulmonaires. Il n'est donc pas sans intérêt de montrer ici la différence de température de ces divers climats.

1° SUIVANT L'ANNÉE ET LES SAISONS :

Tableau de Dowe.

1847.	Année.	Hiver.	Printemps.	Été.	Automne.	Différence extrême.
Funchal	67°,61	63°,5	64°,46	71°,6	70°,88	8°,1
S. Miguel (Açores)...	62 ,43	57 ,87	61 ,17	68 ,33	62 ,33	10 ,46
Sta Cruz Ténériffe....	71 ,15	64 ,85	68 ,87	76 ,68	74 ,17	11 ,83
Bermudes..........	67 ,4	58 ,76	63 ,74	75 ,2	71 ,9	16 ,44
S.Christophe(Antilles)	81 ,27	78 ,29	80 ,62	85 ,79	82 ,38	7 ,5
Cap de Bonne-Espér..	60 ,77	66 ,95	62	54 ,39	59 ,73	12 ,56
Pau	56 ,17	42 ,53	54 ,06	70 ,06	58	27 ,53
Toulon............	62 ,28	48 ,5	60 ,88	75 ,2	64 ,55	26 ,7
Nice..............	58 ,9	46 ,33	55 ,92	71 ,83	61 ,52	25 ,5
Naples............	60 ,26	47 ,65	57 ,56	74 ,38	61 ,46	26 ,73
Rome..............	60 ,49	46 ,73	58 ,25	74 ,24	62 ,75	27 ,51
Palerme...........	63 ,08	52 ,5	59 ,65	74 ,41	66 ,36	21 ,91
Malte.............	....	58 ,6	....	....	69 ,04	....
Cadix.............	62 ,06	52 ,9	59 ,53	70 ,43	65 ,35	17 ,53
Lisbonne..........	61 ,4	52 ,52	59 ,66	70 ,94	62 ,48	18 ,42
Le Caire..........	72 ,17	58 ,52	73 ,58	85 ,1	71 ,48	26 ,58
Jersey............	51 ,9	42 ,58	48 ,31	62 ,17	54 ,55	19 ,59
Ile de Wight.......	50 ,42	39	48 ,67	63	51	24
Penzance..........	51 ,78	44 ,23	49 ,31	60 ,91	52 ,67	16 ,68

On voit qu'il n'y a pas un pays où la température soit aussi élevée l'hiver et si basse l'été qu'à Funchal, dont la différence extrême n'est que de 8°,1. A Saint-Christophe, cette différence n'est que de 7°,5, il est vrai, mais la chaleur y est excessive. Dans les autres climats, elle varie de 10°,46 à 27°,53. Elle est de 25°,5 à Nice, de 26°,73 à Naples, de 27°,51 à Rome, et, dans ces trois villes, l'hiver est beaucoup plus froid qu'à Funchal, quoique l'été y soit plus chaud. Malaga, dont le climat et la température commencent à s'accréditer, présente le même inconvénient, comme on le verra.

2° SUIVANT LES MOIS.

Tableau de Dowe.

1847.	Janvier.	Février.	Mars.	Avril.	Mai.	Juin.	Juillet.	Août.	Septembre	Octobre.	Novembre.	Décembre.	Différence extrême.
Funchal	63°,5	63°,44	64°,22	64°,4	64°,76	68°,72	72°,5	73°,58	73°,94	74°,06	67°,64	63°,86	10°,8
S. Miguel (Açores)	59	59	59 ,5	64	63	67	68	70	68	63	56	55 ,6	14 ,4
Sᵗᵃ Cruz Ténériffe	63 ,84	64 ,29	66 ,17	67 ,32	72 ,42	73 ,89	77 ,29	78 ,89	77 ,43	74 ,66	70 ,43	66 ,42	15 ,05
Bermudes	56 ,84	58 ,82	59 ,36	62 ,78	69 ,08	73 ,22	75 ,74	76 ,64	76 ,82	73 ,04	65 ,84	60 ,62	19 ,98
S. Christophe	78 ,02	78 ,43	80 ,09	80 ,32	81 ,46	83 ,28	84 ,49	83 ,89	83 ,48	82 ,4	81 ,27	78 ,73	6 ,47
Cap de Bonne-Esp.	67 ,58	67 ,91	65 ,76	62 ,62	57 ,64	54 ,44	54 ,44	54 ,63	56 ,77	59 ,97	62 ,46	65 ,35	13 ,77
Pau	41 ,2	43 ,6	48 ,8	51 ,8	61 ,6	68 ,2	68 ,6	73 ,4	68 ,5	58 ,5	47	42 ,8	32 ,2
Toulon	46 ,4	47 ,75	52 ,48	64 ,03	69 ,43	72 ,05	77	76 ,55	71 ,6	66 ,2	55 ,85	51 ,35	30 ,6
Nice	44 ,47	47 ,55	50 ,65	54 ,84	62 ,29	68 ,56	73	73 ,92	60 ,49	61 ,59	53 ,78	46 ,96	29 ,45
Naples	46 ,24	47 ,59	51 ,45	56 ,68	64 ,85	70 ,77	76 ,1	76 ,26	69 ,35	61 ,93	53 ,44	49 ,42	30 ,02
Rome	45 ,03	47 ,35	51 ,67	57 ,81	65 ,26	71 ,44	75 ,97	75 ,65	70 ,07	64 ,81	53 ,38	47 ,8	30 ,94
Palerme	51 ,42	51 ,33	54 ,01	58 ,35	64 ,81	71 ,15	75 ,72	76 ,35	72 ,64	67 ,01	59 ,14	54 ,73	25 ,02
Malte	57 ,1	59 ,07	. . . .	63 ,5	69 ,73	70 ,36	78	. . . .	75 ,74	70 ,05	61 ,34	58	20 ,9
Cadix	51 ,4	53 ,73	55 ,21	59 ,64	63 ,75	68 ,16	70 ,27	72 ,86	77 ,17	67 ,1	58 ,8	53 ,58	25 ,77
Lisbonne	52 ,52	53 ,6	56 ,3	59	63 ,68	69 ,44	72 ,14	71 ,24	69 ,44	62 ,6	55 ,4	51 ,44	20 ,7
Le Caire	58 ,1	56 ,12	64 ,58	77 ,9	78 ,26	83 ,66	85 ,82	85 ,82	79 ,16	72 ,32	62 ,96	61 ,34	29 ,7
Jersey	43 ,83	41 ,67	42 ,93	49 ,9	52 ,1	62 ,1	62 ,87	61 ,53	61 ,17	54 ,17	48 ,3	42 ,25	21 ,2
Ile de Wight	37	41	44	46	56	62	65	62	58	51	44	39	28
Penzance	42 ,62	44 ,9	45 ,32	48 ,07	54 ,54	59 ,52	62 ,1	61 ,11	57 ,11	53 ,36	47 ,54	45 ,16	18 ,48

Tableau de White.

	Année.	Janvier.	Février.	Mars.	Avril.	Mai.	Juin.	Juillet.	Août.	Septembre.	Octobre.	Novembre.	Décembre.
Londres.	50°,39	37°,36	40°,44	42°,64	48°	55°,64	60°	63°,43	63°,52	58°,8	51°,78	48°,47	39°,58
Torquay.	52 ,12	43 ,6	41 ,9	45 ,15	50°,9	54 ,2	61 ,15	61 ,75	60 ,9	57 ,35	53 ,05	48 ,95	46 ,65
Cove.	51 ,93	43 ,3	44 ,45	46 ,13	49 ,06	55 ,34	59 ,97	61 ,76	62 ,36	57	52 ,03	47 ,01	44 ,84
Penzance	51 ,8	42 ,5	43 ,5	46 ,4	48 ,5	54	58 ,5	61 ,2	60 ,9	57 ,6	53 ,7	48 ,8	46 ,1
Undercliff.	51 ,35	41 ,46	40 ,58	44 ,14	49 ,57	54 ,27	59 ,47	60 ,2	62 ,24	59 ,59	52 ,8	48 ,35	43 ,63
Clifton.	51 ,26	38 ,87	39 ,25	43 ,62	49 ,5	56 ,25	63 ,5	64 ,25	63 ,87	58 ,62	50 ,87	45	41 ,62
Jersey.	53 ,06	41 ,58	44 ,62	45 ,75	50 ,09	57 ,08	61 ,34	63 ,5	63 ,72	59 ,82	55 ,65	48 ,42	45 ,27
Pau	56 ,18	41 ,2	43 ,6	48 ,8	51 ,8	61 ,6	68 ,2	70 ,6	73 ,4	67 ,4	58 ,2	46 ,6	42 ,8
Rome.	60 ,7	47 ,65	49 ,45	52 ,05	56 ,4	64 ,5	69 ,17	73 ,3	74 ,02	69 ,5	63 ,6	58 ,8	49 ,62
Naples.	61 ,4	46 ,5	48 ,5	52	57	65 ,5	71	75	76 ,5	72 ,5	65	54 ,5	50 ,5
Pise.	60 ,6	44	48 ,11	51 ,52	56 ,3	63 ,75	70 ,5	77 ,5	77 ,5	73 ,5	62 ,62	52 ,3	47
Nice.	59 ,48	45 ,81	49	51 ,45	57	63	69	73 ,5	74 ,3	69 ,35	61 ,85	53 ,7	48 ,6
Florence.	59	44	45	48	56	64	69	77	76	70	59	53	47
Malte.	67 ,3	56 ,5	56 ,3	58 ,1	61 ,8	67 ,4	73 ,8	79 ,6	81 ,2	77 ,8	71 ,1	64 ,2	59 ,6
Malaga.	66 ,7	55 ,43	56 ,03	59 ,06	62 ,2	65 ,8	74 ,73	77 ,73	78 ,02	74 ,7	70 ,57	61 ,93	56 ,63
Funchal.	64 ,96	59 ,71	60 ,28	61 ,86	62 ,3	63 ,44	66 ,9	70 ,04	71 ,88	71 ,28	66 ,76	63 ,96	61 ,44
Funchal 1850. . .	65 ,91	61	61 ,14	62 ,63	66 ,5	67 ,33	66 ,19	69 ,01	69 ,79	69 ,24	69 ,58	66	62 ,51

Le fait capital de ces tableaux, c'est que la plus faible différence de température entre le mois le plus chaud et le plus froid est à Funchal, excepté Saint-Christophe, où règne une température excessivement élevée, comme nous l'avons déjà dit. Tandis qu'elle n'est que de 10°,8 dans cette ville, elle varie de 13°,77 à 33°,5 dans les autres pays. Elle est de 29°,45 à Nice, de 30°,02 à Naples, de 30°,94 à Rome, de 33°,5 à Pise et de 22°,59 à Malaga.

Quelques-uns de ces pays ont une température agréable l'été, comme Jersey, l'île de Whigt, Penzance, Undercliff, Clifton, Pau; mais l'hiver, elle y varie de 37 à 44°. Les villes d'Italie les plus renommées sous ce rapport ont une température de 44 à 49° l'hiver, et de 74° l'été, c'est-à-dire plus basse et plus élevée qu'à Funchal, comme nous l'avons déjà signalé. A Nice, dont la température moyenne est de 71°,83 pendant l'été, elle est également supérieure à celle de Funchal, quoique celle-ci soit déjà réputée nuisible aux malades à certains jours et certaines heures, malgré les nuages et les brises qui la modifient et en atténuent l'action.

Le professeur Heer de Zurich s'exprime ainsi à ce sujet :

« A Funchal, la température du mois le plus froid est seu-« lement inférieure de 8° Cg. à celle du plus chaud ; tandis « qu'à Zurich la différence est de 22°,7. En calculant la « température de Funchal, de novembre à mars, la moyenne « mensuelle est de 16° 2 Cg. c'est-à-dire la même que celle « de 16°,3 Cg. qui règne à Zurich de mai à septembre. « Les mois d'été sont naturellement plus chauds à Ma-« dère qu'à Zurich; mais sans conserver la même pro-« portion, la moyenne de ces trois mois étant de 18°,1 Cg. « ici et de 20°,1 là. Le mois le plus chaud à Madère « est seulement de 3° Cg. au-dessus du mois corres-« pondant à Zurich. En comparant Madère avec quel-« ques-uns des autres climats méridionaux, on trouve

« que les mois d'hiver y sont plus chauds de 1 ou 2° Cg.
« qu'au Caire, et que ceux d'été y sont plus frais de 2 à
« 6° Cg. »

Un des grands avantages du climat de Funchal, qui lui donne une supériorité marquée sur les autres, c'est la faible variation de température du jour à la nuit et de plusieurs jours successifs, ce que n'établissent pas les tableaux précédents. Tandis qu'elle est ici de 4 à 10° le jour et de 6 à 12° entre le maximum du jour et le minimum de la nuit, rarement plus et extraordinairement à 19°, il est fréquent de la voir osciller de 20 à 30° sous ce rapport en d'autres pays et parfois même de 20° de six heures du matin à six heures du soir. Funchal a, de plus, le précieux avantage d'offrir la température désirée en été à un demi-mille ou à un mille de distance avec des habitations proches et convenables pour les malades ; ce que peu de pays présentent avec autant de profusion et de variété.

Il nous semble donc que lorsqu'il s'agit de rencontrer une température égale ou avec de faibles variations, ni froide en hiver ni trop chaude en été, avec toutes les conditions de salubrité, Funchal et ses alentours remplissent parfaitement cette indication. Quelques médecins pensent que pour les malades le changement à la campagne ou le retour dans leur pays durant l'été est avantageux, soit par la température plus convenable à laquelle ils sont soumis, soit par l'influence seule du changement qui, dans l'opinion de quelques-uns, est d'un effet salutaire renouvelé par le retour.

CHAPITRE IV.

HYGROMÉTRIE.

Les observateurs du climat de Madère ont tardivement étudié cette partie de la météorologie. Tandis que des observations barométriques, thermométriques et d'autres plus ou moins complètes sur le temps, la pluie et les vents existaient, aucune observation hygrométrique régulière n'avait encore eu lieu. La rareté d'un bon hygromètre, la facilité de cet instrument à se déranger, contribuèrent, sans doute, ici comme ailleurs, à laisser ignorer jusqu'à ces derniers temps le degré d'humidité atmosphérique de Funchal. Bowdich employa, en 1823 et 1824, les hygromètres de Leslie et de Saussure; mais ses observations sont en trop petit nombre pour être mentionnées ici. C'est en 1826 que Heineken fit les premières observations régulièrement toute l'année, une fois par jour, à dix heures du matin, avec l'hygromètre de Daniell. Elles fixent, jour par jour, la température à l'air libre, le degré de sécheresse, la quantité de rosée avec les proportions suivantes :

1826.	SÉCHERESSE.		ROSÉE.	
	Maximum.	Minimum.	Maximum.	Minimum.
Janvier.	18	3	57	43
Février.	24	3	59	40
Mars.	30	2	60	40
Avril.	27	5	62	46
Mai.	17	1	65	48
Juin..	16	4	67	54
Juillet..	10	2	71	62
Août.	11	1	75	64
Septembre.	13	1	75	63
Octobre.	11	1	75	60
Novembre..	11	0	70	55
Décembre..	14	0	65	51

Il est regrettable que ces observations n'aient eu lieu qu'une fois par jour, ce qui ne suffit pas pour résoudre la question, lors même qu'elles auraient été continuées durant plusieurs années. Mais tout insuffisantes qu'elles sont, elles ont servi à commencer cette étude d'une manière régulière et à montrer que le degré d'humidité de Funchal était plus élevé qu'on ne l'avait supposé jusque-là.

De 1834 à 1835, Mason recueillit des observations avec son hygromètre qui n'est autre que le psychromètre d'Auguste et qu'il réputait supérieur aux hygromètres de Leslie et de Daniell. Ces observations minutieuses, faites à Sainte-Lucie et répétées à des heures différentes, le jour et la nuit, sont très-complètes, comme on va le voir.

SÉCHERESSE MOYENNE.

1834-1835.	6 h. du matin.	9 h. du matin.	Midi.	3 h. du soir.	6 h. du soir.	9 h. du soir.	Nuit.
Janvier.......	....	3°	3°,51	3°,5	3°	2°,5	1°,76
Février.......	2°	3 ,92	4 ,84	5 ,33	4 ,07	3 ,17	2 ,94
Mars.........	4 ,6	3 ,5	4 ,72	5	6	4 ,5	4 ,5
Avril	4 ,9	2 ,5	2 ,53	3 ,29	4 ,5	3 ,5	3 ,5
Mai..........	....	3 ,75	3 ,25	4 ,5	5 ,5	4 ,5	4 ,2
Juin..........	....	3 ,71	4 ,3	4 ,54	5 ,5	4 ,5	4 ,29
Juillet........	4 ,5	4 ,32	4 ,86	5 ,5	5 ,61	4 ,5	4 ,5
Août.........	4 ,11	3 ,5	4 ,48	5 ,5	5 ,5	5 ,28	4 ,5
Septembre....	3 ,5	5 ,5	4 ,5	5 ,21	4 ,5	3 ,5	4 ,2[illegible]
Octobre......	2 ,71	2 ,8	3 ,46	4 ,2	3 ,62	3 ,23	2 ,25
Novembre....	1 ,45	1 ,17	2 ,2	3 ,5	2 ,5	4 ,5	1 ,4
Décembre....	1 ,6	2 ,5	3 ,5	3 ,88	2 ,5	2 ,5	2 ,2
Hiver........	1 ,8	3 ,14	3 ,95	4 ,23	3 ,19	2 ,72	2 ,3
Printemps....	3 ,8	3 ,25	3 ,5	4 ,26	5 ,33	4 ,16	4 ,06
Eté...........	4 ,3	3 ,84	4 ,54	5 ,18	5 ,53	4 ,76	4 ,43
Automne.....	2 ,89	2 ,49	3 ,38	4 ,3	3 ,54	3 ,74	2 ,61
Année..	3 ,19	3 ,18	3 ,84	4 ,49	4 ,4	3 ,84	3 ,35

1834-1835.	MÉDIUM.		MAXIMUM	MAXIMUM moyen.	MINIMUM.
	Hygromet. Mason.	Hygromet. Daniell.			
Janvier	3°,1	7°,2	6°	3°,87	0°
Février	4 ,23	9 ,9	7	5 ,26	1
Mars	4 ,55	10 ,6	8	6 ,13	1
Avril	3 ,26	7 ,6	8	4 ,63	0
Mai	4 ,1	9 ,6	9	5 ,91	0
Juin	4 ,51	10 ,5	9	5 ,85	2
Juillet	4 ,95	11 ,6	9	6	2
Août	5 ,85	13 ,2	8	6 ,05	3
Septembre	4 ,21	9 ,6	7	5 ,28	1
Octobre	3 ,46	8 ,1	6	4 ,15	0
Novembre	2 ,47	4 ,9	6	2 ,75	0
Décembre	2 ,52	5 ,8	7	3 ,25	0
Hiver	3 ,29	......	......	4 ,13	......
Printemps	3 ,97	......	......	5 ,56	......
Eté	5 ,1	......	......	5 ,96	......
Automne	3 ,28	......	......	4 ,6	......
Année	3 ,91	......	......	5 ,05	......

SÉCHERESSE pendant le LESTE.

1834-1835.	MAXIMUM	MÉDIUM.						
		6 h. du matin.	9 h. du matin.	Midi.	3 h. du soir.	6 h. du soir.	9 h. du soir.	Nuit.
Janvier	9°	»	»	»	»	»	»	»
Février	9	»	»	»	»	»	»	»
Mars	14	4°,29	»	5°,86	»	»	5°,5	»
Juin	15	»	3°,86	4 ,71	5°,15	6°,5	5 ,5	4°,85
Octobre	22 ,5	3 ,37	3 ,14	»	»	»	»	»
Décembre	13	»	3 ,5	4 ,5	4 ,96	3 ,5	»	»

Ces observations confirment celles de Heineken sur le degré d'humidité de l'île; humidité que cet auteur, par des raisons que nous indiquerons, trouva supérieure à ce qu'elle est réellement et qu'il signala comme un obstacle au rétablissement de sa santé ainsi qu'à celle des personnes dans le même cas que lui.

Cette humidité de l'île en général et de Funchal en particulier n'était pas absolument méconnue avant d'être démontrée. La végétation luxuriante, la teinte verte qu'elle conserve en été, les fréquents brouillards dans la Sierra, l'apparence nébuleuse de l'île vue en mer, sa petite circonférence, sa position au milieu de l'Océan, tout cela suscitait cette idée. Toutefois, on ne croyait pas que cette humidité descendît jusqu'en bas de la ville, parce qu'elle n'y était pas sensible et que les brouillards restaient à mille pieds de hauteur. Quelques observateurs avaient pourtant déjà noté une grande humidité de l'atmosphère. Ainsi, Macaulay dit dans son Mémoire : « Je n'ai « pas trouvé de bonnes observations hygrométriques sur « Funchal ; mais, en en jugeant empiriquement par la « prompte oxydation du fer, la grande difficulté de sécher « et de conserver des espèces botaniques, surtout comparativement avec d'autres localités, je dois dire qu'en gé« néral l'atmosphère est très-chargée d'humidité. Il est « vrai qu'elle n'est jamais sensible sous forme de brouillard « ou autrement, parce que la température est admirable« ment réglée pour la tenir en suspension dans l'air. Je « considère cette combinaison d'une grande humidité avec « une température toujours capable de la contenir au point « de ne pas nuire aux malades, comme une des principales « qualités de ce climat. Cette température, favorisée par « le mouvement constant de la brise et des courants atmo« sphériques réguliers, prévient si bien toute condensation « sensible de la vapeur aqueuse que, malgré l'humidité « et la facilité d'expansion par l'extrême clarté des nuits, « la rosée se précipite rarement. »

Mason habitait à Funchal l'endroit le plus humide, couvert d'une végétation touffue et verdoyante. Sa maison, exposée au nord, était située à un demi-mille de la mer, et à 350 pieds au-dessus de son niveau d'après lui, mais à 254 seulement suivant un meilleur calcul. Un petit ruisseau, se divisant pour l'arrosement des jardins qui abondent en cet endroit, y répand la fraîcheur et l'humidité, et un conduit d'eau ouvert, émanant de ce ruisseau, passe également en bas du mur extérieur de l'habitation. Toutes ces circonstances influèrent, sans contredit, sur le résultat de ses observations et lui firent trouver un degré de sécheresse inférieur à celui qui caractérise ce climat.

Pour être exact, cet observateur déclare : « Que ses « observations s'appliquent exclusivement à Sainte-Lucie « et ne peuvent servir en aucune manière à l'île en général, « ni fournir des données précises sur les lieux plus bas de « Funchal, près de la mer, surtout relativement à l'hu- « midité du jour ; mais que relativement à la température, « elles peuvent être très-près de la vérité, parce que la « faible radiation à laquelle le thermomètre était exposé « compense l'élévation du lieu. » Il signale également l'extrême humidité de 1834. « Le nombre des jours plu- « vieux ici, dit-il, calculé d'après mes devanciers, est de « 73 par année, et durant celle-ci il a été de 102, c'est-à- « dire 29 de plus que la moyenne ordinaire. La quantité « de pluie fut aussi plus considérable, car jamais les ri- « vières n'avaient été si hautes depuis l'inondation de 1803 « et quelques habitants dirent même qu'elles contenaient « plus d'eau en 1834 que lors de ce déplorable événement. »

Ce fut dans un tel lieu et une telle année que Mason fit ses observations hygrométriques, confirmatives de celles de Heineken; lequel, par une bien singulière coïncidence, avait recueilli les siennes dans une année également très-humide. Ce dernier évalue la moyenne annuelle de pluie à Funchal à 30 pouces, et selon ses observations elle fut de 43 p. 35 en 1826, tandis qu'elle n'était que de 20 p. 43 l'année précédente, c'est-à-dire moins de la moitié. Par conséquent, ces deux observateurs, quoique exacts et véridiques, attribuèrent au climat de Funchal une humidité exagérée. C'est une preuve de plus que, dans les sciences physiques, il faut se baser sur un grand nombre de faits pour établir des conclusions générales.

A ces observations succédèrent celles de Mac-Euen, accusant beaucoup plus de sécheresse. Malheureusement elles n'eurent lieu que six mois ; mais elles acquièrent une grande valeur en ce que, faites pendant l'hiver, deux fois par jour, elles dénotent encore, malgré cette circonstance, plus de sécheresse que celles de Mason, ainsi qu'on va le voir.

1848-1849.	Décembre.	Janvier.	Février.	Mars.	Avril.	Mai.
Différence des thermomètres sec et humide à 9 h. du matin	4°,7	6°	6°	9°,1	6°,4	6°,8
A 2, 3 et 4 h. soir...	»	6 ,6	10 ,1	11 ,2	7 ,6	8 ,8
Rosée à 9 h. matin...	»	51 ,2	49 ,3	45 ,6	54 ,1	56 ,1
A 2, 3 et 4 h. soir ...	»	54 ,4	49 ,1	47 ,1	54 ,5	55 ,8
Force élastique de la vapeur à 9 h. matin.	»	3 ,74	3 ,5	3 ,09	4 ,16	4 ,44
A 2, 3 et 4 h. soir...	»	4 ,16	3 ,56	2 ,82	4 ,19	4 ,42
Humidité relative à 9 h. matin..........	75	72	67	55	68	67
A 2, 3 et 4 h. soir ...	70	68	54	49	64	61

Ces observations, recueillies avec l'hygromètre de Mason, eurent lieu à une heure après midi en décembre, à deux heures en janvier et février, à trois en mars et avril, et à quatre en mai.

Voici maintenant la différence mensuelle de la moyenne de sécheresse résultant de ces observations, avec celle obtenue par Mason.

	Mac-Euen.	Mason.	Différence.
Décembre	4°,8	2°,5	2°,3
Janvier	6	3	3
Février	6 ,4	3 ,9	2 ,5
Mars	9 ,1	3 ,5	5 ,6
Avril	6 ,4	2 ,5	3 ,9
Mai	6 ,8	3 ,7	3 ,1

Ces dernières observations furent confirmées par celles de White, faites trois fois par jour, à différentes heures, pendant onze mois, dont les trois premiers à *S.-Antonio*, et le quatrième à Machico. En voici le résumé :

1850-1851	Heures.	Thermomètre.			Rosée.	Vapeur.		Point de saturation.
		Sec.	Humide.	Différence.		Force élastique	Poids.	
Juin	9 matin	64°33	59°25	5°08	55°2	0p,435	5°258	1°820
	2 soir	64,92	59,16	5,76	54,5	424	5,145	2,065
	7 soir	58,75	56,42	2,33	54,3	421	5,175	0,817
Juillet	9 matin	65,77	60,53	5,24	56,3	451	5,454	1,927
	3 soir	65,68	60,63	5,05	56,5	455	5,491	1,890
	7 soir	61,95	57,92	4,03	54,7	427	5,212	1,345
Août	7 matin	65,19	58,92	6,27	53,9	415	5,135	2,116
	3 soir	67,2	61,02	6,18	56,1	448	5,431	2,254
	7 soir	63,04	57,52	5,52	53,1	403	4,899	1,895
Septemb.	8 matin	69,08	64,48	4,6	62,8	566	6 662	1,473
	2 soir	72,36	66,06	6,3	61,6	543	6,362	2 644
	6 soir	68,6	64,33	4,27	60,7	526	6,242	1,798
Octobre	8 matin	68,77	63,48	5,29	59,2	500	5,963	2,101
	2 soir	72,74	65,86	6,88	60,9	530	6,228	2,888
	6 soir	70,24	64,62	5,62	60,7	526	6,222	2,196
Novembre	8 matin	63,93	58,33	5,6	53,8	414	5,033	1,958
	2 soir	70,16	62,35	7,81	56,9	461	5,511	2,907
	6 soir	66,46	60,38	6,08	55,5	439	5,306	2,227
Décembre	8 matin	60,37	55,87	4,5	52,3	398	4,802	1,473
	2 soir	65,67	59,01	6,66	53,7	412	4,998	2,362
	6 soir	62,38	59,93	5,45	52,6	400	4,836	1,804
Janvier	8 matin	59,9	55,3	4,6	51,2	379	4,629	1,575
	2 soir	66,21	59,37	6,84	53,9	415	5,027	2,441
	6 soir	62,24	57,4	4,84	53,5	409	4,997	1,599
Février	8 matin	57,5	53,32	4,18	54,6	356	4,410	1,363
	2 soir	63,98	57,7	6,28	52,6	400	4,830	2,183
	6 soir	59,46	55,1	4,36	51,2	379	4,033	1,483
Mars	8 matin	61,27	55,17	6,1	50,3	365	4,453	1,998
	2 soir	66,74	59,19	7,55	53,2	415	4,899	2,698
	6 soir	62,71	56,71	6	51,9	397	4,727	2,001
Avril	8 matin	63,15	57,78	5,37	53,5	409	4,988	1,828
	2 soir	68,73	61,8	6,93	56,2	450	5,403	2,661
	6 soir	64,73	59,76	4,97	55,8	444	5,377	1,787

Tous ces faits réunis sont encore insuffisants pour établir sûrement les conditions hygrométriques de Funchal, d'autant plus que les premiers furent obtenus dans des circonstances défavorables. Nous nous en servirons néanmoins provisoirement en attendant d'autres observations plus complètes.

1° SÉCHERESSE MOYENNE DE L'ANNÉE :

D'après les quatre observateurs cités, et en ne comptant que les six derniers mois d'observations de White, voici quelle est la moyenne annuelle de sécheresse calculée à l'hygromètre de Mason :

Heineken, 7°,42 correspondant à	3°,2
Mason	3 ,91
Mac-Euen	6 ,4
White	5 ,8

La moyenne de ces quatre séries d'observations est de 4°,82.

2° SUIVANT LES MOIS :

Janvier	4°,8
Février	5 ,34
Mars............	6 ,66
Avril.	5 ,37
Mai	5 ,1
Juin............	4 ,35
Juillet..........	3 ,87
Août.	4 ,12
Septembre	3
Octobre.........	4 ,03
Novembre	3 ,47
Décembre.......	3 ,86

Ainsi la plus grande sécheresse eut lieu en mars, la moindre en septembre, et la différence entre ces deux extrêmes fut de 3°,66.

3° SUIVANT LES SAISONS :

D'après les observations de Heineken, on trouve :

Hiver...........	3°,58
Printemps	4 ,42
Été.............	2 ,79
Automne	1 ,90

Ce qui montre le printemps comme la saison la plus sèche et l'automne la plus humide. Il plut cette année en novembre 18 p. 16, c'est-à-dire presque autant que durant toute l'année précédente.

D'après celle de Mason, on trouve :

Hiver...........	3°,29
Printemps	3 ,97
Été.............	5 ,1
Automne........	3 ,28

Par conséquent l'été fut la plus sèche et l'automne la moins.

En calculant la moyenne des saisons d'après la moyenne mensuelle établie précédemment, on trouve :

Hiver...........	4°,66
Printemps	5 ,71
Été	4 ,11
Automne	3 ,5

Le printemps étant la plus sèche et l'automne toujours la plus humide.

Mais tous ces chiffres sur la sécheresse moyenne de Funchal doivent être au-dessous de la réalité, car les deux premiers éléments reposent sur des années humides, et le troisième comprend l'hiver, sans qu'il y ait, d'autre part, d'année de grande sécheresse pour les contrebalancer.

Le plus haut degré de sécheresse sans *leste* d'après Heineken, est de 18° à l'hygromètre de Daniell, correspondant à 7°,8 à celui de Mason, et de 30° à celui-là ou 12°,8 à celui-ci avec ce vent spécial. Mason signale 9° sans *leste* et 22°,5 avec cette espèce de *sirocco*. Enfin, Mac-Euen observa plusieurs fois 14° comme maximum de sécheresse sans *leste*, et 21° avec ce vent ; tandis que d'après ces trois observateurs le moindre degré de sécheresse fut souvent de 0°.

On a vu quels étaient les rapports de la pression barométrique avec l'hygrométrie ; voici maintenant la relation de celle-ci avec le thermomètre. Malgré notre soin à examiner ce sujet, nous n'avons pu trouver une proportion fixe entre les degrés de chaleur et d'humidité, l'air contenant toujours peu ou beaucoup de vapeur aux différentes températures. Il paraît pourtant, d'après les observations de Mason et Mac-Euen, que fréquemment l'humidité est plus grande la nuit que le jour, surtout à l'aurore, qu'elle diminue ensuite avec le jour et augmente avec la nuit ; ce qui établit une certaine relation entre elle et la température atmosphérique. Nos observations signalent de fréquentes infractions à cette règle.

Lorsque les observations hygrométriques ont lieu à diverses heures du jour, le maximum de sécheresse se manifeste souvent sur les deux heures, et coïncide avec la plus haute température à l'ombre ; mais il y a aussi de trop nombreuses exceptions à ce fait pour l'ériger en loi.

L'hygromètre présente parfois des variations subites, mais, en général, elles sont graduelles. La relation de l'humidité avec les pluies ne peut également s'établir, car il pleut souvent sans que l'instrument marque un degré notable d'humidité, et d'autres fois ce fait existe sans qu'il pleuve. Cependant l'humidité coïncide avec la pluie quand celle-ci se prolonge un certain temps et il est aussi fréquent de la voir augmenter à l'hygromètre après la pluie.

Il en est de même avec les variations du vent. Les vents persistants du sud et de l'ouest coïncident ordinairement avec un plus haut degré d'humidité, et ceux du nord et de l'est, avec la sécheresse; mais de fréquentes exceptions se remarquent à ce sujet, et il ne paraît pas y avoir de relation constante et régulière entre ces deux phénomènes atmosphériques. Quelques observateurs ont noté que si des nuages, existant à peu d'élévation au-dessus des montagnes, sont chassés par le vent du nord vers la mer, ou si, venant de ce côté, ils sont poussés par celui du sud vers la terre, l'hygromètre marque ce passage. Dans le premier cas, il signale de l'humidité, puis de la sécheresse; et dans le second, de l'humidité seulement en restant plus longtemps à cette graduation. C'est durant le *leste* que s'observe la plus grande sécheresse, laquelle s'élève à 22°,5 d'après Mason, et à 21° d'après Mac-Euen. Il se manifeste alors un fort vent E. S. E., une température très-élevée et une sécheresse excessive, ainsi que d'autres phénomènes dont nous parlerons en traitant du *leste*.

Mason prétendit prouver par ses observations l'extrême humidité du climat de Funchal; nous avons montré comment les conditions où il se trouvait et les faits de Heineken sur lesquels il s'appuyait le conduisirent à cette conclusion. Il est certain aussi que les observations subséquentes et les nôtres en particulier, sans caractériser ce climat comme très-sec, lui assignent réellement une humidité beaucoup moindre. Enfin, il est hors de doute que cette humidité est ici si bien combinée avec la température et les autres conditions atmosphériques, comme le dit Macaulay, qu'elle est insensible et n'incommode pas ceux qui y sont exposés; au contraire elle semble propre à tempérer l'âpreté de l'atmosphère d'une telle latitude si elle était plus sèche. Il en est autrement dans la partie supérieure de l'île, sur les montagnes à 1200 ou 2000 pieds au-dessus de la mer où l'humidité est très-appréciable. Là, l'atmosphère étant plus saturée de vapeur aqueuse, et la température aidant moins à la conservation de l'eau à l'état vaporeux et diaphane, celle-ci tend à se condenser, à se précipiter et à prendre la forme de brouillards, de brumes et de rosée.

Les divers endroits de la ville présentent comme ailleurs une humidité variable, suivant les conditions de hauteur, de ventilation, d'exposition, de proximité de bois, d'étangs, de canaux, de rivières, etc., circonstances modifiant nécessairement le degré de sécheresse. En outre, la construction des maisons, la qualité des matériaux qui y sont employés, leur disposition intérieure, leur élévation au-dessus du sol leur communiquent plus ou moins d'aptitude à attirer et fixer les vapeurs aqueuses ; au point que l'humidité varie aux divers étages et jusque dans les différentes chambres du même étage. Toutes ces conditions doivent donc être scrupuleusement étudiées quand il s'agit de faire des observations hygrométriques et de chercher une habitation pour les malades.

Pour confirmer son assertion, Mason fait valoir l'oxygénation immédiate du fer, l'agglomération de poudres d'opium, de scille et autres, la déliquescence rapide des sels neutres, la moisissure des livres et des souliers, la piqûre des soies, le fréquent désaccord des pianos et la difficulté d'ajuster d'autres instruments à vis ou à cordes, tels que violon, guitares, etc. Il dit aussi qu'en exposant un plat à l'air libre, une nuit bien claire, on recueille en peu de temps quelques grammes de rosée. Sans nier ces faits, en les admettant même en partie comme ayant eu lieu en d'autres temps et d'autres habitations, nous devons dire, après un mur examen, que ce résultat n'est pas général, ni même très-fréquent. Ces phénomènes arrivent ici comme ailleurs dans certaines habitations de préférence, mais ce n'est pas partout. Il y avait aussi dans notre habitation des pièces humides, par défaut de soleil ou de ventilation; mais on n'observait aucun des phénomènes cités par Mason dans la partie élevée, non plus que dans celle occupée par nous particulièrement, située à deux pieds au-dessus du sol et entourée de végétation. Ayant divers instruments de physique et de chirurgie et une pharmacie portative contenant des poudres et des sels neutres, nous n'avons observé ni cette prompte oxydation, ni cette absorption de l'humidité, ni cette déliquescence; et les médicaments sont aujourd'hui, après avoir resté huit mois à Funchal et durant un hiver assez pluvieux, dans un état de conservation aussi parfait qu'avant notre arrivée. Nous vîmes rarement de la rosée tout en nous levant régulièrement à six heures du matin et en vérifiant plusieurs fois l'expérience de Mason pour en recueillir durant la nuit. L'humidité des plantes par la rosée est un phénomène plus rare ici qu'ailleurs. Il est vrai que notre habitation était bien exposée et réputée une des moins humides du pays.

Si les observations de Mason sont impropres à fixer le degré d'humidité de cette ville, elles ont au moins l'avantage d'avoir appelé l'attention sur ce point. Les subséquentes, en prouvant que cette humidité n'est pas telle, démontrent cependant qu'il existe une plus grande quantité de vapeur aqueuse qu'on ne le supposait.

Ce serait ici le lieu de comparer l'hygrométrie de Funchal avec celle des climats conseillés aux phthisiques, afin de déterminer quel est le plus humide. Mais si Madère manque de faits concluants à cet égard, il en est de même de la plupart des autres pays, et leur réputation de sécheresse ou d'humidité ne repose le plus souvent que sur des indications, des traditions populaires vagues que ni la science ni les instruments n'ont pas encore confirmées.

Mason a voulu prouver également que le climat de Funchal était plus humide que celui de Londres et ses alentours, et qu'il n'avait sous ce rapport aucun avantage sur ce dernier. A cet effet, il commença par établir que le degré de saturation de deux climats d'une température différente correspond à une différente quantité de vapeur; laquelle doit être plus grande dans une température élevée que dans une température basse et cela dans une proportion définie. Mais si vraie que soit cette proposition, elle ne prouve pas une plus grande humidité de Funchal. Il présenta ensuite des observations comparatives desquelles il se crut autorisé à tirer une conclusion en faveur du climat de Londres.

De ces observations, douze eurent lieu à Portsmouth, trois sur la route de Portland, le 31 janvier, et quatre en traversant le canal de Falmouth le 6 février. Ces dix-neuf faits, donnant une moyenne de 3°,7, l'auteur conclut que ces localités sont plus sèches que Funchal, dont la moyenne, d'après lui, fut de 3°,68 dans les mois correspondants.

Quant aux observations faites à Londres, sur lesquelles repose surtout la proposition de Mason, elles sont au nombre de vingt-quatre en juin et de quarante-quatre en juillet; la moyenne en résultant est de 5°,01, tandis que celle des deux mois correspondants à Funchal, les plus chauds de l'année, dit l'auteur, à l'exception d'août, n'est que de 4°,73. Il dit aussi que les quarante-quatre observations recueillies en juillet, par un beau temps, donnent une moyenne de 6°,20, tandis que celle de ce mois à Madère n'étant que de 4°,95, il en résulte 1°,25 de sécheresse en faveur de Londres.

Ces dernières observations eurent lieu, savoir : celles de juin en trois jours, les 23, 24 et 25, et celles de juillet du 9 au 15 de ce mois. Or, nous le demandons, comment la moyenne de soixante-huit observations accumulées en dix jours peut-elle représenter celle de deux mois? Comment est-il possible de tirer des conclusions générales d'un si petit nombre de faits et comment comparer la sécheresse des deux climats avec de tels documents ? C'est pourtant ainsi que des auteurs ont apprécié le climat de Madère et son utilité comparative dans le traitement des affections pulmonaires !

Pour mieux résoudre ce problème, sinon d'une manière décisive au moins plus satisfaisante que la précédente, nous allons comparer la moyenne de sécheresse mensuelle de Funchal avec celle de Londres, d'après les observations météréologiques de la Société d'horticulture de Chiswick, faites pendant seize années, de 1826 à 1842, publiées dans la météréologie du professeur Daniell et données par lui comme représentant le climat de Londres.

	FUNCHAL.		LONDRES.
	Hygromètre Mason.	Hygromètre Daniell.	Hygromètre Daniell.
Janvier	4°8	11°19	2°53
Février	5,34	12,36	3,77
Mars	6,66	15,51	5,14
Avril	5,37	12,37	7
Mai	5,1	11,89	8,47
Juin	4,[illegible]5	10,15	7,72
Juillet	3.87	9 08	7,8
Août	4,12	9,6	7,62
Septembre	3	7	6,51
Octobre	4.03	9,35	4,73
Novembre	3,47	8,1	3,25
Décembre	3,86	8,99	2,62
Moyenne annuelle	4,85	11,21	5,59

On voit ainsi combien il existe de différence d'humidité entre les deux pays. D'ailleurs, en comparant la moyenne mensuelle de Funchal établie précédemment par Mason lui-même, soit à son hygromètre, soit à celui de Daniell, avec la moyenne de Londres, on constate encore les différences suivantes :

	LONDRES.	FUNCHAL.
Janvier	2°,53	7°,2
Février	3 ,77	9 ,9
Mars	5 ,14	10 ,6
Avril	7	7 ,6
Mai	8 ,47	9 ,6
Juin	7 ,72	10 ,5
Juillet	7 ,8	11 ,6
Août	7 ,72	13 ,2
Septembre	6 ,51	9 ,6
Octobre	4 ,73	8 ,1
Novembre	3 ,25	4 ,9
Décembre	2 ,62	5 ,8
Moyenne annuelle	5 ,59	9 ,12

Enfin, d'après les observations de Heineken, assignant à Funchal le moindre degré de sécheresse, c'est-à-dire une moyenne annuelle de 7°,42, elle est encore au-dessus de celle de Londres de 1°,83. On verra plus loin que les nôtres, comprenant un hiver très-pluvieux, dénotent une sécheresse bien supérieure à celle-là.

Il est donc bien établi par tous ces faits et ceux mêmes de Mason, que la sécheresse est plus élevée à Funchal qu'à Londres, non-seulement quant à la moyenne annuelle, mais à celle de chaque mois. C'est la confirmation de ce que l'on sait du climat de Londres où les brumes, les rosées et l'humidité ont une fréquence et une intensité proverbiales, où il pleut, terme moyen, 168 jours par an, tandis que ce terme est de 73 jours seulement à Funchal.

Observations de l'auteur.

Ces observations furent faites avec l'hygromètre d'absorption de Saussure, fabriqué par Lerebours et Secretan, muni de nouveaux cheveux, préalablement essayé et réglé à l'École Polytechnique, et celui d'évaporatien de Mason, dont cet auteur se servit pour ses observations, de la fabrique de Tagliabue et Cie, de Londres. Ils étaient fixés l'un près de l'autre, à côté des baromètres et du thermomètre intérieurs, à un mur sec, avec une planchette de cèdre derrière. Il n'y avait dans le voisinage ni étangs, ni canaux ou autre masse d'eau, et dans la chambre ni courant d'air, ni feu, ni lumière pouvant influer sur leur mouvement. La fenêtre était ouverte le jour et fermée la nuit. Le thermomètre sec joint à l'hygromètre d'évaporation, se réglait avec le thermomètre intérieur, et le thermomètre humide était conservé dans cet état avec de l'eau distillée, s'élevant de la burette au moyen de fils de soie qui étaient renouvelés tous les mois, ainsi que la soie enveloppant la boule de cet instrument. Nous avons ainsi établi simultanément, au moyen de trois observations par jour, aux heures signalées, à partir du 25 septembre seulement : 1° le degré d'humidité, d'après le thermomètre humide de Mason ; 2° celui de la sécheresse observée à l'hygromètre de ce même auteur ; 3° la correspondance de cette sécheresse à l'échelle de Daniell, extraite de l'ouvrage de Mason ; 4° la quantité de rosée ou le degré de saturation, en défalquant du degré de la température atmosphérique celui de la sécheresse signalé à l'échelle de Daniell observé simultanément ; 5° le poids de la vapeur contenue dans un pied cube d'air calculé d'après la table de Mason, en divisant le poids correspondant à la quantité de rosée dans la table de *quantité*, par le nombre correspondant au degré de sécheresse absolue de la table de *correction ;* 6° la force élastique de la vapeur déterminée d'après l'échelle de Daniell ; 7° l'humidité relative, c'est-à-dire le degré d'humidité à l'échelle hygrométrique établi d'après la formule de Daniell, en divisant la force élastique de la vapeur correspondant au degré de rosée par cette même force correspondant à la température atmosphérique, 1000 étant le point de saturation ; 8° enfin, l'humidité obtenue à l'hygromètre de Saussure.

En voici les résultats comparés avec ceux des précédentes observations hygrométriques.

SEPTEMBRE 1852.

Jours.	Thermomètre humide.	Sécheresse.		Rosée.	Vapeur.		Humid. relat.	
		observée.	à l'échelle de Daniell.		Poids.	Force élastiq.	Échelle hygrom.	Hygrom. de Saussure
Observation de 7 heures du matin.								
25	70°	4°	9°,332	64°,66	6°,984	0p,646	0°,736	82°
26	71 ,5	3 ,5	8 ,166	66 ,83	7 ,534	699	771	86
27	71	4	9 ,332	65 ,66	7 ,196	667	736	83
28	69	5	11 ,66	62 ,33	6 ,528	604	688	80
29	66	7	16 ,33	56 ,66	5 ,409	500	588	73
30	68	5	11 ,66	61 ,33	6 ,335	582	685	75
Observation de 2 heures après midi.								
25	73	3	7	69	8 ,017	745	795	87
26	73	3	7	69	8 ,017	745	795	86
27	71	4	9 ,332	65 ,66	7 ,196	667	736	85
28	70	5	11 ,66	63 ,33	6 ,742	625	689	77
29	66	7	16 ,33	56 ,66	5 ,409	500	588	71
30	70	4	9 ,332	64 ,66	6 ,984	646	736	82
Observation de 7 heures du soir.								
25	73	3	7	69	8 ,017	745	795	89
26	73	3	7	69	8 ,017	745	795	86
27	71	4	9 ,332	65 ,66	7 ,196	667	736	84
28	68 ,5	6 ,5	15 ,16	59 ,83	6 ,033	560	618	73
29	67	6	14	59	5 ,875	543	639	72
30	69 ,5	4 ,5	10 ,49	63 ,5	6 ,752	625	712	84

OCTOBRE 1852.

Observation de 7 heures du matin.

Jours.	Thermomètre humide.	Sécheresse. Observée.	Sécheresse. A l'échelle de Daniell.	Rosée.	Vapeur. Poids.	Vapeur. Force élastique.	Humidité relative. Échelle hygrométrique.	Humidité relative. Hygromètre de Saussure.
1	70°	3°	7°	66°	7°,339	0p,678	0°,798	87°
2	69 ,5	4 ,5	10 ,49	63 ,5	6 ,756	625	712	83
3	70	4	9 ,332	64 ,66	6 ,985	646	736	83
4	69 ,5	4 ,5	10 ,49	63 ,5	6 ,756	625	712	81
5	69	5	11 ,66	62 ,33	6 ,528	604	688	78
6	69	5	11 ,66	62 ,33	6 ,528	604	688	77
7	69	5	11 ,66	62 ,33	6 ,528	604	688	77
8	69	5	11 ,66	62 ,33	6 ,528	604	688	77
9	69	5	11 ,66	62 ,33	6 ,528	604	688	76
10	69	5	11 ,66	62 ,33	6 ,528	604	688	76
11	69	5	11 ,66	62 ,33	6 ,528	604	688	75
12	69	5	11 ,66	62 ,33	6 ,528	604	688	73
13	68	6	14	60	6 ,046	560	638	72
14	70	4	9 ,332	64 ,66	6 ,985	646	736	80
15	69 ,5	4 ,5	10 ,49	63 ,5	6 ,756	625	712	80
16	68 ,5	5 ,5	12 ,83	61 ,16	6 ,230	577	657	73
17	67	6	14	59	5 ,875	543	639	71
18	66	5	11 ,66	59 ,33	5 ,990	552	693	73
19	67 ,5	4 ,5	10 ,49	61 ,5	6 ,348	585	711	80
20	68 ,5	3 ,5	8 ,166	63 ,83	6 ,897	634	771	82
21	69	3	7	65	7 ,125	657	799	84
22	68	4	9 ,332	62 ,66	6 ,555	607	738	82
23	68	4	9 ,332	62 ,66	6 ,555	607	738	82
24	68	4	9 ,332	62 ,66	6 ,555	607	738	82
25	66	5	11 ,66	59 ,33	5 ,990	552	693	77
26	67	4	9 ,332	61 ,66	6 ,361	587	737	78
27	68	4	9 ,332	62 ,66	6 ,555	607	738	78
28	67	4	9 ,332	61 ,66	6 ,361	587	737	79
29	67	4	9 ,332	61 ,66	6 ,361	587	737	78
30	68	4	9 ,332	62 ,66	6 ,555	607	738	78
31	67	4	9 ,332	61 ,66	6 ,361	587	737	78

OCTOBRE 1852.

Observation de 2 heures après midi.

Jours.	Thermomètre humide.	Sécheresse.		Rosée.	Vapeur.		Humidité relative.	
		Observée.	A l'échelle de Daniell.		Poids.	Force élastique.	Échelle hygrométrique.	Hygromètre de Saussure.
1	71°,5	3°,5	8°,166	66°,83	7°,536	0p,699	0°,771	87°
2	72	3	7	68	7 ,785	722	796	87
3	71 ,5	4 ,5	10 ,49	65 ,5	7 ,181	667	712	81
4	71	5	11 ,66	64 ,33	6 ,955	646	690	78
5	71	5	11 ,66	64 ,33	6 ,955	646	690	78
6	70	5	11 ,66	63 ,33	6 ,742	625	689	77
7	71	5	11 ,66	64 ,33	6 ,955	646	690	77
8	70	6	14	62	6 ,388	594	634	75
9	71	5	11 ,66	64 ,33	6 ,955	646	690	76
10	69	6	14	61	6 ,218	577	636	72
11	70	5	11 ,66	63 ,33	6 ,742	625	689	74
12	68	6	14	60	6 ,046	560	638	72
13	70	5	11 ,66	63 ,33	6 ,742	625	689	75
14	71 ,5	3 ,5	8 ,166	66 ,83	7 ,536	699	771	84
15	71	4	9 ,332	65 ,66	7 ,196	667	736	82
16	67 ,5	6 ,5	15 ,16	58 ,83	5 ,863	541	616	70
17	66 ,5	5 ,5	12 ,83	59 ,16	5 ,886	545	663	70
18	67	4	9 ,332	61 ,66	6 ,361	587	737	80
19	68	4	9 ,332	62 ,66	6 ,555	607	738	80
20	69	3	7	65	7 ,125	657	799	85
21	70	3	7	66	7 ,339	678	798	85
22	68 ,5	3 ,5	8 ,166	63 ,83	6 ,897	634	771	84
23	68	4	9 ,332	62 ,66	6 ,555	607	738	82
24	69	4	9 ,332	63 ,66	6 ,770	628	739	82
25	68	4	9 ,332	62 ,66	6 ,555	607	738	78
26	68	4	9 ,332	62 ,66	6 ,555	607	738	76
27	69	4	9 ,332	63 ,66	6 ,770	628	739	80
28	68	5	11 ,66	61 ,33	6 ,335	582	685	77
29	68	4	9 ,332	62 ,66	6 ,555	607	738	78
30	69	4	9 ,332	63 ,66	6 ,770	628	739	78
31	69	4	9 ,332	63 ,66	6 ,770	628	739	78

OCTOBRE 1852.

Observation de 7 heures du soir.

Jours.	Thermomètre humide.	Sécheresse. Observée.	Sécheresse. A l'échelle de Daniell.	Rosée.	Vapeur. Poids.	Vapeur. Force élastique.	Humidité relative. Echelle hygrométrique.	Humidité relative. Hygromètre de Saussure.
1	70°,5	3°,5	8°,166	65°,83	7°,324	0p,678	0°,773	84°
2	72	3	7	68	7 ,785	722	796	87
3	71	4	9 ,332	65 ,66	7 ,196	667	736	82
4	70	5	11 ,66	63 ,33	6 ,742	625	689	78
5	70	5	11 ,66	63 ,33	6 ,742	625	689	78
6	69	5	11 ,66	62 ,33	6 ,528	604	688	77
7	71	5	11 ,66	64 ,33	6 ,955	646	690	77
8	70	5	11 ,66	63 ,33	6 ,742	625	689	79
9	69	5	11 ,66	62 ,33	6 ,528	604	688	76
10	68	6	14	60	6 ,046	560	638	72
11	68 ,5	5 ,5	12 ,83	61 ,16	6 ,230	577	657	74
12	68	6	14	60	6 ,046	560	638	72
13	71	4	9 ,332	65 ,66	7 ,196	667	736	80
14	71 ,5	3 ,5	8 ,166	66 ,83	7 ,536	699	771	83
15	69 ,5	4 ,5	10 ,49	63 ,5	6 ,756	625	712	78
16	66	7	16 ,33	56 ,66	5 ,409	500	588	68
17	66	5	11 ,66	59 ,33	5 ,990	552	693	69
18	67	5	11 ,66	60 ,33	6 ,162	566	688	79
19	68	4	9 ,332	62 ,66	6 ,555	607	738	80
20	69	3	7	65	7 ,125	657	799	86
21	69	3	7	65	7 ,125	657	799	85
22	68	4	9 ,332	62 ,66	6 ,555	607	738	82
23	68	4	9 ,332	62 ,66	6 ,555	607	738	82
24	68	4	9 ,332	62 ,66	6 ,555	607	738	80
25	67 ,5	4 ,5	10 ,49	61 ,5	6 ,348	585	711	77
26	67	4	9 ,332	61 ,66	6 ,361	587	737	75
27	68	4	9 ,332	62 ,66	6 ,555	607	738	80
28	68	4	9 ,332	62 ,66	6 ,555	607	738	78
29	68	4	9 ,332	62 ,66	6 ,555	607	738	77
30	68 ,5	3 ,5	8 ,166	63 ,83	6 ,897	634	771	80
31	68	4	9 ,332	62 ,66	6 ,555	607	738	79

NOVEMBRE 1852.

Observation de 7 heures du matin.

Jours.	Thermomètre humide.	Sécheresse. Observée.	Sécheresse. A l'échelle de Daniell.	Rosée.	Vapeur. Poids.	Vapeur. Force élastique.	Humidité relative. Échelle hygrométrique.	Humidité relative. Hygromètre de Saussure.
1	68°,5	3°,5	8°,166	63°,83	6°,897	0p,634	0°,771	81°
2	68 ,5	3 ,5	8 ,166	63 ,83	6 ,897	634	771	78
3	69	4	9 ,332	63 ,66	6 ,770	628	739	81
4	68 ,5	3 ,5	8 ,166	63 ,83	6 ,897	634	771	81
5	66	6	14	58	5 ,702	526	639	72
6	67	5	11 ,66	60 ,33	6 ,162	566	688	72
7	65 ,5	5 ,5	12 ,83	58 ,16	5 ,715	528	663	71
8	65 ,5	4 ,5	10 ,49	59 ,5	6 ,002	552	716	73
9	66 ,5	4 ,5	10 ,49	60 ,5	6 ,186	567	712	75
10	67	4	9 ,332	61 ,66	6 ,361	587	737	78
11	67	4	9 ,332	61 ,66	6 ,361	587	737	80
12	67	4	9 ,332	61 ,66	6 ,361	587	737	79
13	67	4	9 ,332	61 ,66	6 ,361	587	737	81
14	68	3	7	64	6 ,912	636	798	84
15	67 ,5	3 ,5	8 ,166	62 ,83	6 ,682	613	770	84
16	66	4	9 ,332	60 ,66	6 ,190	568	737	80
17	64	5	11 ,66	57 ,33	5 .638	516	692	75
18	65	4	9 ,332	59 ,66	6 ,016	554	743	80
19	67	3	7	63	6 ,696	615	798	84
20	65	4	9 ,332	59 ,66	6 ,016	554	743	82
21	65	4	9 ,332	59 ,66	6 ,016	554	743	82
22	67	3	7	63	6 ,696	615	798	85
23	67	3	7	63	6 ,696	615	798	86
24	67	3	7	63	6 ,696	615	798	85
25	67	3	7	63	6 ,696	615	798	85
26	67	3	7	63	6 ,696	615	798	85
27	66 ,5	3 ,5	8 ,166	61 ,83	6 ,455	592	768	83
28	66	4	9 ,332	60 ,66	6 ,190	568	737	82
29	65	4	9 ,332	59 ,66	6 , 16	554	743	80
30	65	4	9 ,332	59 ,66	6 ,016	554	743	78

NOVEMBRE 1852.

Observation de 2 heures après midi.

Jours.	Thermomètre humide.	Sécheresse. Observée.	Sécheresse. A l'échelle de Daniell.	Rosée.	Vapeur. Poids.	Vapeur. Force élastique.	Humidité relative. Échelle hygrométrique.	Humidité relative. Hygromètre de Saussure.
1	68°	5°	11°,66	61°,33	6°,335	0p,582	0°,685	77°
2	71	3	7	67	7 ,551	699	797	84
3	69	5	11 ,66	62 ,33	6 ,527	604	688	83
4	65 ,5	6 ,5	15 ,16	56 ,83	5 ,506	506	615	69
5	66	6	14	58	5 ,702	526	639	69
6	65 ,5	5 ,5	12 ,83	58 ,16	5 ,715	528	663	69
7	65	6	14	57	5 ,518	508	638	70
8	66	5	11 ,66	59 ,33	5 ,990	552	693	72
9	67	5	11 ,66	60 ,33	6 ,162	566	688	77
10	69	3	7	65	7 ,125	657	799	86
11	67	4	9 ,332	61 ,66	6 ,361	587	737	79
12	67	4	9 ,332	61 ,66	6 ,361	587	737	80
13	68	3	7	64	6 ,912	636	798	85
14	68	3	7	64	6 ,912	636	798	86
15	66	5	11 ,66	59 ,33	5 ,990	552	693	77
16	66	4	9 ,332	60 ,66	6 ,190	568	737	79
17	65 ,5	4 ,5	10 ,49	59 ,5	6 ,002	552	716	79
18	67	3	7	63	6 ,696	615	798	83
19	68 ,5	2 ,5	5 ,833	65 ,16	7 ,146	659	827	89
20	67 ,5	3 ,5	8 ,166	62 ,83	6 ,671	613	770	84
21	68	3	7	64	6 ,912	636	798	85
22	68	3	7	64	6 ,912	636	798	87
23	67 ,5	3 ,5	8 ,166	62 ,83	6 ,671	613	770	84
24	68	3	7	64	6 ,912	636	798	85
25	67	3	7	63	6 ,696	615	798	85
26	67	3	7	63	6 ,696	615	798	84
27	66	4	9 ,332	60 ,66	6 ,190	568	737	81
28	65	5	11 ,66	58 ,33	5 ,815	533	692	77
29	65	5	11 ,66	58 ,33	5 ,815	533	692	75
30	62	6	14	54	5 ,026	460	637	71

NOVEMBRE 1852.

Observation de 7 heures du soir.

Jours.	Thermomètre humide.	Sécheresse. Observée.	Sécheresse. A l'échelle de Daniell.	Rosée.	Vapeur. Poids.	Vapeur. Force élastique.	Humidité relative. Échelle hygrométrique.	Humidité relative. Hygromètre de Saussure.
1	67°	6°	14°	59°	5°,875	0p,543	0°,639	72°
2	69 ,5	3 ,5	8 ,166	64 ,83	7 ,109	655	771	83
3	68 ,5	4 ,5	10 ,49	62 ,5	6 ,540	604	711	80
4	64	7	16 ,38	54 ,66	5 ,085	470	590	67
5	66	6	14	58	5 ,702	526	639	69
6	65	6	14	57	5 ,518	508	638	69
7	64	6	14	56	5 ,355	492	638	70
8	65	5	11 ,66	58 ,33	5 ,815	533	692	73
9	67	4	9 ,332	61 ,66	6 ,361	587	737	77
10	66	4	9 ,332	60 ,66	6 ,190	568	737	82
11	67	4	9 ,332	61 ,66	6 ,361	587	737	78
12	67	4	9 ,332	61 ,66	6 ,361	587	737	79
13	68	3	7	64	6 ,912	636	798	86
14	68	3	7	64	6 ,912	636	798	85
15	66	5	11 ,66	59 ,33	5 ,990	552	693	77
16	65	5	11 ,66	58 ,33	5 ,815	533	692	75
17	64	5	11 ,66	57 ,33	5 ,638	516	692	77
18	66 ,5	3 ,5	8 ,166	61 ,83	6 ,455	592	768	83
19	67	3	7	63	6, 696	615	798	87
20	66	4	9 ,332	60 ,66	6 ,190	568	737	83
21	67	3	7	63	6 ,696	615	798	85
22	67 ,5	2 ,5	5 ,833	64 ,16	6, 929	638	828	89
23	66 ,5	3 ,5	8 ,166	61 ,83	6 ,455	592	768	84
24	67	3	7	63	6 ,696	615	798	85
25	67	3	7	63	6 ,696	615	798	85
26	66	4	9 ,332	60 ,66	6 ,190	568	737	82
27	66	4	9 ,332	60 ,66	6 ,190	568	737	81
28	63 ,5	5 ,5	12 ,83	56 ,16	5 ,375	494	663	75
29	61	6	14	53	4 ,861	444	635	73
30	63	5	11 ,66	56 ,33	5 ,458	498	689	74

DÉCEMBRE 1852.

Observation de 7 heures du matin.

Jours.	Thermomètre humide.	Sécheresse. Observée.	Sécheresse. A l'échelle de Daniell.	Rosée.	Vapeur. Poids.	Vapeur. Force élastique.	Humidité relative. Échelle hygrométrique.	Humidité relative. Hygromètre de Saussure.
1	65°	4°,	9°,332	59°,66	6°,016	0p,554	0°,743	79°
2	64	4	9 ,332	58 ,66	5 ,844	536	742	78
3	64	4	9 ,332	58 ,66	5 ,844	536	742	80
4	65	4	9 ,332	59 ,66	6 ,016	554	743	80
5	64 ,5	3 ,5	8 ,166	59 ,83	6 ,118	558	772	80
6	64	4	9 ,332	58 ,66	5 ,844	536	742	79
7	65	4	9 ,332	59 ,66	6 ,016	554	743	78
8	62	5	11 ,66	55 ,33	5 ,298	482	689	73
9	63	4	9 ,332	57 ,66	5 ,663	519	742	77
10	64	3	7	60	6 ,132	560	801	79
11	64	3	7	60	6 ,132	560	801	82
12	62	4	9 ,332	56 ,66	5 ,487	502	740	79
13	63 ,5	3 ,5	8 ,166	58 ,83	5 ,944	540	772	79
14	62 ,5	3 ,5	8 ,166	57 ,83	5 ,769	524	772	80
15	64	3	7	60	6 ,132	560	801	82
16	64	3	7	60	6 ,132	560	801	82
17	64	3	7	60	6 ,132	560	801	83
18	64	3	7	60	6 ,132	560	801	83
19	65	3	7	61	6 ,306	577	799	84
20	66	2	4 ,666	63 ,33	6 ,831	623	862	87
21	65	3	7	61	6 ,306	577	799	84
22	65 ,5	2 ,5	5 ,833	62 ,16	6 ,501	596	825	85
23	65	3	7	61	6 ,306	577	799	82
24	63 ,5	3 ,5	8 ,166	58 ,83	5 ,944	540	772	80
25	63 ,5	3 ,5	8 ,166	58 ,83	5 ,944	540	772	80
26	64	3	7	60	6 ,132	560	801	80
27	64	3	7	60	6 ,132	560	801	81
28	64	3	7	60	6 ,132	560	801	79
29	64	3	7	60	6 ,132	560	801	82
30	64	3	7	60	6 ,132	560	801	83
31	62 ,5	3 ,5	8 ,166	57 ,83	5 ,769	524	772	78

DÉCEMBRE 1852.

Observation de 2 heures après midi.

Jours.	Thermomètre humide.	Sécheresse.		Rosée.	Vapeur.		Humidité relative.	
		Observée.	A l'échelle de Daniell.		Poids.	Force élastique.	Échelle hygrométrique.	Hygromètre de Saussure.
1	63°,5	4°,5	10°,49	57°,5	5°,650	0p,517	0°,716	75°
2	64	5	11 ,66	57 ,33	5 ,638	516	692	78
3	65	4	9 ,332	59 ,66	6 ,016	554	743	79
4	63	5	11 ,66	56 ,33	5 ,458	498	689	75
5	63	5	11 ,66	56 ,33	5 ,458	498	689	75
6	64	5	11 ,66	57 ,33	5 ,638	516	692	74
7	64	4	9 ,332	58 ,66	5 ,844	536	742	78
8	64	4	9 ,332	58 ,66	5 ,844	536	742	72
9	64	4	9 ,332	58 ,66	5 ,844	536	742	79
10	64	4	9 ,332	58 ,66	5 ,844	536	742	79
11	64	3	7	60	6 ,132	560	801	84
12	63	4	9 ,332	57 ,66	5 ,663	519	742	77
13	63 ,5	3 ,5	8 ,166	58 ,83	5 ,944	540	772	81
14	63	4	9 ,332	57 ,66	5 ,663	519	742	79
15	63	4	9 ,332	57 ,66	5 ,663	519	742	81
16	64 ,5	3 ,5	8 ,166	59 ,83	6 ,118	558	772	83
17	64	3	7	60	6 ,132	560	801	83
18	65	3	7	61	6 ,306	577	799	84
19	66 ,5	2 ,5	5 ,833	63 ,16	6 ,719	617	828	87
20	64	4	9 ,332	58 ,66	5 ,844	536	742	81
21	64 ,5	3 ,5	8 ,166	59 ,83	6 ,118	558	772	83
22	64 ,5	4 ,5	10 ,49	58 ,5	5 ,829	534	716	79
23	62	5	11 ,66	55 ,33	5 ,298	482	689	75
24	62	4	9 ,332	56 ,66	5 ,487	502	740	77
25	63	3	7	59	5 ,958	543	800	81
26	64	4	9 ,332	58 ,66	5 ,844	536	742	81
27	63	4	9 ,332	57 ,66	5 ,663	519	742	76
28	64 ,5	3 ,5	8 ,166	59 ,83	6 ,118	558	772	81
29	64	4	9 ,332	58 ,66	5 ,844	536	742	80
30	60	6	14	52	4 ,695	428	631	68
31	61 ,5	4 ,5	10 ,49	55 ,5	5 ,310	484	713	75

DÉCEMBRE 1852.

Observation de 7 heures du soir.

Jours.	Thermomètre humide.	Sécheresse. Observée.	Sécheresse. A l'échelle de Daniell.	Rosée.	Vapeur. Poids.	Vapeur. Force élastique.	Humidité relative. Échelle hygrométrique.	Humidité relative. Hygromètre de Saussure.
1	62°,5	4°,5	10°,49	56°,5	5°,475	0p,500	0°,715	74°
2	64	4	9 ,332	58 ,66	5 ,844	536	742	79
3	65	4	9 ,332	59 ,66	6 ,016	554	743	79
4	62	5	11 ,66	55 ,33	5 ,298	482	689	75
5	63 ,5	4 ,5	10 ,49	57 ,5	5 ,650	517	716	78
6	64	5	11 ,66	57 ,33	5 ,638	516	692	76
7	64	4	9 ,332	58 ,66	5 ,844	536	742	78
8	62	5	11 ,66	55 ,33	5 ,298	482	689	74
9	64	4	9 ,332	58 ,66	5 ,844	536	742	79
10	63	4	9 ,332	57 ,66	5 ,663	519	742	78
11	63 ,5	3 ,5	8 ,166	58 ,83	5 ,944	540	772	82
12	63	4	9 ,332	57 ,66	5 ,663	519	742	78
13	63	4	9 ,332	57 ,66	5 ,663	519	742	80
14	63	4	9 ,332	57 ,66	5 ,663	519	742	79
15	63	4	9 ,332	57 ,66	5 ,663	519	742	81
16	64 ,5	3 ,5	8 ,166	59 ,83	6 ,118	558	772	82
17	64	3	7	60	6 ,132	560	801	83
18	64	3	7	60	6 ,132	560	801	85
19	66	3	7	62	6 ,480	594	797	86
20	63 ,5	3 ,5	8 ,166	58 ,83	5 ,944	540	772	83
21	64 ,5	3 ,5	8 ,166	59 ,83	6 ,118	558	772	83
22	65	3	7	61	6 ,306	577	799	80
23	63 ,5	3 ,5	8 ,166	58 ,83	5 ,944	540	772	79
24	62 ,5	4 ,5	10 ,49	56 ,5	5 ,475	500	715	76
25	63	4	9 ,332	57 ,66	5 ,663	519	742	79
26	63	4	9 ,332	57 ,66	5 ,663	519	742	80
27	63	4	9 ,332	57 ,66	5 ,663	519	742	78
28	64	4	9 ,332	58 ,66	5 ,844	536	742	80
29	65	3	7	61	6 ,306	577	799	82
30	61	5	11 ,66	54 ,33	5 ,132	466	687	72
31	60 ,5	4 ,5	10 ,49	54 ,5	5 ,145	468	712	75

JANVIER 1853.

Observation de 7 heures du matin.

Jours.	Thermomètre humide.	Sécheresse. Observée.	Sécheresse. A l'échelle de Daniell.	Rosée.	Vapeur. Poids.	Vapeur. Force élastique.	Humidité relative. Échelle hygrométrique.	Humidité relative. Hygromètre de Saussure.
1	62°	4°	9°,332	56°,66	5°,487	0p,502	0°,740	76°
2	62 ,5	3 ,5	8 ,166	57 ,83	5 ,769	524	772	77
3	63	3	7	59	5 ,958	543	800	79
4	62 ,5	3 ,5	8 ,166	57 ,83	5 ,769	524	772	77
5	63 ,5	3 ,5	8 ,166	58 ,83	5 ,944	540	772	79
6	63 ,5	3 ,5	8 ,166	58 ,83	5 ,944	540	772	79
7	64	3	7	60	6 ,132	560	801	80
8	64	3	7	60	6 ,132	560	801	81
9	64 ,5	3 ,5	8 ,166	59 ,83	6 ,118	548	772	78
10	63 ,5	3 ,5	8 ,166	58 ,83	5 ,944	540	772	80
11	63 ,5	3 ,5	8 ,166	58 ,83	5 ,944	540	772	77
12	63 ,5	3 ,5	8 ,166	58 ,83	5 ,944	540	772	77
13	63 ,5	3 ,5	8 ,166	58 ,83	5 ,944	540	772	79
14	65	3	7	61	6 ,306	557	799	82
15	64 ,5	3 ,5	8 ,166	59 ,83	6 ,118	558	772	79
16	63 ,5	3 ,5	8 ,166	58 ,83	5 ,944	540	772	82
17	64 ,5	3 ,5	8 ,166	59 ,83	6 ,118	558	772	83
18	64 ,5	3 ,5	8 ,166	59 ,83	6 ,118	558	772	82
19	64 ,5	3 ,5	8 ,166	59 ,83	6 ,118	558	772	82
20	64 ,5	3 ,5	8 ,166	59 ,83	6 ,118	558	772	80
21	63	4	9 ,332	57 ,66	5 ,663	519	742	77
22	63	4	9 ,332	57 ,66	5 ,663	519	742	80
23	63	4	9 ,332	57 ,66	5 ,663	519	742	80
24	64	4	9 ,332	58 ,66	5 ,844	536	742	81
25	64	4	9 ,332	58 ,66	5 ,844	536	742	81
26	63	5	11 ,66	56 ,33	5 ,458	498	689	77
27	62 ,5	4 ,5	10 ,49	56 ,5	5 ,475	500	715	79
28	61 ,5	4 ,5	10 ,49	55 ,5	5 ,310	484	713	79
29	60 ,5	4 ,5	10 ,49	54 ,5	5 ,145	468	712	78
30	58 ,5	5 ,5	12 ,83	51 ,16	4 ,582	418	657	76
31	59	5	11 ,66	52 ,33	4 ,773	434	682	77

JANVIER 1855.

Observation de 2 heures après midi.

Jours.	Thermomètre humide.	Sécheresse.		Rosée.	Vapeur.		Humidité relative.	
		Observée.	A l'échelle de Daniell.		Poids.	Force élastique.	Échelle hygrométrique.	Hygromètre de Saussure.
1	62°	6°	14°	54°	5g.026	0p.460	0°.637	73°
2	63	4	9 .332	57 ,66	5 .663	519	742	76
3	62 ,5	4 ,5	10 .49	56 ,5	5 .475	500	715	75
4	63	4	9 ,332	57 .66	5 ,663	519	742	77
5	63	4	9 .332	57 ,66	5 .663	519	742	77
6	64 .5	3 ,5	8 .166	59 .83	6 .118	558	772	80
7	64 .5	3 .5	8 .166	59 ,83	6 ,118	558	772	80
8	64	4	9 .332	58 ,66	5 .844	536	742	79
9	64	4	9 .332	58 .66	5 .844	536	742	77
10	63	4	9 ,332	5[illegible] ,66	5 ,663	519	742	76
11	61	6	14	53	4 ,861	444	635	73
12	65	3	7	61	6 ,306	577	799	80
13	65 .5	3 .5	8 .166	60 ,83	6 .271	575	771	80
14	64 .5	3 ,5	8 ,166	59 .83	6 .118	558	772	80
15	65	3	7	61	6 ,306	577	799	79
16	64 .5	3 .5	8 .166	59 .83	6 .118	558	772	82
17	64 .5	3 .5	8 .166	59 .83	6 .118	558	772	81
18	64 ,5	3 ,5	8 ,166	59 ,83	6 ,118	558	772	80
19	63	4	9 .332	57 ,66	5 .663	519	742	77
20	65	3	7	61	6 ,306	577	799	80
21	64	4	9 ,332	58 .66	5 ,844	536	742	78
22	62 ,5	4 ,5	10 .49	56 ,5	5 .475	500	715	78
23	64	4	9 ,332	58 .66	5 .844	536	742	80
24	63 ,5	4 .5	10 .49	57 ,5	5 ,650	517	716	78
25	63	5	11 ,66	56 ,33	5 .458	498	689	77
26	61	6	14	53	4 ,861	444	635	73
27	58 .5	6 .5	15 ,16	49 ,83	4 .371	399	607	72
28	56 ,5	6 .5	15 .16	47 ,83	4 ,124	374	608	70
29	57 ,5	6 .5	15 .16	48 ,83	4 ,246	386	606	72
30	56 ,5	7 .5	17 ,49	46 ,5	3 ,942	358	562	68
31	59	6	14	51	4 ,551	414	630	75

JANVIER 1853.

Observation de 7 heures du soir.

Jours.	Thermomètre humide.	Sécheresse. Observée.	Sécheresse. A l'échelle de Daniell.	Rosée.	Vapeur. Poids.	Vapeur. Force élastique.	Humidité relative. Échelle hygrométrique.	Humidité relative. Hygromètre de Saussure.
1	62°	5°	11°,66	55°,33	5°,298	0p,482	0°,689	72°
2	62	4	9 ,332	56 ,66	5 ,487	502	740	76
3	63	4	9 ,332	57 ,66	5 ,663	519	742	75
4	63	4	9 ,332	57 ,66	5 ,663	519	742	75
5	63	4	9 ,332	57 ,66	5 ,663	519	742	76
6	63 ,5	3 ,5	8 ,166	58 ,83	5 ,944	540	772	80
7	63 ,5	3 ,5	8 ,166	58 ,83	5 ,944	540	772	80
8	64	3	7	60	6 ,132	560	801	80
9	64	4	9 ,332	58 ,66	5 ,844	536	742	78
10	63 ,5	3 ,5	8 ,166	58 ,83	5 ,944	540	772	78
11	62 ,5	4 ,5	10 ,49	56 ,5	5 ,475	500	715	76
12	63 ,5	3 ,5	8 ,166	58 ,83	5 ,944	540	772	79
13	65 ,5	2 ,5	5 ,833	62 ,16	6 ,501	596	825	82
14	65	3	7	61	6 ,306	577	799	82
15	64 ,5	3 ,5	8 ,166	59 ,83	6 ,118	558	772	78
16	65	3	7	61	6 ,306	577	799	82
17	64	4	9 ,332	58 ,66	5 ,844	536	742	81
18	64 ,5	3 ,5	8 ,166	59 ,83	6 ,118	558	772	79
19	63 ,5	3 ,5	8 ,166	58 ,83	5 ,944	540	772	80
20	64	4	9 ,332	58 ,66	5 ,844	536	742	78
21	63	4	9 ,332	57 ,66	5 ,663	519	742	78
22	63	4	9 ,332	57 ,66	5 ,663	519	742	79
23	64	4	9 ,332	58 ,66	5 ,884	536	742	81
24	63 ,5	4 ,5	10 ,49	57 ,5	5 ,650	517	716	79
25	63 ,5	4 ,5	10 ,49	57 ,5	5 ,650	517	716	78
26	62	5	11 ,66	55 ,33	5 ,298	482	689	76
27	60	5	11 ,66	53 ,33	4 ,939	450	684	74
28	61	5	11 ,66	54 ,33	5 ,132	466	687	74
29	56 ,5	6 ,5	15 ,16	47 ,83	4 ,124	374	608	71
30	58	6	14	50	4 ,406	400	628	73
31	59	6	14	51	4 ,551	414	630	75

FÉVRIER 1853.

Observation de 7 heures du matin.

Jours.	Thermomètre humide.	Sécheresse. Observée.	Sécheresse. A l'échelle de Daniell.	Rosée.	Vapeur. Poids.	Vapeur. Force élastique.	Humidité relative. Échelle hygrométrique.	Humidité relative. Hygromètre de Saussure.
1	59°	5°	11°,66	51°,33	4°,773	0p,434	0°,682	77°
2	59 ,5	4 ,5	10 ,49	53 ,5	4 ,979	452	710	81
3	60	5	11 ,66	53 ,33	4 ,939	450	684	79
4	60	5	11 ,66	53 ,33	4 ,939	450	684	80
5	60 ,5	4 ,5	10 ,49	54 ,5	5 ,145	468	712	80
6	59	5	11 ,66	52 ,33	4 ,773	434	682	77
7	59 ,5	4 ,5	10 ,49	53 ,5	4 ,979	452	710	80
8	59 ,5	4 ,5	10 ,49	53 ,5	4 ,979	452	710	80
9	59 ,5	4 ,5	10 ,49	53 ,5	4 ,979	452	710	79
10	59	5	11 ,66	52 ,33	4 ,773	434	682	78
11	59 ,5	4 ,5	10 ,49	53 ,5	4 ,979	452	710	80
12	59	5	11 ,66	52 ,33	4 ,773	434	682	79
13	58	5	11 ,66	51 ,33	4 ,628	419	681	78
14	59 ,5	4 ,5	10 ,49	53 ,5	4 ,979	452	710	80
15	58	5	11 ,66	51 ,33	4 ,628	419	681	77
16	58	5	11 ,66	51 ,33	4 ,628	419	681	77
17	58	5	11 ,66	51 ,33	4 ,628	419	681	78
18	57 ,5	5 ,5	12 ,83	50 ,16	4 ,436	402	653	76
19	57 ,5	4 ,5	10 ,49	51 ,5	4 ,656	421	708	80
20	59 ,5	3 ,5	8 ,166	54 ,83	5 ,225	474	770	84
21	60 ,5	3 ,5	8 ,166	55 ,83	5 ,391	490	770	84
22	61	3	7	57	5 ,597	508	798	87
23	59 ,5	3 ,5	8 ,166	54 ,83	5 ,225	474	770	84
24	58 ,5	4 ,5	10 ,49	52 ,5	4 ,813	436	708	81
25	56 ,5	5 ,5	12 ,83	49 ,16	4 ,318	390	656	75
26	58	4	9 ,332	52 ,66	4 ,851	438	737	82
27	58	4	9 ,332	52 ,66	4 ,851	438	737	82
28	58 ,5	3 ,5	8 ,166	53 ,83	5 ,059	458	771	84

FÉVRIER 1853.

Observation de 2 heures après midi.

Jours.	Thermomètre humide.	Sécheresse.		Rosée.	Vapeur.		Humidité relative.	
		Observée.	A l'échelle de Daniell.		Poids.	Force élastique.	Échelle hygrométrique.	Hygromètre de Saussure.
1	60°,5	4°,5	10°,49	54°,5	5°,145	0p,468	0°,712	80°
2	59 ,5	5 ,5	12 ,83	52 ,16	4 ,732	430	654	76
3	60	5	11 ,66	53 ,33	4 ,939	450	684	80
4	61	5	11 ,66	54 ,33	5 ,132	466	687	79
5	58 ,5	5 ,5	12 ,83	51 ,16	4 ,582	418	657	75
6	58 ,5	5 ,5	12 ,83	51 ,16	4 ,582	418	657	77
7	59	5	11 ,66	52 ,33	4 ,773	434	682	78
8	56 ,5	6 ,5	15 ,16	47 ,83	4 ,124	374	608	75
9	59	5	11 ,66	52 ,33	4 ,773	434	682	77
10	57	6	14	49	4 ,282	388	630	79
11	56	7	16 ,33	46 ,66	3 ,972	360	585	69
12	56 ,5	6 ,5	15 ,16	47 ,83	4 ,124	374	608	70
13	60	4	9 ,332	54 ,66	5 ,157	470	738	82
14	56 ,5	6 ,5	15 ,16	47 ,83	4 ,124	374	608	72
15	55	7	16 ,33	45 ,66	3 ,846	348	585	69
16	58	5	11 ,66	51 ,33	4 ,628	419	681	77
17	57	6	14	49	4 ,282	388	630	74
18	57 ,5	5 ,5	12 ,83	50 ,16	4 ,436	402	653	76
19	59 ,5	3 ,5	8 ,166	54 ,83	5 ,225	474	770	84
20	61	3	7	57	5 ,597	508	798	88
21	62 ,5	2 ,5	5 ,833	59 ,16	6	545	829	90
22	62	3	7	58	5 ,783	526	800	89
23	59	5	11 ,66	52 ,33	4 ,773	434	682	80
24	57	5	11 ,66	50 ,33	4 ,482	405	681	77
25	57	5	11 ,66	50 ,33	4 ,482	405	681	78
26	57 ,5	4 ,5	10 ,49	51 ,5	4 ,656	421	708	80
27	58 ,5	4 ,5	10 ,49	52 ,5	4 ,813	436	708	80
28	57	6	14	49	4 ,282	388	630	73

FÉVRIER 1853.

Observation de 7 heures du soir.

Jours.	Thermomètre humide.	Sécheresse. Observée.	Sécheresse. A l'échelle de Daniell.	Rosée.	Vapeur. Poids.	Vapeur. Force élastique.	Humidité relative. Echelle hygrométrique.	Humidité relative. Hygromètre de Saussure.
1	59°,5	4°,5	10°,49	53°,5	4°,979	0p,452	0°,710	80°
2	60	5	11 ,66	53 ,33	4 ,939	450	684	79
3	60	5	11 ,66	53 ,33	4 ,939	450	684	80
4	60 ,5	4 ,5	10 ,49	54 ,5	5 ,145	468	712	81
5	58 ,5	5 ,5	12 ,83	51 ,16	4 ,582	418	657	77
6	58 ,5	5 ,5	12 ,83	51 ,16	4 ,582	418	657	77
7	59	5	11 ,66	52 ,33	4 ,773	434	682	79
8	58	6	14	50	4 ,406	400	628	77
9	59	5	11 ,66	52 ,33	4 ,773	434	682	78
10	59	5	11 ,66	52 ,33	4 ,773	434	682	79
11	58	6	14	50	4 ,406	400	628	75
12	57 ,5	5 ,5	12 ,83	50 ,16	4 ,436	402	653	74
13	59 ,5	4 ,5	10 ,49	53 ,5	4 ,979	452	710	80
14	57 ,5	5 ,5	12 ,83	50 ,16	4 ,436	402	653	75
15	57	6	14	49	4 ,282	388	630	73
16	58	5	11 ,66	51 ,33	4 ,628	419	681	77
17	57	6	14	49	4 ,282	388	630	75
18	58	5	11 ,66	51 ,33	4 ,628	419	681	78
19	60	3	7	56	5 ,431	492	800	85
20	61	3	7	57	5 ,597	508	798	86
21	62 ,5	2 ,5	5 ,833	59 ,16	6	545	829	89
22	60	4	9 ,332	54 ,66	5 ,183	470	738	83
23	59 ,5	4 ,5	10 ,49	53 ,5	4 ,979	452	710	80
24	58 ,5	4 ,5	10 ,49	52 ,5	4 ,813	436	708	80
25	58	5	11 ,66	51 ,33	4 ,628	419	681	78
26	57 ,5	4 ,5	10 ,49	51 ,5	4 ,656	421	708	80
27	59	4	9 ,332	53 ,66	5 ,017	454	738	82
28	57 ,5	4 ,5	10 ,49	51 ,5	4 ,656	421	708	80

MARS 1853.

Observation de 7 heures du matin.

Jours.	Tharmomètre humide.	Sécheresse. Observée.	Sécheresse. A l'échelle de Daniell.	Rosée.	Vapeur. Poids.	Vapeur. Force élastique.	Humidité relative. Échelle hygrométrique.	Humidité relative. Hygromètre de Saussure.
1	57°,5	4°,5	10°,49	51°,5	4°,656	0p,421	0°,768	82°
2	57	5	11 ,66	50 ,33	4 ,482	405	681	77
3	56 ,5	5 ,5	12 ,83	49 ,16	4 ,318	390	656	75
4	56 ,5	5 ,5	12 ,83	49 ,16	4 ,318	390	656	76
5	57	5	11 ,66	50 ,33	4 ,482	405	681	78
6	57 ,5	4 ,5	10 ,49	51 ,5	4 ,656	421	768	80
7	58 ,5	4 ,5	10 ,49	52 ,5	4 ,813	436	708	80
8	58 ,5	4 ,5	10 ,49	52 ,5	4 ,813	436	708	80
9	58	5	11 ,66	51 ,33	4 ,628	419	681	78
10	59	5	11 ,66	52 ,33	4 ,773	434	682	78
11	60	4	9 ,332	54 ,66	5 ,183	470	738	82
12	60	4	9 ,332	54 ,66	5 ,183	470	738	83
13	60	4	9 ,332	54 ,66	5 ,183	470	738	82
14	58 ,5	4 ,5	10 ,49	52 ,5	4 ,813	436	708	80
15	58 ,5	4 ,5	10 ,49	52 ,5	4 ,813	436	708	80
16	58	5	11 ,66	51 ,33	4 ,628	419	681	77
17	58	5	11 ,66	51 ,33	4 ,628	419	681	78
18	58 ,5	4 ,5	10 ,49	52 ,5	4 ,813	436	708	80
19	60	4	9 ,332	54 ,66	5 ,183	470	738	79
20	59 ,5	4 ,5	10 ,49	53 ,5	4 ,979	452	710	80
21	61	4	9 ,332	55 ,66	5 ,350	487	741	83
22	61	5	11 ,66	54 ,33	5 ,132	466	687	79
23	59 ,5	5 ,5	12 ,83	52 ,16	4 ,732	430	654	76
24	59	5	11 ,66	52 ,33	4 ,773	434	682	77
25	60	4	9 ,332	54 ,66	5 ,183	470	738	84
26	60 ,5	3 ,5	8 ,166	55 ,83	5 ,394	490	770	85
27	60 ,5	3 ,5	8 ,166	55 ,83	5 ,394	490	770	84
28	60	4	9 ,332	54 ,66	5 ,183	470	738	83
29	60	4	9 ,332	54 ,66	5 ,183	470	738	82
30	59 ,5	4 ,5	10 ,49	53 ,5	4 ,979	452	710	80
31	62	4	9 ,332	55 ,66	5 ,350	487	741	83

MARS 1853.

Observation de 2 heures après midi.

Jours.	Thermomètre humide.	Sécheresse. Observée.	Sécheresse. A l'échelle de Daniell.	Rosée.	Vapeur. Poids.	Vapeur. Force élastique.	Humidité relative. Echelle hygrométrique.	Humidité relative. Hygromètre de Saussure.
1	54°,5	7°,5	17°,49	44°,5	3°,790	0p,334	0°,562	68°
2	55 ,5	6 ,5	15 ,16	46 ,83	4 ,003	362	609	72
3	55	6	14	47	4 ,033	364	630	73
4	56	6	14	48	4 ,158	376	632	74
5	58	5	11 ,66	51 ,33	4 ,628	419	681	78
6	58	5	11 ,66	51 ,33	4 ,628	419	681	77
7	58 ,5	4 ,5	10 ,49	52 ,	4 ,813	436	708	81
8	59	5	11 ,66	52 ,33	4 ,773	434	682	78
9	58	6	14	50	4 ,406	400	628	75
10	59	5	11 ,66	52 ,33	4 ,773	434	682	79
11	60	4	9 ,332	54 ,66	5 ,183	470	738	83
12	58	6	14	50	4 ,406	400	628	75
13	59	5	11 ,66	52 ,33	4 ,773	434	682	77
14	56	7	16 ,33	46 ,66	3 ,972	360	585	70
15	56 ,5	6 ,5	15 ,16	47 ,83	4 ,124	374	608	72
16	55	7	16 ,33	45 ,66	3 ,846	348	585	69
17	59	5	11 ,66	52 ,33	4 ,773	434	682	77
18	58 ,5	5 ,5	12 ,83	51 ,16	4 ,582	418	657	75
19	60	5	11 ,66	53 ,33	4 ,939	450	684	77
20	63 ,5	3 ,5	8 ,166	58 ,83	5 ,944	540	772	84
21	60	6	14	52	4 ,695	428	631	78
22	59	6	14	51	4 ,551	414	630	74
23	59	6	14	51	4 ,551	414	630	73
24	60	4	9 ,332	54 66	5 ,183	470	738	83
25	62	2	4 ,666	59 ,33	6 ,043	548	861	90
26	60	4	9 ,332	54 ,66	5 ,183	470	738	83
27	59 ,5	5 ,5	12 ,83	52 ,16	4 ,732	430	654	80
28	59 ,5	5 ,5	12 ,83	52 ,16	4 ,732	430	654	79
29	60	5	11 ,66	53 ,33	4 ,939	450	684	79
30	60	5	11 ,66	53 ,33	4 ,939	450	684	79
31	62	4	9 ,332	56 ,66	5 ,487	502	740	84

MARS 1853.

Observation de 7 heures du soir.

Jours.	Thermomètre humide.	Sécheresse. Observée.	Sécheresse. A l'échelle de Daniell.	Rosée.	Vapeur. Poids.	Vapeur. Force élastique.	Humidité relative. Échelle hygrométrique.	Humidité relative. Hygromètre de Saussure.
1	57°	5°	11°,66	50°,33	4°,482	0p,405	0°,681	75°
2	56 ,5	5 ,5	12 ,83	49 ,16	4 ,318	390	656	75
3	56	6	14	48	4 ,158	376	632	73
4	57	5	11 ,66	50 ,33	4 ,482	405	681	77
5	58	5	11 ,66	51 ,33	4 ,628	419	681	80
6	58 ,5	4 ,5	10 ,49	52 ,5	4 ,813	436	708	80
7	58 ,5	4 ,5	10 ,49	52 ,5	4 ,813	436	708	81
8	57 ,5	5 ,5	12 ,83	50 ,16	4 ,436	402	653	76
9	58 ,5	5 ,5	12 ,83	51 ,16	4 ,582	418	657	76
10	59	4	9 ,332	53 ,66	5 ,017	454	738	82
11	60	4	9 ,332	54 ,66	5 ,183	470	738	83
12	59	5	11 ,66	52 ,33	4 ,773	434	682	80
13	58	5	11 ,66	51 ,33	4 ,628	419	681	77
14	57	6	14	49	4 ,282	388	630	75
15	56 ,5	6 ,5	15 ,16	47 ,83	4 ,124	374	608	73
16	57	6	14	49	4 ,282	388	630	73
17	59	5	11 ,66	52 ,33	4 ,773	434	682	78
18	58	5	11 ,66	51 ,33	4 ,628	419	681	78
19	59 ,5	4 ,5	10 ,49	53 ,5	4 ,979	452	710	80
20	61	4	9 ,332	55 ,66	5 ,350	487	741	83
21	61	5	11 ,66	54 ,33	5 ,132	466	687	79
22	58 ,5	6 ,5	15 ,16	49 ,83	4 ,371	399	607	71
23	58	6	14	50	4 ,406	400	628	73
24	60	4	9 ,332	54 ,66	5 ,183	470	738	83
25	60 ,5	3 ,5	8 ,166	55 ,83	5 ,391	490	770	85
26	60	4	9 ,332	54 ,66	5 ,183	470	738	83
27	61	4	9 ,332	55 ,66	5 ,350	487	741	82
28	60 ,5	4 ,5	10 ,49	54 ,5	5 ,145	468	712	81
29	59	5	11 ,66	52 ,33	4 ,773	434	682	79
30	61 ,5	3 ,5	8 ,166	56 ,83	5 ,556	505	768	84
31	62	4	9 ,332	56 ,66	5 ,487	502	740	85

AVRIL 1853.

Observation de 7 heures du matin.

Jours.	Thermomètre humide.	Sécheresse. Observée.	Sécheresse. A l'échelle de Daniell.	Rosée.	Vapeur. Poids.	Vapeur. Force élastique.	Humidité relative. Échelle hygrométrique.	Humidité relative. Hygromètre de Saussure.
1	62°	4°	9°,332	56°,66	5°,487	0p,502	0°,740	84°
2	62	4	9 ,332	56 ,66	5 ,487	502	740	83
3	62	4	9 ,332	56 ,66	5 ,487	502	740	83
4	63	4	9 ,332	57 ,66	5 ,663	519	742	84
5	63	4	9 ,332	57 ,66	5 ,663	519	742	84
6	63	4	9 ,332	57 ,66	5 ,663	519	742	83
7	64	4	9 ,332	58 ,66	5 ,844	536	742	84
8	64	4	9 ,332	58 ,66	5 ,844	536	742	83
9	64 ,5	3 ,5	8 ,166	59 ,83	6 ,118	558	772	85
10	65	4	9 ,332	59 ,66	6 ,016	554	743	84
11	66	4	9 ,332	60 ,66	6 ,190	568	737	86
12	65 ,5	3 ,5	8 ,166	60 ,83	6 ,271	575	771	86
13	66	4	9 ,332	60 ,66	6 ,190	568	737	83
14	65	4	9 ,332	59 ,66	6 ,016	554	743	83
15	64 ,5	4 ,5	10 ,49	58 ,5	5 ,829	534	716	81
16	63	5	11 ,66	57 ,33	5 ,638	516	692	79
17	64	5	11 ,66	57 ,33	5 ,638	516	692	79
18	62 ,5	5 ,5	12 ,83	55 ,16	5 ,229	478	661	78
19	63	5	11 ,66	56 ,33	5 ,458	498	689	79
20	62 ,5	4 ,5	10 ,49	56 ,5	5 ,475	500	715	80
21	62 ,5	4 ,5	10 ,49	56 ,5	5 ,475	500	715	80
22	63	5	11 ,66	56 ,33	5 ,458	498	689	78
23	»	»	»	»	»	»	»	»
24	»	»	»	»	»	»	»	»
25	61 ,5	5 ,5	12 ,83	54 ,16	5 ,065	462	660	79
26	62 ,5	5 ,5	12 ,83	55 ,16	5 ,229	478	661	78
27	63	5	11 ,66	56 ,33	5 ,458	498	689	79

AVRIL 1853.

Observation de 2 heures de l'après midi.

Jours.	Thermomètre humide.	Sécheresse. Observée.	Sécheresse. A l'échelle de Daniell.	Rosée.	Vapeur. Poids.	Vapeur. Force élastique.	Humidité relative. Échelle hygrométrique.	Humidité relative. Hygromètre de Saussure.
1	61°,5	4°,5	10°,49	55°,5	5°,310	0p,484	0°,713	81°
2	61	5	11 ,66	54 ,33	5 ,132	466	687	80
3	63 ,5	3 ,5	8 ,166	58 ,83	5 ,944	540	772	86
4	63	5	11 ,66	56 ,33	5 ,458	498	689	80
5	63	5	11 ,66	56 ,33	5 ,458	498	689	79
6	63 ,5	4 ,5	10 ,49	57 ,5	5 ,650	517	716	81
7	64	4	9 ,332	58 ,66	5 ,844	536	742	84
8	64	5	11 ,66	57 ,33	5 ,638	516	692	80
9	64	5	11 ,66	57 ,33	5 ,638	516	692	80
10	66	4	9 ,332	60 ,66	6 ,190	568	737	85
11	66 ,5	3 ,5	8 ,166	61 ,83	6 ,455	592	768	87
12	65 ,5	4 ,5	10 ,49	59 ,5	6 ,002	552	716	82
13	65	5	11 ,66	58 ,33	5 ,815	533	692	80
14	64	5	11 ,66	57 ,33	5 ,638	516	692	80
15	63 ,5	4 ,5	10 ,49	57 ,5	5 ,650	517	716	82
16	64	5	11 ,66	57 ,53	5 ,638	516	692	79
17	62	6	14	54	5 ,026	460	637	75
18	62	5	11 ,66	55 ,33	5 ,298	482	689	78
19	62	5	11 ,66	55 ,33	5 ,298	482	689	77
20	62	6	14	54	5 ,026	460	637	75
21	63	6	14	55	5 ,190	476	638	76
22	»	»	»	»	»	»	»	»
23	»	»	»	»	»	»	»	»
24	61	7	16 ,33	52 ,66	4 ,727	438	606	69
25	62	6	14	54	5 ,026	460	637	75
26	62 ,5	5 ,5	12 ,83	55 ,16	5 ,229	478	661	77
27	63	5	11 ,66	56 ,33	5 ,458	498	689	78

AVRIL 1833.

Observation de 7 heures du soir.

Jours.	Thermomètre humide.	Sécheresse.		Rosée.	Vapeur.		Humidité relative.	
		Observée.	A l'échelle de Daniell.		Poids.	Force élastique.	Échelle hygrométrique.	Hygromètre de Saussure.
1	61°,5	4°,5	10°,49	55°,5	5°,340	0p,484	0°,713	83°
2	61	4	9 ,332	55 ,66	5 ,350	487	741	83
3	63	4	9 ,332	57 ,66	5 ,663	519	742	83
4	63 ,5	4 ,5	10 ,49	57 ,5	5 ,650	517	716	82
5	62 ,5	4 ,5	10 ,49	56 ,5	5 ,475	500	715	81
6	64	4	9 ,332	58 ,66	5 ,844	536	742	85
7	64	4	9 ,332	58 ,66	5 ,844	536	742	83
8	64 ,5	4 ,5	10 ,49	58 ,5	5 ,829	534	716	83
9	64 ,5	4 ,5	10 ,49	58 ,5	5 ,829	534	716	83
10	65 ,5	3 ,5	8 ,166	60 ,83	6 ,271	575	771	87
11	66 ,5	3 ,5	8 ,166	61 ,83	6 ,455	592	768	86
12	65 ,5	4 ,5	10 ,49	59 ,5	6 ,002	552	716	82
13	66	4	9 ,332	60 ,66	6 ,190	568	737	83
14	65 ,5	4 ,5	10 ,49	59 ,5	6 ,002	552	716	81
15	63 ,5	4 ,5	10 ,49	57 ,5	5 ,650	517	716	83
16	64 ,5	4 ,5	10 ,49	58 ,5	5 ,829	534	716	80
17	62	6	14	54	5 ,026	460	637	74
18	62	5	11 ,66	55 ,33	5 ,298	482	689	79
19	62	5	11 ,66	55 ,33	5 ,298	482	689	79
20	62	5	11 ,66	55 ,33	5 ,298	482	689	78
21	62	6	14	54	5 ,026	460	637	76
22	»	»	»	»	»	»	»	»
23	»	»	»	»	»	»	»	»
24	61 ,5	5 ,5	12 ,83	54 ,16	5 ,065	462	660	75
25	62	6	14	54	5 ,026	460	637	75
26	62 ,5	5 ,5	12 ,83	55 ,16	5 ,229	478	661	78
27	63	5	11 ,66	56 ,33	5 ,458	498	689	78

Ces observations hygrométriques attribuent au climat de Funchal un degré notable d'humidité ; il est moindre cependant que celui indiqué par Mason et Heineken, mais supérieur à celui de Mac-Euen et White, et tout nous fait croire qu'il existe réellement en variant aux divers endroits et hauteurs. Voici les proportions de la sécheresse et de l'humidité suivant les mois et les saisons :

1° SÉCHERESSE.

	MAXIMUM.		MINIMUM.		MÉDIUM.	
	hygromètre Mason.	Échelle de Daniell.	hygromètre Mason.	Échelle de Daniell.	hygromètre Mason.	Échelle de Daniell.
Septembre.	7°,	16°,33	3°	7°	4°,5	10°,49
Octobre . . .	7	16 ,33	3	7	4 ,45	10 ,38
Novembre .	7	16 ,33	2 ,5	5 ,833	4 ,15	9 ,681
Décembre .	6	14	2	4 ,666	3 ,78	8 ,807
Janvier. . . .	7 ,5	17 ,49	2 ,5	5 ,833	4 ,134	9 ,644
Février. . . .	7	16 ,33	2 ,5	5 ,833	4 ,8	11 ,19
Mars.	7 ,5	17 ,49	2	4 ,666	4 ,9	11 ,43
Avril.	7	16 ,33	3 ,5	8 ,166	4 ,68	10 ,91
Automne . .	7	16 ,33	2 ,5	5 ,883	4 ,366	10 ,18
Hiver	7 ,5	17 ,49	2	4 ,666	4 ,238	9 ,88

2° HUMIDITÉ.

	MAXIMUM.		MINIMUM.		MÉDIUM.	
	Echelle hygro-métrique.	hygromètre de Saussure.	Echelle hygro-métrique.	hygromètre de Saussure.	Echelle hygro-métrique.	hygromètre de Saussure.
Septembre.	0°,795	89°	0°,588	71°	0°,713	80°,8
Octobre . . .	799	87	588	68	713	78 ,51
Novembre .	827	89	590	67	733	79 ,64
Décembre .	862	87	631	68	752	79 ,47
Janvier. . . .	825	83	562	68	735	77 ,87
Février. . . .	829	90	585	69	691	79 ,04
Mars.	861	90	562	68	687	78 ,67
Avril.	772	87	606	69	706	80 ,7
Automne . .	827	89	588	67	719	79 ,65
Hiver	862	90	562	68	726	78 ,79

Les résultats obtenus avec l'hygromètre de Saussure s'accordent jusqu'à un certain point avec ceux de l'hygromètre Mason, quant au plus ou moins d'humidité, mais non quant à sa proportion moyenne, et il en est de même des hygromètres d'absorption. Nous n'avons jamais obtenu le maximum d'humidité à l'échelle de Saussure, ni le minimum de sécheresse à celle de Mason, qu'on rencontre plus d'une fois dans d'autres observations, et, des jours très-humides ayant eu lieu dans l'hiver où les nôtres furent recueillies, ce fait est en faveur du lieu que nous avions choisi à cet effet.

CHAPITRE V.

TEMPS, NUAGES. — PLUIES. — INONDATIONS. — TEMPÊTES. — ORAGES. — TREMBLEMENTS DE TERRE.

Le voyageur, en vue de Madère, observe aujourd'hui, comme l'observèrent autrefois avec tant d'épouvante ceux qui découvrirent cette île, une atmosphère chargée, nébuleuse; mais en s'approchant, il reconnaît que ces brumes existent seulement sur la cime des montagnes, et qu'en bas, dans la ville, près de la mer et jusqu'à la hauteur de quelques cents pieds, l'atmosphère est limpide et diaphane. Tel est l'état habituel. D'autres fois le temps reste parfaitement clair pendant quelques heures; puis des brouillards apparaissent peu à peu sur les montagnes ou sur la mer, et, chassés par les vents, ils couvrent le ciel rarement en entier. On aperçoit souvent dans leurs intervalles, au-dessus, une seconde couche de nuages ordinairement blancs ou semi transparents, et parfois même on distingue parfaitement trois couches différentes de brouillards à diverses hauteurs, venant de lieux divers et chassés par les vents dans une direction opposée. La couche inférieure la plus transparente se compose de brouillards vaporeux, comme formés de duvet ou de filaments blanchâtres, qui, mus par les vents de mer, sont chassés dans les montagnes où ils restent jusqu'à ce qu'un vent de terre, une température plus élevée, ou leur condensation en pluie les fasse disparaître. Tout cela se passe sans qu'il y ait de pluie, de brouillard dans la ville. Mais si les nuages sont obscurs, denses, mal circonscrits, et si le vent souffle du sud-ouest, ils se réunissent pour couvrir le ciel en entier et la pluie survient.

La formation des nuages à Madère présente les mêmes particularités que dans les autres îles océaniques et sur les côtes. L'apparition des brouillards, leur marche et leur disparition ont lieu avec une régularité, une exactitude admirables; phénomène d'une explication facile. Le matin, la cime des montagnes paraît claire, tandis que l'horizon de la mer est rempli d'obscurs et épais nuages; ou bien il s'élève de l'Océan des vapeurs blanches, plus ou moins séparées, s'amoncelant les unes au-dessus des autres. De légères brises les dirigent ensuite vers la terre où ils rafraîchissent l'atmosphère et modèrent l'action du soleil. Enfin, vers le soir, le temps se brouille, le vent passe ordinairement au nord ou nord-est et pousse de nouveau les brouillards vers la mer, où ils se dispersent ou se dissipent en partie avec le vent. Les nuits sont généralement très-claires, surtout à minuit, et les étoiles brillent d'un éclat tropical. Ces variations se répètent fréquemment plusieurs jours de suite et presque à la même heure. On voit aussi quelquefois, pendant la nuit, une légère brume sur la mer, sur les montagnes, et l'arc-en-ciel nocturne n'est pas un phénomène rare; il est également fréquent dans le jour et parfois d'une grande beauté.

Le mouvement des nuages est généralement lent à cause de la faible intensité du vent; ils restent parfois immobiles pendant des heures entières quand il est calmé ou qu'il va changer de direction. Enfin, leurs différentes couches ont une vitesse et une direction diverses, comme nous l'avons déjà dit, en obéissant à des vents opposés.

Quelques auteurs attribuent un grand nombre de jours beaux et clairs au climat de Funchal, tandis que d'autres en comptent beaucoup plus de pluvieux, brumeux et variables. Tous ont raison, suivant l'heure et la manière de leurs observations. Il y a un certain nombre de jours clairs avec un ciel pur et presque sans nuages ; mais le plus souvent, des nuages apparaissent et disparaissent successivement, rafraîchissant l'atmosphère et interceptant le soleil par intervalles, quoique le temps soit excellent. Il y a aussi des jours brumeux, où les nuages se réunissent et voilent le ciel sans que la pluie survienne ; mais ce temps ne se prolonge guère au-delà de quelques heures et il est très-rare que le soleil reste caché un jour entier. Il est même fréquent de le voir une ou plusieurs heures dans les jours les plus couverts et pluvieux, ce qui permet toujours aux malades de se promener quelque temps. Ces particularités ont donné lieu à cette différence dans le compte des jours beaux, nuageux, brumeux, etc., et produit une contradiction apparente. Il est rare d'observer à Madère une atmosphère claire, sereine, sans nuages tout le jour ou plusieurs jours de suite, avec un ciel resplendissant, lumineux et pur, comme cela se voit fréquemment en Italie, surtout dans sa partie méridionale.

Les observations de Heineken à ce sujet, faites dans une année pluvieuse et humide, ont produit les résultats suivants :

1826.	Jours clairs.	Nuageux	Couverts	Pluvieux	Chargés.	Orageux	*Leste.*
Janvier.......	10	1	5	13	1	1	»
Février.......	22	»	4	»	»	»	1
Mars........	18	»	»	9	2	»	2
Avril........	21	5	»	»	»	»	4
Mai..........	15	5	1	10	»	»	»
Juin.........	12	4	13	1	»	»	»
Juillet.......	17	7	»	3	1	»	»
Août.........	23	»	4	»	2	»	2
Septembre....	9	4	4	11	»	2	»
Octobre......	18	3	1	8	1	»	»
Novembre....	10	»	2	15	»	3	»
Décembre....	14	»	10	4	»	3	»
Année.......	189	29	44	74	7	9	9

D'après ce tableau, les mois d'août et février comptent le plus de beaux jours, tandis que ceux de septembre, janvier et novembre, en comptent le moins. Il y eut 15 jours de pluie en novembre et pas un seul en février, avril et août. Enfin, d'après les saisons, ces variations se divisent ainsi :

1826.	Jours clairs.	Pluvieux.
Hiver	46	17
Printemps	54	19
Eté	52	4
Automne	37	34
Année	189	74

Les observations de Mason sont plus complètes que les précédentes, comme l'indique le tableau suivant :

1834-1835	Beau Temps.				Nuages.				Pluies.				Orages
	Jours.	Heures.	Nuits.	Heures.	Jours.	Heures.	Nuits.	Heures.	Jours.	Heures.	Nuits.	Heures.	Nuits.
Janvier	14	87	11	132	26	211	18	195	14	74	6	45	2
Février	20	142	16	140	22	173	19	184	9	21	1	12	»
Mars	16	156	22	214	6	114	4	112	8	32	5	46	»
Avril	10	137	15	198	12	160	10	123	10	63	5	39	»
Mai	18	218	20	246	10	130	8	104	2	24	2	22	»
Juin	13	163	18	215	19	157	9	124	6	40	2	21	»
Juillet	20	156	23	276	22	210	8	96	7	6	»	»	»
Août	25	243	17	204	17	124	14	166	3	5	1	2	»
Septembre	23	195	19	204	14	140	9	114	5	25	4	42	»
Octobre	19	135	18	192	16	134	8	87	10	103	7	93	3
Novembre	15	114	10	120	21	167	13	132	18	79	13	108	3
Décembre	9	108	16	180	18	208	8	81	10	56	10	111	1
Année	202	1854	205	2321	203	1928	128	1518	102	528	56	541	9

Suivant ce tableau, le plus grand nombre de beaux jours eut aussi lieu en août et septembre, tandis que décembre en compte le moins. On voit aussi qu'il y eut plus de jours nuageux et pluvieux que de nuits.

Voici le chiffre de ces variations quant aux saisons :

1834-1835.	Beau Temps.				Nuages.				Pluie.			
	Jours.	Heures.	Nuits.	Heures.	Jours.	Heures.	Nuits.	Heures.	Jours.	Heures.	Nuits.	Heures.
Hiver	43	337	43	452	66	592	45	460	33	151	17	168
Printemps	44	511	57	658	28	404	22	339	20	119	12	107
Eté	58	562	58	695	58	491	31	386	16	51	3	23
Automne	57	444	47	516	51	441	30	333	33	207	24	243
Année	202	1854	205	2321	203	1928	128	1518	102	528	56	541

Macaulay dit que la moyenne annuelle des jours pluvieux à Madère est de 73.

Enfin, Mac-Euen observa jour par jour, du 11 décembre 1848 au 31 mai 1849 inclusivement, à neuf heures du matin et de une à quatre heures de l'après-midi, les divers états du temps, soit seuls, soit simultanés, qu'il indiqua séparément ainsi que l'état prédominant. En voici le résumé :

1848-1849.	JOURS D'OBSERVATION.	NOMBRE D'OBSERVATIONS.	BEAU TEMPS.		NUAGES.		PLUIE.		BRUINE.		COUVERT		CHARGÉ		OBSCUR.	
			matin.	soir.	matin.	soir.	matin.	soir.	matin.	soir.	matin.	soir.	matin.	soir.	matin.	soir.
Décembre	21	42	10	11	10	16	3	3	»	»	7	2	1	3	1	3
Janvier	31	61	29	24	17	24	»	1	2	2	1	3	»	1	2	1
Février	26	54	24	23	11	15	1	1	1	»	3	2	2	»	7	4
Mars	24	48	12	17	19	21	1	»	1	1	6	1	2	1	5	4
Avril	28	56	25	11	26	25	»	2	1	3	1	2	2	6	»	1
Mai	30	60	29	25	15	24	»	1	»	»	»	2	1	»	»	2
Total	160	321	129	111	98	125	5	8	5	6	18	12	8	11	15	15

On voit qu'il y eut quelques irrégularités dans ces observations. Mais il n'en résulte pas moins que le temps est plus souvent beau le matin que dans l'après-midi. Janvier et mai comptent le plus de beaux jours et décembre le moins, comme dans les observations de Mason. Quant à la pluie et la bruine, il n'y en eut que 24 fois pendant les

160 jours, comprenant trois mois d'hiver, et si l'on remarque que l'observation fut faite matin et soir, on doit conclure qu'il y eut très-peu de jours pluvieux. Il tomba une seule fois de la neige, le 16 avril.

Les observations de Gourlay, quoique comprenant dix années, ne peuvent servir ici, parce qu'elles n'offrent qu'un résumé mensuel du temps, sans indiquer souvent la durée de chaque variation[1].

Observations de l'auteur.

L'examen du temps eut lieu trois fois par jour, aux mêmes heures que nos autres observations, et le résultat en fut noté séparément au moment de l'observation. Mais comme un changement notable survenait parfois dans l'intervalle, nous avons fait un résumé journalier pour indiquer ces variations.

1. L'indication des variations journalières du temps est d'autant plus indispensable, qu'il s'agit ici d'un climat spécial aux affections chroniques des voies respiratoires, sur lesquelles les transitions atmosphériques ont une influence éminemment dangereuse. Or, l'apparition de la pluie, des orages, des tempêtes, un temps chargé ou obscur, amenant d'ordinaire un changement de température, il était important d'en fixer le degré de fréquence, d'intensité et de durée, ce que beaucoup de climatologistes ont omis. D'ailleurs, la situation topographique de Madère indique de fréquentes alternatives à cet égard que l'observation confirme; mais, contrairement à ce qui a lieu en d'autres contrées, ces changements de temps n'ont pas une influence très-marquée sur le thermomètre, comme on a pu le voir. Dans l'isthme de Panama, où nous avons séjourné, il ne se passe guère de jour sans pluie et cependant la température n'en est pas affectée; c'est une pluie circonscrite, passagère qui tombe souvent pendant que le soleil brille.

Observation de 7 heures du matin.

	SEPTEMBRE.	OCTOBRE.	NOVEMBRE.	DÉCEMBRE.	JANVIER.	FÉVRIER.	MARS.	AVRIL.
1	Clair, nuages.	Pluie.	Clair.	Clair.	Clair.	Clair.	Nuages.	Clair.
2	Clair.	Id.	Id.	Nuages.	Id.	Nuages.	Nébuleux.	Id.
3	Id.	Clair.	Id.	Clair.	Id.	Id.	Nuages.	Id.
4	Id.	Id.	Id.	Nébuleux.	Id.	Nébuleux.	Nébuleux.	Id.
5	Pluie, ondées.	Id.	Id.	Id.	Id.	Nuages.	Nuages.	Nuages.
6	Clair.	Id.	Id.	Id.	Id.	Pluie.	Clair.	Id.
7	Id.	Id.	Id.	Pluie.	Id.	Nuages.	Id.	Couvert.
8	Id.	Id.	Nébuleux.	Clair.	Id.	Id.	Id.	Nuages.
9	Id.	Id.	Clair.	Id.	Id.	Clair.	Id.	Pluie.
10	Clair, nuages.	Id.	Id.	Id.	Nébuleux.	Id.	Nuages.	Nuages.
11	Clair.	Id.	Pluie.	Chargé.	Nuages.	Nuages.	Clair.	Clair.
12	Id.	Id.	Clair.	Id.	Nébuleux.	Nébuleux.	Nuages.	Id.
13	Id.	Id.	Pluie, chargé.	Pluie.	Nuages.	Pluie.	Nébuleux.	Id.
14	Id.	Id.	Pluie, tempête.	Clair.	Id.	Clair.	Id.	Id.
15	Id.	Id.	Id.	Id.	Clair.	Id.	Clair.	Id.
16	Id.	Id.	Pluie.	Nuages.	Id.	Id.	Id.	Id.
17	Nébuleux.	Nuageux.	Clair.	Pluie.	Id.	Id.	Id.	Pluie.
18	Clair.	Clair.	Nébuleux, chargé.	Clair.	Id.	Nébuleux.	Id.	Clair.
19	Id.	Pluie.	Clair.	Id.	Id.	Pluie.	Id.	Couvert.
20	Nébuleux.	Nébuleux.	Id.	Nuages.	Id.	Id.	Nuages.	Nuages.
21	Grosse pluie.	Id.	Id.	Clair.	Id.	Clair.	Clair.	Clair.
22	Clair.	Pluie.	Clair, nuages.	Id.	Id.	Pluie.	Id.	Nuages.
23	Clair, nuages.	Clair.	Clair.	Id.	Id.	Nuages.	Nuages.	»
24	Clair.	Id.	Nébuleux.	Nébuleux.	Id.	Id.	Pluie.	»
25	Chargé.	Id.	Id.	Clair.	Id.	Clair.	Id.	Clair.
26	Clair.	Id.	Clair.	Nébuleux.	Nébuleux.	Id.	Nuages.	Id.
27	Pluie.	Id.	Id.	Clair.	Pluie.	Nuages.	Clair.	Id.
28	Clair.	Id.	Id.	Pluie.	Id.	Clair.	Nébuleux	
29	Id.	Id.	Id.	Clair.	Id.		Clair.	
30	Pluie.	Id.	Nébuleux.	Id.	Nuages.		Id.	
31		Id.		Nuages.	Clair.		Nuages.	

Observation de 2 heures après midi.

	SEPTEMBRE.	OCTOBRE.	NOVEMBRE.	DÉCEMBRE.	JANVIER.	FÉVRIER.	MARS.	AVRIL.
1	Clair.	Nébuleux.	Nuages.	Nuages.	Clair.	Nébuleux.	Nuages.	Clair.
2	Clair, nuages.	Clair.	Clair.	Clair.	Id.	Clair.	Clair.	Id.
3	Clair.	Id.	Id.	Id.	Id.	Nébuleux.	Id.	Id.
4	Clair, nuages.	Id.	Id.	Nébuleux.	Id.	Clair.	Nébuleux.	Id.
5	Pluie, ondées.	Id.	Nuages.	Id.	Id.	Pluie.	Clair.	Id.
6	Clair, nuages.	Id.	Id.	Clair.	Nuages.	Clair.	Id.	Id.
7	Id.	Id.	Id.	Nébuleux.	Id.	Nébuleux.	Id.	Id.
8	Clair.	Id.	Nébuleux, chargé.	Clair.	Clair.	Nuages.	Id.	Id.
9	Couvert.	Id.	Nuages.	Nébuleux.	Nuages.	Clair.	Id.	Id.
10	Nébuleux.	Id.	Clair.	Id.	Nébuleux.	Nuages.	Nuages.	Id.
11	Clair.	Nébuleux.	Id.	Chargé.	Clair.	Clair.	Nébuleux.	Id.
12	Clair, nuages.	Couvert.	Nuages.	Nébuleux.	Nébuleux.	Id.	Nuages.	Id.
13	Pluie.	Id.	Pluie, chargé.	Averses.	Nuages.	Couvert.	Clair.	Id.
14	Clair.	Clair.	Pluie, tempête.	Clair.	Id.	Clair.	Id.	Id.
15	Id.	Id.	Clair, tempête.	Id.	Clair.	Id.	Id.	Pluie.
16	Nébuleux.	Id.	Clair.	Id.	Id.	Pluie.	Id.	Clair.
17	Id.	Id.	Id.	Id.	Nébuleux.	Clair.	Id.	Id.
18	Clair.	Pluie.	Nébuleux, couvert	Id.	Id.	Nébuleux.	Id.	Pluie.
19	Nébuleux.	Nébuleux.	Clair, orage.	Chargé.	Clair.	Pluie.	Id.	Id.
20	Id.	Pluie.	Clair.	Clair.	Id.	Id.	Id.	Clair.
21	Clair.	Nébuleux.	Id.	Id.	Id.	Clair.	Id.	Id.
22	Id.	Id.	Id.	Id.	Id.	Pluie.	Id.	»
23	Id.	Pluie.	Nébuleux.	Id.	Id.	Clair.	Id.	»
24	Clair, Nuages.	Clair.	Clair.	Id.	Id.	Id.	Pluie.	Clair.
25	Pluie.	Nuages.	Couvert.	Pluie.	Id.	Id.	Couvert.	Id.
26	Id.	Clair.	Clair.	Clair.	Nébuleux.	Id.	Nuages.	Id.
27	Id.	Id.	Nébuleux.	Nébuleux.	Pluie.	Id.	Clair.	Id.
28	Nébuleux.	Nuages.	Clair.	Clair.	Nébuleux.	Id.	Id.	
29	Clair.	Clair.	Nébuleux.	Nébuleux.	Id.		Id.	
30	Id.	Id.	Clair.	Clair.	Clair.		Id.	
31		Id.		Id.	Nuages.		Id.	

Observation de 7 heures du soir.

	SEPTEMBRE.	OCTOBRE.	NOVEMBRE.	DÉCEMBRE.	JANVIER.	FÉVRIER.	MARS.	AVRIL.
1	Clair.	Nébuleux.	Clair.	Clair.	Clair.	Clair.	Clair.	Clair.
2	Id.	Nuages.	Id.	Id.	Id.	Id.	Id.	Id.
3	Clair, nuages.	Clair.	Id.	Id.	Id.	Id.	Nuages.	Id.
4	Clair.	Id.	Id.	Nébuleux.	Id.	Id.	Nébuleux.	Id.
5	Pluie, couvert.	Id.	Id.	Clair.	Id.	Pluie.	Nuages.	Id.
6	Clair.	Id.	Id.	Id.	Nuages.	Nuages.	Clair.	Ip.
7	Id.	Id.	Id.	Pluie.	Clair.	Pluie.	Id.	Id
8	Nuages, clair.	Pluie.	Nébuleux.	Nuages.	Id.	Clair.	Id.	Id.
9	Couvert.	Clair.	Clair.	Clair.	Id.	Id.	Id.	Id.
10	Nébuleux.	Id.	Id.	Nébuleux.	Nébuleux.	Id.	Nuages.	Nuages.
11	Clair.	Nébuleux,couvert	Nébuleux.	Pluie.	Clair.	Id.	Pluie.	Clair.
12	Id.	Couvert.	Clair.	Clair.	Id.	Id.	Clair.	Id.
13	Pluie.	Pluie.	Id.	Nébuleux.	Id.	Couvert, chargé.	Nébuleux.	Id.
14	Clair.	Clair.	Pluie.	Clair.	Id.	Clair.	Clair.	Id.
15	Pluie.	Nébuleux.	Nuages.	Id.	Id.	Id.	Id.	Pluie.
16	Id.	Clair.	Clair.	Id.	Id.	Nébuleux.	Id.	Clair.
17	Pluie, couvert.	Id.	Id.	Pluie.	Id.	Clair.	Id.	Id.
18	Clair.	Pluie.	Nébuleux.	Clair.	Id.	Nébuleux.	Id.	Pluie.
19	Nébuleux.	Id.	Clair, orage.	Pluie.	Id.	Pluie, chargé.	Id.	Id.
20	Id.	Id.	Clair.	Clair.	Id.	Id.	Id.	Clair.
21	Pluie.	Clair.	Id.	Id.	Id.	Nébuleux	Id.	Id.
22	Nuages, clair.	Id.	Id.	Id.	Id.	Clair.	Id.	▪
23	Clair.	Id.	Nébuleux,couvert	Id.	Id.	Id.	Nébuleux.	▪
24	Id.	Id.	Clair.	Nébuleux.	Id.	Id.	Clair.	Clair.
25	Pluie.	Id.	Id.	Id.	Nuages.	Nuages.	Pluie.	Id.
26	Pluie, couvert.	Nuages.	Id.	Id.	Nébuleux.	Clair.	Clair.	Id.
27	Nébuleux.	Id.	Nébuleux,couvert	Pluie.	Pluie.	Id.	Id.	Id.
28	Id.	Clair.	Clair.	Nuages.	Id.	Id.	Id.	
29	Clair.	Id.	Nébuleux,couvert	Pluie.	Id.		Id.	
30	Pluie.	Id.	Nébuleux.	Nébuleux.	Clair.		Id.	
31		Nuages.		Clair.	Nuages.		Id.	

Résumé journalier.

	SEPTEMBRE.	OCTOBRE.	NOVEMBRE.	DÉCEMBRE.	JANVIER.	FÉVRIER.	MARS.	AVRIL.
1	Beau temps.	Ondées.	Beau temps.	Beau temps.	Pluie la nuit.	Beau temps.	Beau temps.	Beau temps.
2	Id.	Beau temps.	Id.	Id.	Id.	Id.	Id.	Id.
3	Id.	Id.	Id.éclairs.	Id.	Beau temps.	»	Id.	Id.
4	Id.	Id.	Id.	Couvert.	Id.	Id.bruine	Couvert.	Id.
5	Couvert, pluie.	Id.	Id.	Id.	Id.	Pluie.	Pluie à midi.	Id.
6	Beau temps.	Id.	Id.	Chargé, pluie.	Id.	»	Beau temps.	Id.
7	Id.	Id.	Id.	Pluie le soir.	Id.	Neige.	Id.	*Leste*,orage,pluie
8	Id.	»	Chargé.	Beau temps.	Id.	Pluie la nuit.	Id.	Beau temps.
9	Variable, couvert.	Id.	beau temps, ondée	Ondées à midi.	Id.	Beau temps.	Id.	Bruine.
10	Couvert.	Id.trembl.deterre	»	Pluie.	»	Id.	Id.	Beau temps.
11	Beau temps.	»	»	Pluie, orage.	Id.	Bruine.	Bruine.	Id.
12	Id.	»	Id.	Id.	»	Pluie.	Beau temps.	Id.
13	Pluie.	»	»	Pluie abondante.	Id.	Chargé, pluie.	Id.	Id.
14	Beau temps.	Pluie.	Orage, tempête.	Beau temps.	Id.	Pluie.	Id.bruine	Id.
15	Variable, pluie.	Ondées.	Tempête.	Id.	Id.	Orage.	Id.	Pluie, couvert.
16	Pluie.	Eclairs, ondées.	Beau temps.	Id.	Id.	Pluie, neige.	Id.	Beau temps.
17	Pluie, couvert.	Orage la nuit.	Id.	»	Id.	Pluie	Id.	Pluie, variable.
18	Beau temps.	Orage, tempête.	Fortes ondées.	Id.	Id.	Pluie la nuit.	Id.	Id.
19	Variable, couvert.	»	Orage.	Forte pluie, orage	Id.	Chargé, pluie.	Id.	Pluie, couvert.
20	Couvert.	Orage, ondées.	Beau temps.	Beau temps.	Id.	Id.	Id.	Beau temps
21	Pluie abondante.	»	Id.	Id.	Id.	Pluie la nuit.	Id.	Id.
22	»	Pluie le matin.	Id.	Id.	Id.	Chargé, tempête.	Id.	»
23	Beau temps.	Pluie à midi.	»	»	Id.	Beau temps.	Id.	»
24	Id.	Beau temps.	Id.	»	Id.	Id.	Couvert le matin.	Beau temps
25	»	Id.	»	»	Id.	Id.	Bruine, couvert.	Id.
26	»	Id.	Id.	Id.	Averses le soir.	Id.	Bruine.	Id.
27	»	Id.	»	»	Pluie, orage.	Id.	Beau temps.	Id.
28	»	Id.	Id.	Id.	Orage la nuit.	Id.	Id.bruine	
29	Beau temps.	Id.	»	Ondées la nuit.	Averses.		Id.	
30	Pluie.	Id.	»	Ondées le soir.	»		Id.	
31		Id.		Neige.	»		Id.	

Nous ajouterons que la neige, signalée trois fois dans ce tableau, tomba avec abondance dans les montagnes durant la nuit du 26 au 27 janvier après un vent extrême, et que le baromètre, déjà descendu la veille, s'abaissa jusqu'à 12^{m} durant la nuit. Il en tomba encore dans la nuit du lendemain, et le thermomètre descendit à 48°. Il y eut aussi de fortes tempêtes. Ainsi, le 17 octobre, le vent s'éleva dans l'après-midi et obligea les navires du port à lever l'ancre et à prendre le large; de violents coups de vent eurent lieu pendant la nuit, un gros arbre du jardin se brisa et la tempête se prolongea pendant cinq jours consécutifs. Les navires furent encore obligés de prendre le large le 13 novembre et le 11 décembre dans l'après-midi.

Voici maintenant les différences du temps suivant les mois et les saisons :

	Jours de beau temps	Jours nébuleux.	Jours variables.	Jours pluvieux.	Jours de tempête	Jours d'orage.
Septembre..	15	5	8	10	»	»
Octobre....	18	3	10	12	5	3
Novembre..	18	3	12	7	2	2
Décembre. .	14	5	12	12	»	3
Janvier. ...	23	3	5	6	1	2
Février. ...	15	4	9	14	3	1
Mars	20	3	8	6	»	»
Avril	19	1	6	6	»	»
Automne...	51	11	30	29	7	5
Hiver......	52	12	26	32	4	6

Comme il y a beaucoup de jours beaux et clairs où des nuages apparaissent quelque temps et que le vent de terre dissipe sur l'Océan ou que celui de la mer emporte sur la cime des montagnes, nous les avons réunis avec ceux qui étaient entièrement clairs au moment de l'observation sous le nom de jours de beau temps, réservant celui de nébuleux à ceux où le ciel est couvert de nuages une grande partie du jour sans laisser pénétrer les rayons solaires. Le *leste* se manifesta une seule fois en avril.

La pluie s'observe tous les mois; l'été compte en général moins de jours pluvieux que l'hiver : mais il pleut certaines années plus de jours et plus d'heures dans le printemps et l'automne que dans l'hiver. C'est ordinairement une grosse pluie, de manière qu'en peu de temps le volume d'eau est considérable. Il est rare qu'il pleuve tout le jour ou toute la nuit, comme on a pu le voir ; ce n'est ordinairement que pendant quelques heures, avec de longs intervalles de beau temps et parfois même d'un temps clair. La pluie tombe le plus souvent directement et presque sans impulsion du vent ; très-rarement elle est poussée avec force et violence.

La quantité annuelle de pluie a été calculée par plusieurs observateurs avec des résultats différents, qui varient suivant l'époque de leurs observations. Voici ceux d'Heberden :

	1747.	1748.	1749.	1750.
Janvier	20p,525	8p,600	2p,097	7p,150
Février	0 ,485	10 ,958	1 ,203	1 ,771
Mars	4 ,339	5 ,841	0 ,932	1 ,123
Avril	0 ,528	0 ,722	0 ,777	1 ,039
Mai	0 ,353	»	5 ,290	1 ,087
Juin	1 ,321	0 ,420	0 ,113	0 ,226
Juillet	0 ,200	»	»	0 ,176
Août	0 ,018	2 ,700	»	0 ,003
Septembre	0 ,540	0 ,810	0 ,855	1 ,682
Octobre	0 ,010	3 ,303	1 ,512	6 ,601
Novembre	5 ,181	2 ,654	3 ,059	5 ,611
Décembre	7 ,351	1 ,500	6 ,527	1 ,882
Total	40 ,851	37 ,508	22 ,365	27 ,351

Ce qui donne une moyenne annuelle de 32 p. 021.

Cet auteur dit que la sécheresse fut telle en 1749 et

1750, que le blé brûla ainsi que les arbres fruitiers, les pêchers surtout. Les fruits tombèrent verts ou furent mangés par les vers. Il ajoute que la quantité d'eau tombée de 1747 à 1753 fut de 214 p. 346, dont la moyenne annuelle est de 30 p. 62, que nous croyons la plus exacte d'après les observations subséquentes. Le *Physical-Atlas* évalue cette moyenne annuelle de pluie à 29 p. 82.

Voici maintenant les résultats donnés par Heineken :

	1825.	1826.		1825.	1826.
Janvier........	1p,83	5p,32	*Report*....	10p,37	13p,16
Février.........	1 ,79	0			
Mars...........	2 ,32	3 ,72	Août...........	1 ,62	»
Avril..........	1 ,66	0 ,04	Septembre......	2 ,56	1 ,41
Mai............	1	3 ,29	Octobre........	0 ,67	1 ,18
Juin...........	1 ,05	0 ,02	Novembre......	1 ,8	18 ,61
Juillet.........	0 ,72	0 ,77	Décembre......	3 ,41	8 ,99
A reporter.	10 ,37	13 ,16	Total.....	20 ,43	43 ,35

On voit que la différence est plus que double entre ces deux années, dont la moyenne est de 31 p. 89.

Observations de White.

1850-1851.	Jours de pluie.	Quantité d'eau.	1851-1852.	Jours de pluie.	Quantité d'eau.
Janvier......	3	1p,655	*Report*	45	8p,420
Février......	1	0 ,094	Octobre.....	12	5 ,607
Mars........	9	3 ,636	Novembre ...	1	0 ,090
Avril........	2	0 ,840	Décembre ...	8	6 ,877
Mai.........	5	1 ,775			
Juin........	6	0 ,420	Année	66	20 ,994
Juillet.......	4	»			
Août........	5	»	Janvier......	3	1 ,529
Septembre...	10	»	Février......	12	5 ,355
			Mars........	0	»
A reporter.	45	8 ,420	Avril........	10	3 ,800

Sur cette quantité annuelle de 20 p. 994 de pluie tombée en 1850, il convient de déduire les mois de juin, juillet et août, pendant lesquels le pluvimètre ne fut pas exposé.

Il résulte de toutes ces observations que la quantité annuelle de pluie diffère beaucoup d'une année à l'autre, et qu'il y a à Funchal comme ailleurs des années sèches et d'autres pluvieuses. Le nombre de jours pluvieux n'est souvent en rapport ni avec la durée ni avec la quantité de pluie. La plus grande quantité mensuelle fut de 20 p. 525 en janvier 1747; Heineken en vit tomber 18 p. 61 en novembre 1826. Un ou plusieurs mois se passent assez souvent sans pluie ; les observateurs signalent ce fait particulièrement en août. Heineken l'a vu arriver en février et août ; White en juillet, août et septembre. La plus grande quantité de pluie tombe ordinairement en hiver, bien qu'en 1826 cela ait eu lieu en automne.

Observations de l'auteur.

La quantité de pluie fut calculée avec un pluvimètre. En septembre et octobre, cet instrument était placé dans le *Valle* à 300 pieds au-dessus du niveau de la mer ; les quatre mois suivants, dans l'endroit des *Angustias*, à 120 pieds au-dessus de ce niveau et à 136 pieds les deux derniers. La pluie commença à être recueillie dans le pluvimètre le 17 septembre et nous en obtînmes 1 pouce jusqu'au 22; ensuite cet instrument était examiné tous les jours à neuf heures du matin, quelquefois à deux heures de l'après-midi, notamment le 14 et le 19 novembre, et très-rarement à d'autres heures.

En voici les résultats :

	Septembre.	Octobre.	Novembre.	Décembre.	Janvier.	Février.	Mars.	Avril.
1		1p,3			0p,0225			
2		0 ,41						
3					0 ,0175			
4								
5								
6						0p,38		
7				0p,98		0 ,025		
8				0 ,055		0 ,1375		0p,001
9		0 ,04						0 ,005
10			0p,395	0 ,29				
11			0 ,13	0 .265				
12				0 ,79		0 ,005	0p,035	
13			0 ,34	0 ,0375		0 ,4375		
14		0 ,32	2 ,025	0 ,4275		0 ,745		
15		0 ,11	0 ,12			0 ,0125	0 ,0005	
16			0 ,13			0 ,005		0 ,02
17		0 ,42		0 ,065		0 ,3		0 ,025
18		0 ,67		0 ,0175		0 ,0025		
19		0 ,36	1 ,63	0 ,785		0 ,0225		0 ,455
20						1 ,315		0 ,167
21		0 ,28				4 ,95		
22	1p	0 ,225				3 ,2615		
23								
24		0 ,8					0 ,77	
25	0 ,08						1 ,2	
26	0 ,1				0 ,0375		0 ,05	
27	0 ,06			0 ,0025	0 ,305			
28				0 ,0025	1 ,0975		0 ,1	
29					0 ,3675			
30			0 ,0375	0 ,115	0 ,1775			
31				0 045				
TOTAL....	1 ,24	4 ,935	4 ,8075	3 ,8775	2 ,025	11 ,599	2 ,1555	0 ,673

Ce qui donne un total de 10 p. 9825 pour l'automne, 17 p. 5015 pour l'hiver et 31 p. 3125 d'eau obtenue dans notre pluvimètre du 17 septembre au 27 avril suivant, c'est-à-dire huit mois environ ; nombre supérieur à la moyenne annuelle de 30 pouces, mais beaucoup inférieur aux quantités obtenues certaines années. Si l'on tient compte des quatre mois qui manquent pour compléter l'année, lesquels, sans être pluvieux, donnent cependant toujours une certaine quantité d'eau, et si nous ajoutons que, le 22 février, le pluvimètre se remplit et déborda au point de ne pouvoir calculer la quantité d'eau perdue, on doit conclure que la quantité de pluie tombée cette année fut au-dessus de la moyenne ordinaire. L'opinion générale s'accorde à reconnaître que l'hiver fut plus pluvieux cette année que les autres, et ce fait s'accorde également avec ce qui arriva en Europe dans cette saison.

De la comparaison des résultats précédents avec ceux fournis par d'autres pluvimètres placés dans divers endroits de Funchal et d'autres observations, nous croyons qu'il tombe des quantités très-différentes de pluie dans les divers lieux de la ville et les diverses parties de l'île, et il est certain que ces différences sont en raison de la hauteur des lieux au-dessus de la mer. Ce fait est confirmé par la simple inspection, par les traditions populaires et tous les autres phénomènes hygrométriques ayant lieu dans l'île.

Il existe une certaine relation entre la pluie et les vents comme avec la pression atmosphérique, la température et le degré d'humidité, ainsi que nous l'avons signalé. Les pluies abondantes et prolongées coïncident ordinairement avec les vents du sud et de l'ouest, tandis qu'elles sont moins copieuses et moins durables avec les vents du nord et de l'est ; de telle sorte qu'en consultant le baromètre, le vent et les nuages, on peut assez souvent prévoir la pluie. Les pêcheurs indigènes l'annoncent fréquemment d'après ces signes et la forme, la couleur des nuages, le soir à l'horizon. Les saisons, l'époque de l'année aident aussi à cet égard; ainsi, ces signes ont plus d'importance en mars et octobre qu'en d'autres mois.

Il pleut souvent abondamment dans les montagnes, tandis que le temps est beau et clair à Funchal. Mais cette observation se rapporte exclusivement à la ville. Il y tombe rarement de la grêle et jamais de neige pour ainsi dire, quoiqu'il en tombe presque chaque hiver sur la Cordillière pendant quelques jours; ce qui produit du froid en ville quand elle ne fond pas immédiatement. Dans ce cas, on la recueille pour l'usage ordinaire et on la conserve dans des réservoirs propres à cet effet. Des hivers se passent sans qu'il en tombe, comme de 1851 à 1852.

Quoique la quantité de pluie s'écoulant des montagnes soit considérable certaines années, elle est rarement nuisible, à cause de l'inclinaison du sol et des cours d'eau qui en facilitent le rapide écoulement. Toutefois, dans quelques cas rares, ces pluies ont été si abondantes et si subites, qu'elles produisirent des torrents, des débordements, des inondations qui jetèrent la ville dans l'épouvante et la consternation et causèrent la perte d'un grand nombre de personnes et de propriétés. C'est ainsi qu'en 1803 la rivière de Notre-Dame de *Calhau* déborda en rompant ses digues en partie et détruisant les ponts et quelques maisons du voisinage ; une partie de l'église de *Calhau* fut même emportée par l'impétuosité du torrent ainsi que les pierres, les rochers qu'il détachait et entraînait. Rien ne résista à l'épouvantable force de l'eau et à la vélocité que lui donnait un sol si déclive. Les ravages furent immenses, la terreur et la confusion générales, le spectacle grandiose, mais des plus tristes. La mort de trois cents personnes, la perte d'une quantité considérable de bétail, de vin, de blé et de toute espèce de denrées et de récoltes furent les conséquences de cette horrible catastrophe. Une épouvantable scène de désolation et de douleur y succéda ; la mer s'éleva au-dessus de son niveau. Cette calamité fut annoncée par une atmosphère chargée, noire et menaçante, et une descente rapide et notable du baromètre. Quelques-uns pensèrent qu'une trombe était tombée dans les montagnes, et il fallut en effet que la chute d'eau fût considérable et instantanée pour qu'une telle quantité pût s'accumuler sur une pente si rapide. Cette inondation et une autre survenue en 1842, eurent lieu en octobre, époque des plus grandes pluies et des plus mauvais temps, et coïncidèrent avec les vents du sud et du sud-ouest. En 1842, la tempête, avec vent de sud, lança à la côte plusieurs navires qui ne purent gagner le large et dont la plupart furent perdus avec quelques personnes d'équipage. D'après quelques-uns, des catastrophes analogues étaient déjà survenues précédemment, à des intervalles à peu près semblables.

Il y a de faibles orages, six à douze fois l'année. Les fortes tempêtes sont très-rares, mais parfois elles ont des proportions épouvantables pour les navires à l'ancre, s'ils ne gagnent immédiatement le large. L'impétuosité des vents du sud et la violence des vagues rompent ordinairement les amarres et jettent inévitablement les navires à la côte. Des trombes s'observent parfois en mer à peu de distance de l'île.

Quant aux tremblements de terre, il ne serait pas étonnant qu'ils ne fussent forts et fréquents dans un pays de formation volcanique comme Madère ; mais, différence remarquable entre cette île et les autres de l'Atlantique, ce phénomène y est rare et sans grande intensité, peut-être parce que les anciens volcans y sont éteints depuis longtemps. Il y en eut un pendant notre séjour, le 10 octobre, à neuf heures et demie du soir, avec ébranlement instantané de l'est à l'ouest. Il ne causa aucun dégât et parut plutôt un simple mouvement de consensus comme il en apparaît à de longs intervalles.

CHAPITRE VI.

VENTS.

Il n'est pas facile de présenter de bonnes observations sur les vents : soit parce que les instruments employés ordinairement ici pour les reconnaître sont peu convenables, soit parce que leurs résultats, n'ayant pas été confirmés par d'autres procédés, peuvent être erronés. Une difficulté semblable existe dans tous les pays montagneux, tandis que dans les pays plats la simple observation de la fumée est une indication suffisante de la direction du vent. La forme demi-circulaire de la rade de Funchal qui se continue jusqu'au sommet des montagnes, en protégeant la ville des vents du nord, réfléchit les autres vents dans les divers points de sa circonférence où ils prennent ensuite des directions très-variées suivant les lieux où on les observe et les communiquent par conséquent aux girouettes. Si l'on joint à cela la disposition des montagnes et des rochers, séparés les uns des autres par des dépressions très-prononcées et de grandes excavations, les sillons profonds et tortueux qui traversent la ville et autres inégalités du sol où les courants s'insinuent et se réfléchissent, on aura une idée de la difficulté qu'il y a parfois à reconnaître l'exacte direction du vent, difficulté reconnue par tous les observateurs et confirmée par l'opinion publique.

Pour obvier à ces causes d'erreur et obtenir la véritable direction des vents, quelques-uns observent le mouvement des vagues, la marche des navires en vue ou la direction des drapeaux et de la proue de ceux ancrés au large. Mais le procédé le plus généralement suivi est de déterminer la direction du vent par celle des nuages qui se meuvent au-dessus de la tête de l'observateur ou à peu près, les nuages éloignés pouvant donner lieu à des illusions d'optique. En examinant ces nuages, on remarque très-souvent deux ou trois directions différentes et parfois opposées suivant la hauteur de leurs couches. La direction de la couche inférieure a été généralement le guide des observateurs pour fixer celle du vent sans négliger les autres moyens de comparaison.

Outre ces considérations spéciales sur l'examen des vents à Funchal, en voici d'autres plus générales. La position de l'île et l'élévation de la cordillière, de l'est à l'ouest, abritant des vents du sud une partie de la côte septentrionale et la plus grande partie de la côte méridionale de ceux du nord, qui prédominent à Madère, il en résulte que, lorsqu'ils soufflent, la mer, en face de la ville et sur les côtés, est calme et tranquille, au point que les navires ne peuvent naviguer, tandis qu'au large, à l'est et à l'ouest de l'île, le vent est frais et la mer agitée. Bien que les vents généraux soient fréquemment du nord, il arrive que, près de Funchal, la brise vient presque toujours du sud et de l'ouest; de manière que les embarcations passant entre la pointe *S. Lourenço* et l'île *Desertas* prennent la direction du sud-ouest avant d'arriver au cap *Garajão* et s'éloignent de la ville pour entrer avec le vent ou l'*embate* comme l'appellent les indigènes. Cette particularité est si fréquente qu'elle est signalée comme une règle particulière sur les cartes marines pour les navires venant du nord.

Il existe durant une grande partie de l'année des alternatives de vent de terre et de mer qui se succèdent à des heures presque régulières; ce qui contribue, sans doute, à la suavité, à la régularité de la température et à la salubrité de la ville. Ces vents viennent ordinairement du N. N. E., et du S. S. O. Le matin, de huit à neuf heures, quand la température commence à s'élever, le vent de mer souffle doucement, rafraîchit l'atmosphère et entretient une chaleur modérée; puis, sur les quatre heures du soir, le vent tombe en laissant une température douce pendant quelque temps et ensuite le vent du nord ou du nord-est recommence à souffler doucement en soulevant les émanations de la ville et les dispersant sur l'immensité de l'Océan. Cette alternative bienfaisante de vents contraires, qui a lieu également dans d'autres pays maritimes et surtout dans les îles, est presque constante en été, tandis qu'elle présente beaucoup d'anomalies en hiver.

Mason dit que, dans son habitation, les vents se manifestaient de la manière suivante :

En mars, le vent de terre s'élevait de six à neuf heures du soir et persistait toute la nuit et celui de mer y succédait le matin de huit à neuf heures jusqu'au coucher du soleil.

En avril, celui-ci commençait à huit heures du matin et tournait au nord-ouest à six heures du soir. Il y avait des vents irréguliers au milieu du mois qui se régularisaient à la fin.

En mai et juin, le vent de mer avait lieu régulièrement à neuf heures du matin et celui de terre à neuf heures du soir.

En juillet et août, ces alternatives se manifestaient une demi-heure plus tôt.

En septembre, vents réguliers et de même en octobre, mais celui de terre venait plus tôt, et, lorsqu'il se prolongeait après neuf heures du matin, il y avait de la pluie durant le reste du jour.

En novembre et décembre, vents irréguliers dans le jour et réguliers la nuit.

En janvier et février, vents réguliers au commencement et irréguliers à la fin.

Outre ces variations plus ou moins régulières aux diverses époques de l'année, il y a les vents généraux qui soufflent plus du nord et de l'est durant l'été; ceux du sud et de l'ouest existent modérément dans l'automne et le printemps, mais parfois ils prennent tout à coup et passagèrement un développement tel, que les navires sont obligés de lever l'ancre et d'aller s'abriter sur le côté opposé de l'île. Suivant les observations de Mason, ce vent produit une certaine humidité qui s'accumule pour la nuit et que les instruments décèlent. Le vent de terre dissipe à son tour cette humidité, et dès le milieu de la nuit l'atmosphère est plus sèche et le matin elle a entièrement perdu l'humidité qu'elle avait acquise la veille. Pour bien observer ces variations, il faut employer un hygromètre extérieur indiquant les différences d'humidité aux diverses heures de jour et de nuit.

On voit donc que pour connaître la direction et la force des vents, les observations doivent être faites avec beaucoup de soin, à diverses heures de jour et de nuit. Une seule observation par jour n'en donnerait qu'une idée imparfaite, puisqu'il peut y avoir des vents différents le même jour. Nous n'en tiendrons pas moins compte de tout ce qui a été fait sur cette partie importante de la météorologie et même des traditions régnantes à cet égard.

Voici d'abord les observations quotidiennes de Heineken, les plus anciennes à ce sujet.

Observations de Heineken.

1826.	N.	N. E.	E.	S. E.	S.	S. O.	O.	N. O.
Janvier......	2	3	3	5	»	»	9	9
Février......	»	5	12	1	»	»	6	4
Mars.........	»	6	9	3	»	»	5	8
Avril.........	5	14	3	4	»	»	4	»
Mai..........	2	17	2	»	1	1	7	1
Juin.........	3	12	3	»	»	»	9	3
Juillet........	»	21	1	»	»	»	9	»
Août.........	3	19	5	2	»	»	2	»
Septembre...	»	13	3	»	»	2	11	1
Octobre......	2	18	3	2	»	»	4	2
Novembre....	3	14	3	1	1	3	5	1
Décembre....	1	15	9	2	»	1	3	»
Année.......	21	157	56	20	2	7	74	29

Il résulte de ce tableau que le vent du nord-est domina toute l'année et que celui du sud n'exista qu'exceptionnellement.

Les observations de Mac-Euen faites matin et soir indiquent jour par jour la direction et la force des vents. En voici le résumé :

1848-1849.	Décembre	Janvier.	Février.	Mars.	Avril.	Mai.	Total.
N.	2	5	6	11	»	»	24
N. N. E.	»	»	»	1	»	»	1
N. E.	4	17	19	11	3	»	54
E. N. E.	»	»	1	3	»	»	4
E.	1	4	5	1	1	2	14
E. S. E.	1	»	»	»	»	1	2
S. E.	4	8	2	»	5	11	30
S. S. E.	1	»	»	»	»	»	1
S.	1	3	»	»	1	1	6
S. S. O.	1	»	»	»	»	9	10
S. O.	11	5	»	12	22	22	72
O. S. O.	1	»	»	»	»	2	3
O.	2	1	»	1	1	3	8
O. N. O.	»	»	»	»	»	1	1
N. O.	3	1	»	»	2	1	7
N. N. O.	»	»	»	»	»	»	0

Dans les observations précédentes le vent du sud-ouest prédomine et le nord-est ne vient qu'ensuite; mais il faut remarquer qu'elles furent faites seulement pendant six mois, de décembre à mai, ne comprenant ni l'été ni l'automne où ce vent prédomine ordinairement, comme on le verra plus loin.

Il nous reste à citer les observations de White sur la direction du vent.

[illegible].	N.	N.N.E.	N.E.	E.N.E.	E.	E.S.E.	S.E.	S.S.E.	S.	S.S.O.	S.O.	O.S.O.	O.	O.N.O.	N.O.	N.N.O.
Janvier......	5	»	7	2	6	5	»	»	»	»	1	1	1	»	3	»
Février......	»	»	4	2	11	6	»	»	1	»	»	»	»	»	»	»
Mars.........	6	1	4	»	»	»	»	»	1	1	»	»	3	2	10	3
Avril........	4	»	8	»	1	»	1	»	»	»	1	1	3	3	7	1
Mai..........	2	»	4	1	2	»	»	»	»	1	1	2	6	1	4	7
Juin.........	10	2	12	1	»	»	»	»	»	»	»	»	»	»	1	4
Juillet.......	4	2	15	4	»	1	»	»	»	»	»	»	1	»	3	1
Août.........	5	9	12	»	»	1	»	»	»	»	»	»	»	»	»	1
Septembre...	5	3	6	1	»	1	«	»	»	»	1	1	2	»	6	4
Octobre.....	7	5	6	2	»	1	»	»	»	1	1	2	»	2	2	2
Novembre...	4	2	8	3	6	2	4	»	»	»	»	»	»	1	»	»
Décembre....	6	2	12	1	1	»	»	»	1	2	2	»	2	1	1	»
Année....	58	26	98	17	27	17	5	»	3	5	7	7	18	10	37	23
Janvier......	4	1	4	»	2	»	1	»	»	»	»	2	1	4	2	10
Février......	4	»	7	3	1	4	»	2	1	»	»	»	2	1	2	1
Mars.........	6	1	17	1	2	»	»	»	»	»	»	»	»	»	4	»
Avril........	6	1	7	»	»	»	»	»	2	»	»	3	»	4	6	1

Il ressort clairement de ces observations, où le vent de nord-est domine comme dans les précédentes, qu'il est le plus fréquent toute l'année. Quant aux autres vents le désaccord des observateurs à cet égard ne permet pas d'en fixer l'ordre de fréquence.

Si l'on examine les vents selon les saisons, on trouve que ceux du nord à l'est prédominent l'été, l'automne et un peu moins l'hiver; ceux du sud-ouest au nord-ouest le printemps, l'automne et aussi l'hiver, sans pouvoir établir une règle bien fixe à cet égard. Il n'y a pas non plus d'élément suffisant pour déterminer la prédominance des vents aux différents mois de l'année.

Quant à la force des vents, les jours entièrement calmes, sereins, sont très-rares et s'ils figurent dans les observations, c'est que le vent n'existait pas au moment où elles eurent lieu, car il est certain que, dans les jours les plus calmes, les brises de terre ou de mer se font sentir pendant quelques heures. La force de ces vents est en général très-modérée et ses brises n'incommodent ni n'empêchent les malades de se promener, surtout s'ils choisissent les endroits abrités. Quand le vent est fort, ce qui arrive rarement, il souffle presque toujours du nord-est au sud-ouest. Voici d'après Mac-Euen la force comparative des vents :

1848-1849.	Calme.		Brise légère		Vent frais.		Vent fort.	
	matin.	soir.	matin.	soir.	matin.	soir.	matin.	soir.
Décembre...	13	4	3	9	3	6	1	2
Janvier......	4	2	4	14	7	13	1	1
Février......	16	1	3	10	4	11	1	1
Mars.........	11	3	5	8	4	12	1	1
Avril........	19	5	7	20	1	3	»	»
Mai..........	11	4	18	21	1	5	»	»
Total....	74	19	40	82	20	50	4	5

On voit par là que le calme existe surtout le matin et que le vent prédomine dans l'après midi. Il n'y eut que cinq jours de vent fort durant ces six mois d'observation dont un du nord, un du nord-est et trois du sud. Un seul ouragan y est signalé le 30 janvier à deux heures de l'après midi par un vent, le nord-est.

White a aussi calculé la force comparative des vents. En voici les résultats.

Observations de White.

1850-1851.	Calme.	Brise légère.	Vent doux.	Vent frais.	Vent violent.
Janvier.....	10	9	7	3	2
Février.....	4	10	10	3	1
Mars.......	2	9	14	4	2
Avril.......	5	5	13	6	1
Mai........	4	10	11	6	»
Juin........	3	12	11	4	»
Juillet......	4	11	9	7	»
Août.......	2	10	12	6	1
Septembre..	10	9	7	4	»
Octobre.....	4	11	8	7	1
Novembre...	8	8	9	5	»
Décembre...	4	8	7	7	4
Année...	60	112	118	62	12
Janvier.....	9	10	8	4	»
Février.....	10	7	2	5	3
Mars.......	7	14	7	3	»
Avril.......	6	12	5	5	2

Nous noterons ici que sur les 365 jours de l'année il n'y eut qu'un seul ouragan modéré en décembre et seulement 12 jours de vent fort ou violent. Quant aux 60 jours de calme, cette assertion nous semble difficile à admettre malgré l'autorité de l'observateur, s'il s'agit de jours entiérement sereins durant les vingt-quatre heures; mais elle n'a rien d'extraordinaire s'il entend parler seulement du moment d'observation. Il est fréquent de voir dans l'été, après trois ou quatre heures du soir, succéder un calme complet de deux ou trois heures et même plus pendant certaines nuits. Les vents doux qui dominent à Funchal et qui sont d'une influence salutaire en rafraîchissant l'atmosphère, ne produisent pas généralement la sensation du froid. Cependant quand il y a de la neige dans les montagnes et que le vent souffle du nord, cette sensation se fait sentir surtout la nuit. On l'éprouve aussi quand les vents du nord-ouest au sud-ouest amènent la pluie et que le ciel reste couvert longtemps, parce qu'alors la température reste très-basse et la variation du jour à la nuit très-faible; ce qui est dû bien plus à l'absence de rayons solaires qu'à la température du vent.

Observations de l'auteur.

Les vents furent observés par nous trois fois par jour, et, attendu les difficultés que nous avons signalées dans cette observation, leur direction fut réglée et marquée d'après le mouvement de la couche inférieure des nuages, quand il fut possible, conjointement avec les autres indications. La force du vent, à défaut d'instrument, fut déterminée d'après l'impression produite sur l'observateur et les objets environnants; ce qui nous fit établir les degrés suivants : calme ou 0, brise ou 1, vent frais ou 2, vent fort ou 3, vent violent ou 4, ouragan modéré ou 5.

Voici, d'après ces signes, les résultats journaliers sur la direction et la force des vents au moment de l'observation.

Observation de 7 heures du matin.

1852-1853	Septembre.		Octobre.		Novembre.		Décembre.		Janvier.		Février.		Mai.		Avril.	
1	E.N.E.	1	O.S.O.	3	S.O.	1	N.	1	N.	1	N.	1	N.E.	2	N.O.	1
2	N.	1	O.	1	O.	1	N.E.	1	N.N.E.	1	N.	1	N.O.	1	S.O.	1
3	N.	1	N.	1	S.S.O.	1	N.E.	1	N.	1	N.E.	1	O.	1	N.E.	1
4	O.	0	N.	1	N.O.	1	E.	1	N.	1	N.E.	1	E.	1	O.	0
5	N.E.	1	N.E.	1	N.	1	S.E.	1	O.	0	N.	1	E.	1	N.E.	1
6	N.	1	N.E.	1	N.O.	1	O.	1	N.	1	N.	1	N.	1	N.E.	1
7	N.N.O.	1	N.E.	1	E.N.E.	1	O.	1	N.E.	1	N.	1	N.E.	1	S.	1
8	N.N.E.	1	O.	0	S.E.	1	N.	1	N.E.	1	N.	1	N.E.	2	S.	1
9	N.	1	O.N.O.	1	N.O.	1	O.	1	N.	1	N.	1	O.	1	S.O.	2
10	N.O.	1	N.	1	S.O.	1	O.	1	O.	1	N.	1	O.S.O	1	O.	1
11	N.	1	N.	1	O.	1	O.S.O	3	E.N.E.	1	N.	1	O.	0	O.	1
12	N.	1	O.N.O.	1	N.O.	2	O.N.O.	3	S.	1	N.E.	1	N.E.	1	O.	1
13	O.	1	N.O.	1	O.N.O.	2	N.O	2	O.	1	O.	3	E.N.E.	1	N.	1
14	O.	1	O.N.O.	1	O.	2	N.	1	O.	1	N.O.	1	E.N.E.	1	N.	1
15	O.	1	O.N.O.	1	O.	4	N.	1	N.E.	1	N.	1	N.	1	O.	1
16	S.O.	1	N.E.	1	O.N.O.	1	N.O.	1	N	1	N.O.	1	N.E.	1	N.	1
17	S.O.	3	O.S.O.	1	N.O.	1	E.	1	N.E.	1	M.N.O.	1	N.	1	S.	2
18	O.N.O.	2	O.	1	O.	1	S.O.	1	N.E.	1	E.	1	N.	1	O.S.O.	1
19	N.N.E.	1	S.O.	3	O.S.O.	1	S.	1	N.E.	1	O.	0	N.E.	1	N.	1
20	N.E.	2	O.S.O.	3	N.O.	1	O.	1	N.E.	1	O.	1	E.	1	N.	2
21	S.E.	3	O.	1	N.O.	1	N.	1	E.N.E.	2	O.	1	N.E.	1	N.	2
22	S.E.	3	O.	1	O.	1	N.	1	N.E.	1	E.S.E	2	N.	1	N.	1
23	E.S.E.	2	N.	1	N.O.	1	N.E.	1	N.E.	1	E.S.E.	3	E.S.E.	1		
24	N.	1	N.E.	1	S.	1	E.N.E.	2	O.	0	E.S.E.	2	S.O.	2		
25	O.S.O.	1	N.E.	1	N.E.	1	N.E.	1	N.E.	1	N.E.	1	O.	2	N.E.	1
26	N.	1	N.E.	1	O.	1	S.E	1	N.E.	1	E.	1	E.	1	N.	1
27	N.	1	N.E.	1	N.	1	S.O.	1	N.O.	4	S.O.	1	E.N.E.	1	N.O.	1
28	O.	0	N.	1	N.E.	1	N.O.	1	N.	2	N.	2	S.O.	2		
29	S.E.	1	N.	1	N.E.	1	O.	2	N.	2			N.E.	1		
30	S.	2	N.	1	N.N.E	1	N.	1	N.	1			N.	1		
31			N.E.	1			N.E.	2	N.	1			E.S.E.	1		

Observation de 2 heures après midi.

1852-1853	Septembre.		Octobre.		Novembre.		Décembre.		Janvier.		Février.		Mars.		Avril.	
1	E.N.E.	2	O.S.O.	2	S.O.	1	N.	1	N.	1	N.	2	N.E.	2	N.E	1
2	S.	2	O.	1	N.	1	N.	1	N.	1	N.E.	2	N.O.	1	E.S.E.	1
3	S.	1	S.	1	O.	1	E.N.E.	1	N.E.	1	N.	1	E.S.E.	1	N.E.	1
4	S.	2	N.	1	N.O.	1	N.E.	1	N.	1	N.	1	S.S.E.	3	O.	1
5	S.O.	2	N.E.	1	N.	2	O.	0	N.E.	3	N.	1	E.	3	S.O.	1
6	S.E.	1	N.E.	2	E.	1	S.O.	1	S.	2	N.	1	S.O.	1	S.E.	1
7	N.E.	1	N.	1	E.	2	O.	1	N.E.	1	N.	2	N.E.	1	S.	2
8	E.	2	N.O.	2	O.	0	N.	1	N.E.	1	N.E.	1	N.E.	1	O.	2
9	N.O.	1	S.E.	2	O.	1	S.O.	2	E.N.E.	1	N.	2	N.	1	S.O.	1
10	N.	1	N.	1	S.O.	1	O.	1	N.E.	1	S.S.E.	1	O.	1	O.	2
11	S.	1	N.O.	1	O.	3	S.O.	4	N.E.	1	N.E.	3	O.	1	N.	1
12	S.	1	N.O.	1	O.	3	O.N.O.	2	S.O.	1	N.	1	S.	1	S.O.	1
13	O.	2	O.N.O.	1	O.	2	N.O.	3	O.	1	O.	2	N.E.	2	N.	2
14	O.	2	O.N.O.	1	O.	4	N.O.	1	N.E.	1	N.	1	N.E.	2	O.N.O.	1
15	O.	1	O.	1	N.O.	4	N.	1	N.	1	N.	1	N.E.	2	O.	1
16	S.O.	2	O.	3	N.O.	2	O.	1	N.	1	O.	1	N.E.	1	S.O.	1
17	O.S.O.	3	N.O.	3	N.O.	2	S.	1	N.	1	N.O.	1	N.	2	O.	2
18	S.	2	O.	3	O.S.O.	2	S.	1	N.	1	S.E.	1	E.N.E.	3	S.O.	1
19	E.	2	O.	4	O.N.O.	1	S.	3	N.E.	2	O.	0	S.O.	1	N.	1
20	E.S.E.	3	O.S.O.	3	N.O.	1	N.N.O.	2	E.N.E.	3	O.	1	S.O.	1	N.	3
21	E.S.E.	3	O.	1	N.O.	1	N.E.	1	E.N.E.	3	S.	1	N.E.	1	N.	1
22	E.S.E.	2	S.O.	1	N.O.	1	N.N.E.	1	N.E.	1	S.E.	2	E.	3		
23	S.O.	2	N.E.	1	N.O.	1	N.E.	2	S.	1	N.O.	3	O.	1		
24	S.	1	N.O.	1	N.E.	1	E.	3	N.	1	E.S.E.	4	S.	3	N.E.	2
25	O.	0	N.O.	1	S.E.	1	N.E.	1	N.	1	E.	1	N.O.	3	N.	1
26	S.O.	1	N.E.	1	N.	1	S.O.	1	N.O.	3	E.	3	E.	3	N.	1
27	O.	0	N.O.	1	N.E.	1	O.	2	N.	2	N.N.E.	1	N.O.	1	N.	1
28	N.	1	N.O.	2	N.E.	1	O.	2	N.	1	N.E.	2	N.O.	2		
29	S.E.	2	N.	1	N.	1	S.O.	2	N.	1			N.	1		
30	S.O.	1	S.	1	N.E.	2	N.	2	N.	2			N.	1		
31			S.S.E.	1			E.S.E.	2	N.	1			O.S.O.	1		

Observation de 7 heures du soir.

1852-1853	Septembre.		Octobre.		Novembre.		Décembre.		Janvier.		Février.		Mars.		Avril.	
1	E.N.E.	1	O.S.O.	1	N.O.	1	O.	0	N.	1	N.	2	N.E.	2	O.	0
2	N.	1	O.	0	N.	1	N.	1	N.	1	N.	1	N.E.	2	N.	1
3	O.	0	N.	1	N.	1	O.	0	N.	1	N.E.	2	O.	0	N.	1
4	O.	0	O.	0	N.E.	2	O.	0	N.	1	N.E.	1	S.S.E.	2	N.	1
5	S.O.	1	O.	0	N.	1	O.	0	O.	0	N.	1	E.	2	S.O.	1
6	N.O.	1	N.E.	1	N.E.	1	S.O.	1	O.	0	N.	1	O.	0	E.S.E.	2
7	N.E.	1	N.E.	1	E.	2	O.N.O.	1	N.E.	1	N.	1	N.O.	1	S.O.	2
8	S.	1	O.N.O.	3	O.	0	N.E.	1	E.N.E.	1	N.	1	N.E.	1	N.	1
9	N.	1	N.O.	1	O.	1	O.	1	O.	0	N.	1	N.E.	1	N.	1
10	N.E.	1	O.	0	O.	0	O.	2	O.	0	N.	1	N.N.O.	1	O.	2
11	S.	1	N.O.	1	O.	3	O.S.O.	3	N.	1	N.	1	O.	1	N.	1
12	O.	2	N.O.	1	O.	3	N.O.	1	N.	1	O.	0	N.O.	1	O.	1
13	O.	2	N.O.	1	N.O.	1	N.O.	2	N.O.	1	S.O.	2	N.E.	2	N.	2
14	O.	1	O.	0	O.	3	O.	0	O.	0	N.	1	N.E.	3	N.	1
15	S.O.	1	O.	0	O.N.O.	1	N.	1	N.	1	N.	1	E.	1	O.	1
16	S.O.	3	O.	1	N.O.	1	O.	0	N.E.	1	O.	1	O.	0	O.	0
17	O.	3	O.	1	N.O.	1	S.O.	1	N.	1	O.	0	N.E.	1	O.	1
18	N.E.	1	O.	2	O.S.O.	1	S.	1	N.	1	O.	0	E.	3	O.	0
19	E.N.E.	2	S.O.	3	N.	1	S.	3	N.E.	2	S.O.	1	O.	1	N.	1
20	E.S.E.	3	S.O.	2	N.O.	1	O.N.O.	3	E.N.E.	3	O.	1	N.O.	1	N.	1
21	S.E.	3	O.	1	N.O.	1	N.E.	1	E.N.E.	3	S.O.	1	N.E.	1	N.	1
22	E.S.E.	3	O.	0	N.O.	1	N.	1	N.	1	N.O.	3	E.	3		
23	O.	0	N.E.	1	O.	1	E.N.E.	1	N.	1	N.E.	2	E.N.E.	2		
24	O.	0	N.E.	1	O.	0	E.N.E.	3	N.	1	E.S.E.	3	S.	2	N.E.	2
25	N.E.	1	N.E.	1	O.	0	S.S.E.	1	N.	1	N.E.	1	O.	1	N.	1
26	S.O.	1	N.O.	1	S.	1	O.	1	N.O.	3	O.	0	N.E.	1	N.	1
27	N.E.	1	S.E.	1	N.E.	1	O.	1	N.	3	N.N.O.	1	O.	1	N.E.	1
28	N.O.	1	O.	0	N.E.	1	O.	2	N.	2	N.	1	O.	1		
29	S.E.	1	—	—	N.	1	O.	2	N.	2			N.	2		
30	S.O.	2	N.	1	N.	1	N.	1	N.	2			E.	1		
31			S.O.	1			E.	2	N.	1			O.	0		

Résumé des observations précédentes suivant les mois et les saisons.

1° Direction.

1852-1853.	N.	N.N.E.	N.E.	E.N.E.	E.	E.S.E.	S.E.	S.S.E.	S.	S.S.O.	S.O.	O.S.O.	O.	O.N.O.	N.O.	N.N.O.
Septembre	13	2	8	4	2	6	7	»	10	»	12	2	10	1	4	1
Octobre	14	»	18	»	»	»	2	1	2	»	5	6	14	7	14	»
Novembre	12	1	11	1	3	»	2	»	2	1	4	3	18	4	23	»
Décembre	16	1	11	4	4	1	2	1	6	»	9	2	17	4	7	1
Janvier	42	1	23	8	»	»	»	»	3	»	1	»	4	»	4	»
Février	33	1	12	»	4	5	2	1	1	»	4	«	8	»	5	2
Mars	11	»	25	5	12	3	»	2	3	»	5	2	11	»	8	1
Avril	28	»	9	»	»	2	1	»	4	»	9	1	13	1	2	»
Automne	39	3	37	5	5	6	11	1	14	1	21	11	42	12	41	1
Hiver	91	3	46	12	8	6	4	2	10	»	14	2	29	4	16	3

2° Force.

1852-1853.	Calme.	Brise.	Vent frais.	Vent fort.	Vent violent.	Ouragan.
Septembre..	8	50	21	11	»	»
Octobre.. .	9	66	7	9	1	1
Novembre..	5	65	12	5	3	1
Décembre..	7	58	18	9	1	»
Janvier.....	7	66	11	8	1	»
Février.....	6	56	14	7	1	»
Mars........	5	59	19	10	»	»
Avril	4	54	16	1	»	»
Automne...	22	181	40	25	4	2
Hiver......	20	180	43	24	3	»

Nous n'avons pas observé un seul jour entier de calme et sans vent, quoique souvent il y ait plusieurs heures successives d'un temps serein. Quant aux jours signalés par un vent fort ou violent pendant les vingt-quatre heures, en voici le nombre suivant les mois et les saisons.

1852.	Septembre..........	5		
	Octobre.............	7	Automne....	16
	Novembre...........	4		
	Décembre..........	6		
1853.	Janvier..............	5	Hiver.......	17
	Février..............	6		
	Mars................	8		
	Avril................	1		

Cette absence de calme, jointe à la rareté de vents forts ou violents et à la fréquence des brises, des vents légers qui rafraîchissent et purifient l'atmosphère, sans avoir les inconvénients des forts courants atmosphériques, prouve l'égalité de ce climat. Ces brises, qui étaient parfois à peine sensibles, ont dû être signalées pour la rigueur de l'observation, quoique pour le public, en général, l'air paraisse serein.

Leste.

Il se fait sentir à Madère, deux ou trois fois par an et quelquefois davantage, un vent spécial, soufflant de l'est-sud-est accompagné d'augmentation de température, d'un degré élevé de sécheresse et d'autres circonstances qui réclament l'attention et l'étude. Les indigènes l'appellent *Leste* et les résidents anglais le désignent communément sous le nom de *Siroc*. Il a, en effet, quelque ressemblance avec le siroco, qui règne fréquemment en Sicile, à Naples et sur les côtes d'Italie et que l'on croit venir de la côte africaine ou côté opposé de la Méditerranée. Mais le Siroco est chaud, humide et déprimant, tandis que le *leste* est chaud, sec et paraît stimulant. Sa direction et d'autres circonstances l'accompagnant font penser qu'il vient de la côte occidentale d'Afrique d'où il a tiré sa température et sa sécheresse, ne rencontrant pas ordinairement un seul nuage dans son passage de trois cents milles sur l'Océan. Quelques-uns le comparent au Samiel, au Simoon, à l'Harmattan et autres vents extrêmement secs et chauds qu'on observe dans l'intérieur de cette partie du globe. On l'a vu charrier une certaine quantité de poussière ou de sable extrêmement fin et impalpable qui se dépose sur les meubles, et alors l'atmosphère est aussi dense que par une brume légère et le soleil se voit comme à travers un verre terne. Quelques oiseaux d'Afrique et une immensité d'insectes ont aussi apparu dans ce cas. Ce vent souffle parfois avec une très-grande force, pendant trois jours environ, rarement davantage, et est ordinairement suivi de pluie. Il survient aussi sans cet appareil remarquable, mais alors il n'a plus la même origine. On a vu encore le vrai *Leste* s'annoncer et durer quelques heures seulement. Ses deux traits distincts sont un haut degré de température et de sécheresse. Quand il règne, le thermomètre s'élève souvent à 85° et quelques-uns disent même l'avoir vu dépasser 90°. Heberden le vit monter, en 1750, dans une occasion de ce genre, à 73, 76, 77° à l'intérieur et à 81, 82, 87° à l'extérieur, ce qui n'a rien d'extraordinaire. Heineken ne le vit pas s'élever, dans l'espace de quatre ans, au-dessus de 85° à l'ombre; mais il savait qu'il s'était élevé parfois à 95° à l'ombre et à 130° au soleil dans cette circonstance. Dans les expériences de Mason à cet égard, cet instrument monta à 81° à l'ombre, à 96° suspendu à l'air libre, et à 138° au soleil, étant préparé pour observer la force des rayons solaires. White le vit s'élever, dans le même cas, à 77° le 23 février 1850. Cet état de la température ne se borne pas à Funchal, elle s'étend aux environs et dans d'autres parties de l'île. Le 28 août 1850, pendant le *leste*, la température s'éleva à 83° à *Machico*, et le docteur Lund vit, le même jour, le thermomètre s'élever à 91° à *San-Antonio da Serra*, situé à 1840 pieds au-dessus du niveau de la mer.

Quant à l'extrême sécheresse du *leste*, elle s'éleva à 45° à l'hygromètre de Daniell, ou 19°, 3 à celui de Mason, en 1826, pendant ce vent, sans que l'éther déposât. Ce dernier observa, le 22 octobre 1834, une différence de 26° entre les thermomètres sec et humide; mais il réduisit ailleurs ce maximum de sécheresse pendant ce vent à 22°, 5. D'après Mac-Euen, cette différence n'était que de 21° le 17 février 1849, ce qui donnait seulement 18 0/0 d'humidité relative à l'atmosphère; tandis que M. de Humboldt parle de 16 0/0 comme étant la moindre quantité de vapeur et la plus grande sécheresse observée dans les régions les plus basses de l'atmosphère sur un vaste continent.

L'effet d'un si haut degré de chaleur et de sécheresse est aussitôt ressenti par l'organisme. Il semble qu'on reçoive des bouffées de chaleur sortant d'un four. La peau se sèche ; la langue, les lèvres et les yeux deviennent aussi sensibles qu'au froid sec et aux gelées des climats du nord ; on éprouve ordinairement un sentiment d'oppression. Beaucoup de gens s'enferment pour conserver une température plus fraîche et humide. Les animaux, les oiseaux en particulier ne restent pas étrangers à ces accidents. Les meubles se sèchent et se fendillent, les livres et autres objets garnis en cuir se rident comme s'ils eussent été exposés au feu. Cet état atmosphérique singulier ne produit pas d'autres accidents sérieux sur les personnes bien portantes ; mais les malades en éprouvent des effets variés suivant leur état. Sécheresse de la peau, sentiment de chaleur de la respiration, abattement, céphalalgie, inappétence, évanouissements, inertie, sont les symptômes observés ordinairement dans ce cas. Au contraire, quelques malades en ressentent du soulagement, ils ont plus de vigueur, plus de facilité dans les fonctions organiques, dans les mouvements, etc.

Mason prétendit trouver une espèce d'antagonisme entre le *leste* et le *siroco* et en tirer une règle de conduite pour les malades qu'il nous semble imprudent de mettre en pratique. « Si les malades, dit-il, se trouvent « bien durant le *leste*, ils doivent quitter Madère et re- « chercher un climat d'une température égale, mais plus « sèche, et s'ils s'en trouvent incommodés, ils doivent « rester dans cette île. » Il applique la même règle quant au siroco, avec cette différence que les malades incommodés de l'extrême sécheresse du *leste* se trouveront bien du siroco, beaucoup plus chargé d'humidité.

Il serait à désirer que les règles de médecine pratique et

de thérapeutique pussent s'établir aussi facilement; mais cette opinion que Mason donnait en 1834, presque comme un proverbe, à Madère, était tellement oubliée et discréditée en 1852, que ni médecins ni malades ne s'y conformaient. Certains malades se trouvent bien tout d'abord du séjour de Madère et voient ensuite leur état s'aggraver, tandis que d'autres s'en trouvent mal à leur arrivée et acquièrent une amélioration très-sensible après quelques mois. Un nouveau changement de climat serait très-souvent utile et même nécessaire ; ce serait même parfois une tentative raisonnable, quand il ne reste pas de moyens thérapeutiques plus sûrs à essayer; mais nous ne croyons pas, quant à présent, que ce changement puisse se fonder sur cette raison. Mason prétendait qu'une atmosphère sèche lui convenait, et cependant l'histoire de sa maladie pendant les jours de *leste* ne vient pas à l'appui de son opinion ni de son aphorisme. La phthisie pulmonaire et d'autres maladies ont des phases si complexes et si opiniâtrement fatales, que toutes les températures, tous les degrés de sécheresse, tous les climats et tous les remèdes les mieux indiqués sont inefficaces. Une courte expérience suffit pour démontrer cette triste vérité.

CHAPITRE VII.

VARIATIONS DU TEMPS; SAISONS.

Si le climat de Madère présente dans quelques-uns de ses éléments, et surtout dans sa température, une égalité, une régularité toutes spéciales en comparaison d'autres climats, elles ne sont pas telles qu'il n'y ait aucune variation dans ces éléments constitutifs et que le temps y soit d'une stabilité, d'une monotonie permanente. L'idée d'une telle immutabilité, quand même ce serait un printemps continuel, affligerait un certain nombre d'esprits pour lesquels la variété est plus qu'un plaisir, c'est une nécessité. Mais, outre les variations signalées précédemment, il existe des différences très-prononcées entre les saisons et les années.

Il y a à Funchal une saison chaude et une froide; il y a des pluies, des orages, quelquefois des vents très-forts, des tempêtes, des inondations, le *leste*, et tout cela, n'ayant lieu ni à des époques, des saisons fixes, ni avec la même durée, il en résulte des variations tranchées qui rompent l'uniformité, la monotonie supposée. D'après Heberden, les années 1749 et 1750 furent extrêmement sèches. Il plut beaucoup plus en 1826 que d'ordinaire. De 1834 à 1835, il y eut aussi plus de jours pluvieux que de coutume, sans que la quantité d'eau fût plus grande; la pluie était fine et prolongée comme dans le nord. Il y eut des inondations terribles en 1803 et 1842. L'été est parfois très-chaud; en septembre 1852, le thermomètre s'éleva à 83° à l'ombre, à 85° même dans certains endroits, ce qui est rare. Il ne se passe guère d'hivers sans qu'il tombe de neige dans les montagnes, ce qui produit un peu de refroidissement. Il n'en tomba pas de 1851 à 1852, mais il y en eut une quantité considérable l'année suivante; le froid fut sensible, le thermomètre descendit pendant quelques nuits au-dessous de 50° et arriva même à 45°, ce qui est également rare.

Les saisons ne présentent pas, sans doute, ces grandes différences, ces contrastes des climats d'une plus haute latitude qui donnent au pays des aspects si variés. La partie méridionale où est situé Funchal est constamment un jardin. Ni les froids de l'hiver, ni les chaleurs de l'été n'en flétrissent ni n'en sèchent la végétation luxuriante; et pourtant il se passe des phénomènes qui, sans être prononcés comme en d'autres pays, caractérisent très-bien les différentes saisons et que les indigènes perçoivent facilement. L'hiver de Funchal est l'été de Londres; mais l'habitant saisit la différence de ces deux saisons : température plus basse, nuits plus froides, humidité plus grande, pluies fréquentes, tous ces phénomènes caractérisent l'hiver pour lui; tandis que pour l'anglais récemment arrivé, cette saison est son été et pour le portugais du continent son automne.

L'hiver de Funchal est une belle saison. Température agréable durant le jour, atmosphère claire le plus souvent ou avec de légers nuages, vents, et pluies modérées, réglées de manière à laisser des intervalles de beau temps qui permettent de sortir, de se promener sans incommodité. C'est en hiver qu'on apprécie bien l'excellence de ce climat, surtout si on le compare avec d'autres plus connus et plus recherchés; cette saison lui donne selon nous sa grande supériorité sur tous les autres qui, dans l'été, pourraient mieux disputer la prééminence. Si parfois le froid se fait sentir, c'est au dehors seulement, à l'aurore ou pendant la nuit; et dans les jours réputés les plus froids, il y a toujours plusieurs heures d'une température agréable durant lesquelles les malades peuvent sortir. Dans certaines habitations mal construites ou mal exposées, il règne, pendant ces quelques jours de froid, une température au-dessous de celle qu'il conviendrait et alors un peu de feu le soir, pendant quelques heures, est agréable, surtout pour les habitants du nord. Le feu a l'avantage de diminuer, de dissiper même l'humidité de certaines maisons. Il règne parfois durant l'hiver un vent frais, humide qui communique aux habitants un certain degré de vigueur et d'énergie salutaires.

La transition de l'hiver au printemps est ordinairement insensible, la même saison semble continuer; cependant, il survient parfois en mars de très-fortes pluies prolongées avec des vents d'ouest. Cette saison est extrêmement agréable jusqu'à la fin de mai que la température reste très-modérée. C'est en général en juin seulement qu'un certain nombre de malades, les anglais en particulier, quittent l'île et retournent en Angleterre, jugeant qu'avant cette époque ce changement leur serait très-sensible et préjudiciable.

L'été n'est pas très-chaud certaines années, la température étant atténuée par les circonstances déjà signalées; mais, malgré cela, la chaleur est parfois intense, surtout en août et septembre, dans la partie basse de Funchal. L'humidité contenue dans l'air par cette haute température rend le temps pesant, étouffant, ce qui provoque une transpiration abondante et produit des effets déprimants analogues à ceux des climats tropicaux. Cela ne dure que peu de jours et, pendant chaque jour, quelques heures seulement. Les familles riches et les malades trouvent à cette époque, à peu de distance de la ville, dans des habitations excellentes, la température qu'ils désirent suivant la hauteur où ils se fixent et où ils restent jusqu'à la fin d'octobre, jouissant d'un climat doux et agréable. Cet avantage particulier fit dire à Heineken que Madère était peut être plus utile aux malades l'été que l'hiver. Parfois, la chaleur n'est pas diminuée au commencement d'octobre, comme il n'est pas rare d'observer des pluies copieuses et de fortes tempêtes dans ce mois, ainsi que le prouvent les inondations de 1803 et 1842. Ces irrégularités fréquentes de la première partie de l'automne une fois passées, le reste de la saison est beau et régulier et l'on entre insensiblement dans un hiver presque toujours délicieux.

Durant ce cours des saisons, jamais les arbres ne se dépouillent de leurs feuilles, ni la végétation de sa verdure, ni les jardins de leurs fleurs. Un champ sec, aride, brûlé du soleil ne se voit pas à Funchal. « Si la belle des-« cription d'Homère, dit Bowdich, de l'île Corcyre, où un « fruit succède à un autre, une fleur à une autre fleur, « avec une variété riche et infinie, est applicable à une île « moderne, c'est à Madère. »

CHAPITRE VIII.

CONDITIONS HYGIÉNIQUES.

La ville de Funchal, vue de la mer, a un aspect riant et gracieux. La blancheur des maisons, unie à la verdure des places et des jardins, lui donnent une apparence pittoresque rehaussée par l'élévation des montagnes qui lui servent de fond. Les profonds ravins qui divisent ces montagnes de haut en bas, divisent également la ville jusqu'à la mer, en donnant à l'ensemble des constructions une forme particulière et en réveillant le souvenir des catastrophes que les torrents et les débordements ont causées dans l'île.

Dans l'hémicycle où se trouve la ville, sur le versant de la montagne, la végétation est abondante et vigoureuse et se continue ainsi jusqu'à la cime en s'étendant vers l'est. De ce côté, le grand nombre de jolies maisons et de jardins à *Santa-Luzia* montre la préférence accordée autrefois à ce site très-abrité des vents du nord et où règne une température douce et agréable en hiver. Pourtant, la végétation luxuriante et l'abondance d'eaux courantes qu'on y remarque entretiennent plus d'humidité que dans les deux autres parties de la ville, à une hauteur égale. De nouvelles et excellentes constructions à l'ouest montrent la disposition des habitants à s'établir de ce côté ; ce qui est dû à la salubrité de ce lieu, à l'excellente route qui y conduit et à l'abri certain qu'il offre contre les futures inondations. Quelques-uns pensent que les voies pratiquées à l'est dans le bas de la ville pour l'écoulement des eaux, préviendront à l'avenir ces désastres de ce côté ; mais la généralité des habitants ne partage pas cette conviction et regarde toujours cet endroit avec une certaine défiance.

Aucun édifice ne se remarque comme monument historique ni comme travail artistique; les places ne sont ornées ni d'obélisques, ni de fontaines ou autres décorations; mais quant à la salubrité dont il s'agit ici, elles ont une étendue suffisante pour la libre circulation de l'air et assez d'ombrage pour offrir une promenade agréable et abritée. Deux de ces places, la *Rainha* et *Academica*, situées près de la mer, permettent de respirer une atmosphère maritime immédiate et pure pour les malades auxquels elle est recommandée. Les rues et les chemins sont empierrés, pavés de basalte menu jusqu'à une certaine distance de la ville. Ce pavé n'est ni agréable ni commode pour la marche; mais dans ce mauvais genre, ces rues, ces chemins sont assez bien entretenus. Ils n'ont en général ni la largeur ni la solidité nécessaires pour les véhicules à roues employés en Europe; mais, en revanche, ils n'engendrent pas de poussière et se prêtent parfaitement à l'admirable simplicité primitive des moyens de locomotion du pays. L'angle d'inclinaison de certains chemins est si rapide qu'il semble difficile de le gravir, et cependant, soit que ces moyens de locomotion locaux soient mus par des animaux ou par l'homme, ces pentes escarpées sont gravies avec une prestesse, une agilité surprenante. Pour la descente de quelques-uns de ces chemins, comme celui du *Monte*, une espèce de traîneau glisse par son propre poids, et le travail des conducteurs consiste simplement à le diriger et à en modérer la vitesse.

Les habitations de la partie inférieure de la ville sont agglomérées surtout au centre où il existe le plus de vie et de commerce; elles sont moins rapprochées à mesure que l'on monte, de manière à n'offrir en haut que de belles résidences, disséminées et entourées de jardins. Cette agglomération, toutefois, et quelques rues étroites et tortueuses dans le bas de la ville, ne rendent pas cette partie insalubre : car les places, les rues et la faible élévation des maisons permettent une ventilation suffisante et les brises alternatives de terre et de mer, en s'insinuant partout, purifient constamment l'atmosphère. L'exposition de la ville au sud-ouest, sud et sud-est, sa disposition en amphithéâtre et le peu de hauteur des constructions permet au soleil de pénétrer directement dans toutes les rues et les maisons, qui sont en même temps défendues par les montagnes des vents froids du nord. Sa position au bord de la mer n'a pas les mêmes inconvénients qu'ailleurs : la pente rapide des montagnes, qui se continue dans l'Océan, ne laissant pas à découvert, à la marée basse, une vaste plage couverte de boue et d'immondices, qui donne lieu parfois à des exhalaisons désagréables et malfaisantes; au contraire, la plage peu étendue, que la mer découvre en se retirant, étant formée de pierres, de cailloux et de portions de rochers entraînés par les torrents; enfin, on n'y rencontre ni l'odeur des plantes marines, ni les émanations résultant de leur décomposition.

Les rues sont en général très-propres, parce que les immondices, les résidus des habitations n'y sont pas déposés. Les ordures des animaux ne sont pas enlevées promptement, et ce fait, auquel l'indigène ne fait pas attention et que l'habitant de Lisbonne trouve tout naturel, scandalise beaucoup, au contraire, les étrangers. L'entretien de la propreté a lieu au moyen de conduits souterrains allant de chaque habitation à la mer, dont les bords déclives exemptent ce procédé des inconvénients qu'il offre à Lisbonne. Une grande quantité d'eau parcourt constamment ces conduits et en rend le service régulier. Le bon établissement des correspondances de ce service dans les maisons riches, en indique l'origine civilisatrice[1].

L'eau est très-abondante à Funchal; les fontaines coulent souvent, même en été et en automne, sans que personne la recueille. La plus grande partie de l'eau potable est fournie par cinq fontaines situées près de la plage, au-dessus du palais du gouverneur, avec une telle abondance, que les plus pauvres peuvent s'en procurer, sans dépense ni perte de temps. Elle a la réputation d'être excellente et de posséder toutes les qualités sensibles requises, bien que nous ne sachions pas si l'analyse chimique en a été faite. Elle est parfaitement limpide et fraîche, sans sédiment notable par le repos et sans goût dénonçant des substances végétales ou une prédominance de sels; elle cuit bien les légumes, elle dissout le savon et conserve ces qualités toute l'année.

Traitée par les papiers réactifs, cette eau n'en altère pas la couleur et ne produit qu'une légère effervescence par l'acide sulfurique; elle se trouble légèrement par l'azotate d'argent et l'oxalate d'ammoniaque et encore moins par le phosphate de soude après celui-ci; elle donne un léger

1. Il s'agit ici de cette espèce de drainage, appliqué aux villes, pour la salubrité publique. Ce système, à double courant pour l'arrivée de l'eau dans chaque habitation et l'écoulement immédiat des immondices recueillies aussitôt pour servir d'engrais, est à peine connu parmi nous, malgré ses avantages incalculables. A Funchal, la déclivité du sol simplifie ce système pour l'élévation de l'eau venant des montagnes et l'écoulement des immondices dans l'Océan; mais elle s'oppose en même temps à ce qu'on puisse recueillir celles-ci et les employer. N'est-il pas étrange qu'une petite île comme Madère puisse servir de leçon à cet égard à Paris la grande capitale, le centre de la civilisation et des progrès? A la vérité, c'est encore par l'influence de l'Angleterre que ce bienfait s'est réalisé.

précipité blanc par l'acétate de plomb et devient un peu nébuleuse par l'ammoniaque en restant inaltérable par le chlorhydrate de baryte, la teinture de noix de Galles, le ferrocyanate de potasse, l'amidon, le gaz sulfhydrique et l'acide oxalique. Cette eau n'est donc ni acide, ni alcaline; elle contient peu de matières salines et de carbonates; elle est exempte de sulfate de fer, d'iode ou de sels métalliques vénéneux ; elle contient en petite quantité des chlorhydrates surtout de chaux et de magnésie; enfin, elle réunit les conditions d'une excellente eau potable.

Voici le résultat d'expériences comparatives faites à Lisbonne entre cette eau et celle de cette ville recueillies, l'une et l'autre, longtemps après la pluie. Ces expériences eurent lieu simultanément par une température de 69°, le baromètre marquant 0°,762.

	Eaux libres DE LISBONNE.	Eau de Funchal DE LA FONTAINE DINIZ.
Pèse-Eau	Densité 0,5.	Densité 0,3.
Aéromètre de Prout	Densité 1003.	Densité 1001.
Papiers réactifs	Inaltérable.	Inaltérable.
Acide sulfurique	Effervescence très-légère.	Effervescence très-légère.
Azotate d'argent	Trouble marqué.	Trouble léger.
Chlorhydrate de baryte	Id.	Inaltérable.
Oxalate d'ammoniaque	Id.	Trouble léger.
Phosphate de soude	Id.	Id.
Acide oxalique	Trouble léger.	Inaltérable.
Ammoniaque	Léger précipité blanc gélatin.	Nébulosité.
Acétate de plomb	Précipité marqué.	Précipité faible.
Teinture de noix de Galles	Inaltérable.	Inaltérable.
Ferrocyanate de fer	Id.	Id.
Gaz sulfhydrique	Id.	Id.
Amidon	Id.	Id.

En conséquence, cette eau de Funchal est donc plus pure et contient moins de matières salines que les eaux libres de Lisbonne.

Il existe plusieurs autres fontaines dont quelques-unes fournissent de l'eau potable excellente et d'autres de l'eau d'une qualité inférieure qui, avec celle des puits, sert à l'arrosement des rues, au service ordinaire des habitations, aux réservoirs pour les incendies et aux conduits souterrains de propreté. Plusieurs maisons ont de l'eau dans l'intérieur très-bien canalisée et distribuée dans toutes les pièces et dans la chambre de bains en particulier, commodité assez répandue dans ce pays.

Il n'y a dans la ville ni les environs, non plus que sur la plage, d'eaux stagnantes formant mares ou marais, donnant lieu à une décomposition végétale miasmatique préjudiciable; aussi n'existe-t-il pas de fièvres intermittentes, et il est remarquable que, malgré les cours d'eau résultant des débordements et les nombreux ruisseaux sillonnant constamment la ville de toutes parts avec une abondante végétation dans leur lit, il ne se forme pas de ces émanations paludéennes qui déciment les populations en d'autres climats. La déclivité de ces ruisseaux, la rapidité évidente de leur courant, la facilité et la force de la ventilation dispersent peut-être ces miasmes s'ils existent. On peut en dire autant de ces grandes masses d'eau qui, descendant des montagnes au moyen d'aqueducs, ouvrages de beaucoup de temps, de patience et d'argent en certains lieux, forment un système précieux d'irrigation qui contribue puissamment à la richesse de la production et qui pourrait donner à d'autres parties de l'île une fécondité admirable, si des travaux hydrauliques bien entendus en étendaient l'action bienfaisante. Cette innocuité des eaux donne une telle confiance aux habitants, qu'il n'est pas rare de voir des bassins remplis d'eau boueuse n'être nettoyés que très-rarement; habitude fâcheuse qui, sans avoir occasionné d'accidents jusqu'ici, peut en développer à l'avenir si on ne la change au plus tôt.

L'apparence primitive des anciennes habitations est peu agréable; mais, à côté, s'en trouvent d'autres simples et commodes, mêlées à de tristes et informes abris. Enfin, il y a plus loin des maisons élégantes remplissant toutes les exigences de la civilisation actuelle, parfaitement meublées, avec une belle vue de terre et de mer et dénonçant l'élément civilisateur moderne. Il n'y a ni palais, ni architecture remarquable; mais on rencontre de nombreuses habitations, modèles de goût et de propreté, pour toutes les fortunes. Ce genre de construction pour la classe moyenne est incomparablement plus avancé qu'à Lisbonne. Le plan extérieur, la distribution intérieure, les escaliers, le mode de construction, la préparation des matériaux, le fini de chacune des parties, une noble simplicité sans ornements lourds et déplacés, le mobilier, etc., tout montre une intelligence, un goût très-distingué, lequel ne vient pas du Portugal où il n'existe pas.

La ventilation des maisons est parfaite et facile; plusieurs ont d'agréables jardins qui les entourent et des fenêtres de différents côtés. Quelques-unes sont pourvues de cheminées, dans le salon ou la salle à manger, servant pendant les quelques jours de froid pour corriger l'humidité ou satisfaire tout simplement au désir de quelques malades et de familles étrangères. Mais, parmi ces agréables et commodes habitations, on rencontre, au centre même de la ville, de petites maisons appartenant à la dernière classe du peuple, où l'on observe la pauvreté et le désordre dans toute sa laideur; et, en divers endroits de la campagne, les travailleurs et leurs familles vivent accumulés dans de misérables cabanes ou huttes de paille ne contenant pas le moindre meuble, impropres même à loger des animaux. Si le beau climat et la vaste étendue de terrain où se trouvent disséminées ces tristes et immondes habitations en contrebalancent les mauvais effets immédiats, cette cause, jointe à celles qui l'accompagnent toujours, ne laisse pas que de miner la constitution et la santé, de détériorer la race, de lui donner des formes moins avantageuses, de la prédisposer aux cachexies, à une vieillesse prématurée et à une existence plus courte.

Voici, maintenant d'autres points sanitaires qui, sans être dans toutes les conditions désirables, ne peuvent guère nuire à la santé publique.

Il y a trois hôpitaux dans la ville : l'hôpital général, celui des *Lazaros* et l'hôpital militaire. Le premier est un édifice ancien, construit pour cette destination en 1685 et se ressentant de cette époque. Il est situé sur la place principale, très-fréquentée comme promenade publique et où les habitants stationnent et s'asseoient jusque devant les fenêtres des malades presque toujours ouvertes. Il s'étend de l'est à l'ouest et se trouve ventilé du nord au sud. Cette ventilation est d'une simplicité primitive, mais la douceur du climat permet que les fenêtres restent ouvertes d'un côté et de l'autre, sans que les malades, couchés dans leurs lits, s'enrhument ou en soient incommodés. Outre sa construction originairement vicieuse, il réclame de grandes réparations qui n'en feront jamais un édifice simple, modeste et commode. Il contenait autrefois quatre-vingts malades environ en traitement par jour, mais les ressources de cet établissement étant considérablement diminuées, ce nombre est réduit à quarante environ et le mouvement annuel, qui était de 1000 malades, n'est plus que de 4 à 500, ce qui est au-dessous des besoins de la ville et de l'île entière. Cette insuffisance est considérablement atténuée par des consultations et des remèdes donnés gratuitement aux malades externes; mais elle doit exercer une influence fâcheuse sur la durée du traitement et la mortalité, de même que sur la propagation des maladies vénériennes dont la fréquence est telle que des mesures spéciales de l'autorité sont absolument nécessaires à cet égard. Toutefois, les malades admis dans l'hôpital sont bien soignés par des médecins habiles, atténuant autant que possible le défaut ou la pénurie des moyens en leur pouvoir. Il ne résulte non plus du mauvais état pécuniaire de cet établissement, aucun effet malsain ou nuisible à la salubrité publique, car l'administration a le soin de proportionner le nombre des malades à l'état de la caisse, de ne pas les entasser et d'employer toutes les mesures hygiéniques propres à prévenir l'infection. La salle des morts et celle de dissection sont en bon état. Aucune mauvaise odeur ne régnait dans les salles lors de nos visites ; il n'y avait ni fièvres graves ni gangrènes d'hôpital, mais seulement quelques diarrhées, et les malades n'avaient pas l'apparence cachectique résultant du séjour des hôpitaux insalubres. S'il s'agit un jour de réformer cet établissement, ce qui est très-nécessaire, il sera beaucoup plus convenable et plus économique de l'affecter à un hôtel-de-ville, à un tribunal ou toute autre administration publique à laquelle il se prête par sa position et de le remplacer, dans un lieu convenable, par une construction nouvelle conforme aux idées modernes à cet égard, dans laquelle le triste sort des aliénés ne serait pas oublié. Tout ce que l'on fera dans cet hôpital n'en corrigera pas le défaut capital d'être situé sur la plus belle place publique et ne le rendra propre à sa destination.

L'hôpital *San-Lazaro* situé à *Santa-Catharina*, à l'ouest de la ville, est un petit et ancien établissement destiné exclusivement aux éléphantiaques et soutenu par la municipalité. Il contient environ 26 malades et en contenait 34 des deux sexes et de tout âge. Le but de cette institution est de recueillir les malheureux atteints de cette hideuse maladie dont l'aspect répugne et éviter à la société la vue d'un si triste spectacle. Cet édifice, quoique élevé spécialement à cet effet, est d'une mauvaise et insignifiante construction. Il réunit les principales conditions de salubrité, et bien que les fenêtres soient petites, il est bien ventilé, parce qu'il est possible de les tenir constamment ouvertes. Nous n'y rencontrâmes pas de mauvaise odeur, quoique des cloisons et des rideaux, existant dans la division des femmes, à tort selon nous, pourraient y donner lieu. Les malades ont une alimentation suffisante, saine, et reçoivent les soins nécessaires contre la maladie principale et les affections intercurrentes. La majorité des malades vient de la *Lombada da Ponta do Sol* et les autres des divers endroits de l'île. La maladie est assez souvent héréditaire et ne se montre jamais contagieuse. On l'attribue à une mauvaise alimentation, au poisson salé et surtout à l'igname dont la population pauvre se nourrit presque exclusivement pendant trois à quatre mois de l'année dans certains lieux; mais il n'y a pas plus ici qu'ailleurs de règle bien établie sur cette étiologie. Les louables essais thérapeutiques, quoique infructueux, faits ailleurs contre cette maladie, n'ont pas été répétés dans cet hôpital. De ces 26 malades, quelques-uns revêtaient la forme tuberculeuse bien caractérisée, presque léonine; d'autres celle de la lèpre; un seul était atteint d'éléphantiasis des Arabes aux deux jambes. Aucune différence n'existait dans ces formes avec ce que nous avions vu à Lisbonne. Aucun malade n'était alité. Cet établissement, sans être un modèle en ce genre, est donc dans d'assez bonnes conditions hygiéniques pour ne pas compromettre la santé publique et remplir sa destination.

L'hôpital militaire est pauvre; mais le local et l'exposition en sont excellents et un médecin zélé, intelligent, ainsi que l'âge des malades, compensent jusqu'à un certain point ce qui manque dans le service de cet établissement. Il fait partie d'une belle et vaste propriété de l'État qui pourrait servir à la construction définitive de l'hôpital dont nous allons parler, destiné à recevoir les militaires atteints d'affections de poitrine, envoyés du Portugal par la fondatrice.

Un nouvel hôpital, d'un grand intérêt spécial pour la science et de la plus grande utilité publique, vient d'être fondé et ouvert depuis le 10 juillet 1853 : c'est l'hôpital *Maria-Amelia*, institué en mémoire de cette vertueuse princesse, par la piété de S. M. l'Impératrice douairière du Brésil, son auguste mère. Il contient 24 lits affectés au traitement de la phthisie et autres affections chroniques de la poitrine, susceptibles d'amélioration. On y reçoit les habitants de l'île et les Brésiliens atteints de ces maladies, ainsi que les malades envoyés du Portugal. C'est une belle et élégante habitation provisoire, réunissant toutes les conditions de salubrité et pourvue de tout le matériel nécessaire à sa destination, dont l'illustre fondatrice supporte exclusivement les frais. Le traitement des malades est confié aux soins éclairés du docteur Pitta[1].

L'asile de mendicité est un des plus utiles et des plus recommandables établissements de charité, dû principalement au zèle infatigable et éclairé du gouverneur Ribeiro,

1. Cet établissement a reçu depuis son installation définitive. Le docteur Barral ayant été chargé par l'auguste fondatrice de présider au plan de l'édifice et au choix du lieu propre à son érection, s'est empressé de soumettre au jugement éclairé de ses collègues de l'Ecole médico-chirurgicale les divers plans laissés à son choix; et c'est dans cette réunion officielle que celui de M. Lamb, un des architectes de l'hôpital de Brompton, ayant obtenu l'approbation unanime, fut définitivement adopté. C'est dire assez que ce monument spécial est construit dans les meilleures conditions.

dont le nom est lié à toutes les récentes améliorations. Il est soutenu par une prestation du conseil municipal et des souscriptions privées. Il fut créé en 1847, lors de la maladie des pommes de terre, pour remédier à l'affluence de mendiants qui parcouraient la ville. L'idée du gouverneur plut et resta; mais de grandes difficultés pécuniaires se sont élevées depuis, et, si le zèle et la charité du fondateur n'en eussent triomphé, Madère serait privé aujourd'hui de cette institution qui l'honore. Les mendiants des deux sexes et de tout âge y sont reçus au nombre de 150 à 200 et plus. Il est situé dans une position excellente et très-salubre, au milieu d'un large jardin, élevé et bien aéré. De grandes fenêtres s'ouvrent de tous côtés. Le service en est fait par les pauvres mêmes avec un seul employé très-intelligent et recevant un modique salaire. Les uns cultivent le jardin, d'autres font le service intérieur ou se livrent à quelques travaux comme la fabrication de cordes et de tissus grossiers qui se vendent sur le lieu même. Une école pour les garçons et une pour les filles y sont annexées. Nous ne connaissons pas d'établissement de ce genre remplissant son but avec plus d'économie et moins d'employés. Les fonctions d'administrateur sont gratuites. Cet établissement, au moyen de quelques additions dans les parties secondaires de l'édifice et certaines améliorations dans les lits et les vêtements, serait un modèle simple, applicable aux villes de second ordre ou comme asile de quartier des villes populeuses. Il prouve tout ce qu'il est possible de réaliser avec une volonté ferme et éclairée sans cette multitude d'employés qui empêche tant d'institutions d'atteindre leur but.

Une autre destination non moins utile de cet asile, c'est de recueillir les domestiques sortant de place et les malades sortant de l'hôpital sans moyens d'existence; lesquels y trouvent une occupation qui les empêche de mendier. Cette institution contre la mendicité, salubre par elle-même, aide aussi puissamment à la salubrité de la ville en prévenant les foyers d'infection, de maladie et d'immoralité qui résultent ordinairement de l'accumulation indisciplinée des indigents.

La prison est une maison particulière appropriée à cette destination. Sa position dans la partie la plus populeuse et la plus fréquentée de la ville, entourée d'habitations et communiquant librement et à toute heure avec l'extérieur par de larges grillages en fer, ne convient guère à cet établissement. On n'a pu encore le transférer ailleurs; mais tout est fait, dans ce local, pour la salubrité publique et le bien-être des détenus, qui sont dans des conditions hygiéniques très-supportables et sans rien qui puisse aggraver leur position ni les tourmenter. Aucune odeur ne régnait lors de la visite imprévue que nous y fîmes; tous les détenus paraissaient en bonne santé, sans les signes d'étiolement résultant du séjour des prisons insalubres, mal éclairées et mal ventilées. La chambre des prisonniers au secret, par motif de discipline ou autrement, est spacieuse, claire et ventilée par une grande fenêtre. La partie inférieure de ce bâtiment sur la rue est la seule qui laisse à désirer; elle paraît humide et mal ventilée au fond, quoique l'expérience n'ait rien révélé de bien fâcheux à cet égard. Le séjour en est généralement préféré parce que les détenus peuvent y communiquer avec l'extérieur, vendre et trafiquer pour ceux qui travaillent, et c'est une véritable privation, un grand châtiment, pour la plupart, d'être transférés ailleurs. Les prisonniers pauvres reçoivent une nourriture suffisante et saine, fournie par le gouvernement et la municipalité. Malgré toutes les améliorations opérées dans ce local, il est évident qu'il ne remplit pas les conditions voulues et qu'il est nécessaire d'en construire un autre exprès à cet effet, ayant plus d'espace, des promenoirs, des salles de bains, d'ablutions, de travail, une infirmerie et tout ce qui est regardé aujourd'hui, avec raison, comme indispensable à la salubrité et à la police de ces établissements, même les plus modestes.

Le cimetière catholique, situé près des *Angustias*, est bien placé, parfaitement ventilé et peut servir de modèle. Le goût simple et sévère du portique et de la chapelle, le silence et la décence qui règnent au milieu des tombeaux ornés de plantes funèbres telles que le cyprès, élevant ses branches tristes et pyramidales; tout inspire le sentiment du lieu, le souvenir de ceux qu'on a perdus ou que l'on peut perdre. Il n'en est pas de même des cimetières anglais généralement moins bien situés et moins étendus. Sans nuire encore à la santé publique, ces cimetières ne tarderont pas à y porter préjudice si la tendance de la population à s'étendre au couchant continue, car celui des *Angustias*, en particulier, se trouverait au milieu de la ville. Le moment n'est donc pas éloigné où il faudra les transférer dans des lieux plus élevés, plus spacieux et plus écartés.

Il existe divers marchés aux fruits, aux légumes, au poisson, à la volaille, etc.; lesquels sont entretenus avec soin et propreté. Le mieux situé est le moins fréquenté et les marchands se placent de préférence près du marché au poisson et de l'abattoir, malgré les efforts de l'autorité pour s'y opposer. Il est donc probable qu'un nouvel édifice devra être élevé dans ce lieu à une distance convenable de l'abattoir pour maintenir les conditions hygiéniques et la police de ces deux établissements.

L'abattoir est bien proportionné, bien construit et bien situé; il est commode, distribué avec art, intelligence et muni de tous les appareils nécessaires à faciliter le travail;

il est surtout parfaitement ventilé, pourvu d'eau en abondance et réunit toutes les conditions de salubrité. On pourrait peut-être le désirer plus éloigné des habitations et surtout plus vaste, afin que la préparation des viscères, des peaux et des suifs puisse s'y faire comme cela a lieu ailleurs, ces diverses opérations, dans d'autres parties de la ville, pouvant produire des effets malfaisants; mais nos informations, à cet égard, nous ont montré qu'il n'en est rien quant à présent. Ce nouvel établissement n'est même pas incommode pour les habitations les plus proches, la police nécessaire y étant observée.

Funchal n'est pas une ville manufacturière dans le sens actuel de ce mot; il suffit de planer, même de loin, sur ses édifices pour reconnaître qu'il n'y existe aucune de ces grandes fabriques industrielles qui corrompent et infectent l'air par l'emploi de la vapeur et la nécessité de hautes températures. Il existe seulement un petit nombre de fabriques de chandelles, des raffineries de sucre, des tanneries, des distilleries d'eau-de-vie, des fourneaux pour la préparation des vins, des fours à chaux et quelques autres industries, qui sont là des travaux individuels et isolés, parfois très-curieux, n'exigeant ni moteur puissant, ni température élevée, ni agents délétères. Le bois et la bruyère servent ordinairement aux usages culinaires. Une grande quantité de tourbe y est importée par mer, mais c'est pour l'usage presque exclusif des nombreux bateaux à vapeur qui passent. L'éclairage de la ville se fait à l'huile, sans aucun inconvénient pour la santé.

Les plantations de la ville et des faubourgs, loin d'être nuisibles, contribuent beaucoup au contraire à la pureté de l'air et à sa fraîcheur ; les maisons entourées de jardins et les places garnies d'arbres, en laissant de grands espaces libres, facilitent la ventilation et permettent aux habitants de rester à l'air libre une grande partie du jour et de la nuit. Les hautes plantations des jardins sont éloignées avec soin de l'habitation, pour ne pas intercepter les rayons solaires ni entretenir l'humidité. L'agriculture de l'île n'est pas insalubre ; elle est mal dirigée et l'on n'en retire pas tout le profit qu'un sol d'une production si facile et variée devrait donner. Des ensemencements exclusifs, répétés dans le même terrain, sans alternative ni repos, des procédés arriérés, peu de soin dans le choix des semences, de la négligence dans le soin des fruits, une grande confiance dans la bonté et la nature du sol, un peu de paresse, tout cela, joint à une législation peu favorable au progrès de l'agriculture, produit lentement ses légitimes conséquences en jetant le pays dans la pauvreté et la misère, en plongeant une grande partie des habitants dans la désolation et la famine et d'autres dans de grands embarras, quand, par une de ces épidémies végétales, si communes partout, la récolte exclusive manque. On y cultive particulièrement les diverses espèces de pommes de terre, l'igname, le maïs, le blé, la vigne, le café, les bananes, etc., ce qui n'offre rien de préjudiciable. Les travaux agricoles dans les terres humides, comme la culture du lin et du riz, sont si peu répandus qu'on peut à peine juger de l'influence du sol et du climat sur ces produits et que leur action sur les cultivateurs est inappréciable. Quant à la fabrique et à la préparation du vin, constituant la principale industrie et la plus grande richesse de l'île, aucun procédé n'est malfaisant, s'il est prudemment employé. Les grands magasins de vins qu'on remarque dans la ville, au rez-de-chaussée des maisons, semblent contraires à la santé publique par les émanations alcooliques qui s'en dégagent ; mais on y prépare très-rarement les vins : ce sont de simples dépôts, et l'odeur qui s'en échappe, nulle le plus souvent aux étages supérieurs, et que les habitants trouvent même douce et agréable, ne saurait être nuisible. Les maisons où l'on travaille le vin, en lui faisant subir des mélanges, des clarifications, des distillations, etc., ne sont pas convenables aux malades à cause des fortes exhalaisons alcooliques qui résultent de ces diverses opérations.

Les étables, écuries ou autres constructions pour les animaux, ne paraissent pas insalubres. Elles sont éloignées les unes des autres, situées à une distance convenable des habitations et bien disposées pour leur destination. Enfin, la douceur de la température permet qu'elles soient exposées et ventilées de tous côtés, de manière que les animaux vivent presque à l'air libre. Les épizooties sont très-rares, et, grâce au climat, des maladies, que l'on ne peut éviter ailleurs qu'avec beaucoup de soins et d'études, sont inconnues ici.

Les aliments sont en général de bonne qualité à Funchal ; on y trouve, en tout genre, une nourriture saine, des aliments fins et délicats, et la table peut y être très-variée. Les viandes sont aussi succulentes que les meilleures d'Europe; le poisson abonde; il y a des fruits d'Europe et des climats tropicaux, ainsi que des légumes excellents dans toutes les saisons. Pourtant, on doit dire que les fruits et légumes de première qualité ne sont pas communs, ils sont considérés comme un objet de luxe ; les plus abondants sont de seconde ou de troisième qualité. Il y a beaucoup à améliorer, à perfectionner à cet égard, et la production serait aussi excellente qu'elle est abondante si l'horticulture était mieux dirigée. La facilité actuelle des communications permet aussi d'y transporter toutes les commodités et les spécialités des autres pays.

L'alimentation des ouvriers et surtout des pauvres se compose presque exclusivement de poisson salé, de pommes de terre, igname, maïs, haricots, citrouilles, choux, et très-rarement d'une nourriture animale plus substantielle. Cette nourriture coûte fort peu de chose et cependant, dans ce climat si fertile et si favorisé de la Providence, on a vu des pauvres mourir de faim ; quelques-uns habitent des espèces de cabanes et sont à peine vêtus décemment. La maladie des pommes de terre ayant privé ces pauvres indigènes de leur aliment habituel, en 1847, il en résulta plus ou moins directement beaucoup de maladies et une grande mortalité.

Quand on compare la beauté du climat de ce pays et la facilité d'y vivre avec l'extrême misère d'un bon nombre d'habitants aptes au travail ; quand, à côté de tant d'habitations élégantes, on en voit d'autres si misérables et manquant de tout ; quand on observe la fertilité si variée de ce pays, produisant les biens de tous les climats et les matières premières du commerce le plus lucratif, réunissant toutes les productions d'Europe à celles des tropiques, jouissant d'une position géographique importante et presque indispensable aujourd'hui pour la navigation à vapeur, recevant chaque année plus de trois cents navires et fréquenté par trois à quatre cents étrangers qui vont y chercher la santé et y laissent des sommes considérables; quand, disons-nous, un pays ainsi doué de la nature, donne une position aussi misérable et dégradante à un si grand nombre de ses habitants, c'est qu'une erreur profonde produit cette terrible contradiction. Le pays, qui enrichit de si nombreuses maisons anglaises, ne peut-il alimenter et procurer les plus simples commodités de la vie à tous ses nationaux? Comment, ayant ses voies de communication à établir, des aqueducs, des digues à faire, son agriculture à perfectionner et à étendre, n'a-t-il pas de travail à donner aux malheureux qui en réclament et qui abandonnent par milliers une patrie délicieuse pour courir les aventures et les risques d'une émigration mercenaire très-souvent cruelle? Un sentiment général, une idée, un désir s'empare de tous ceux qui voient de près une si poignante contradiction. Ce sentiment est peut-être étrange chez les nationaux comme peu patriotique; mais on doit le pardonner aux étrangers comme philantropique et humanitaire.

Si ce qui précède est de nature à confirmer le voyageur dans ses idées défavorables à notre égard, il n'en faut pas moins reconnaître que cet état n'a pas d'effets nuisibles immédiats sur la santé publique des indigènes et des étrangers. De légères épidémies ont atteint parfois les habitants sans jamais prendre de grands développements; au contraire, elles ont cédé rapidement à de petites mesures sanitaires et surtout à de bons aliments.

CHAPITRE IX.

ANIMAUX ET VÉGÉTAUX.

La zoologie de Madère n'est pas plus avancée que sa géologie et sa minéralogie; aucune publication complète, résultant de travaux sérieux et persévérants, n'existe à ce sujet. Les fragments que l'on trouve à cet égard, et qui pourront servir un jour d'éléments à cette œuvre si désirée et si nécessaire pour la connaissance du pays, sont relatifs surtout aux oiseaux, aux poissons, et aux insectes. A en juger par le peu de vestiges fossiles d'animaux, la population zoologique de l'île ne fut ni très-nombreuse ni très-variée dans le principe; mais la nature volcanique du sol, son isolement du monde connu, peuvent expliquer cette rareté et la conflagration des bois et forêts par les premiers habitants, peut aussi avoir détruit quelques-unes des espèces zoologiques primitives. Dans tous les cas, il est certain que, depuis la découverte de l'île, les espèces de mammifères ne furent ni très-variées ni très-nombreuses, et il en est encore de même aujourd'hui, malgré leur augmentation progressive. Presque toutes importées, on n'y trouve que les plus convenables à l'homme ou celles que des navires y laissèrent forcément. Le Portugal et l'Angleterre ayant possédé l'île et entretenant le plus de communications avec elle, on y trouve aussi les mêmes espèces utiles que parmi ces nations. De là vient aussi qu'il n'y a pas d'animaux féroces ou vénéneux, ce qui est un avantage spécial du pays. La propagation des animaux de charge ou de trait a été peu considérable, mais les communications par mer, le cabotage de l'île, les anfractuosités et l'escarpement des routes, la facilité habituelle des indigènes à transporter des fardeaux, même les plus pesants, sur la tête ou les épaules et le mode de culture ont empêché d'en sentir le défaut ou la nécessité d'un plus grand nombre. Les mammifères employés au service de l'homme n'ont pas pris ici de grandes dimensions, contrairement à ce qui est arrivé dans le règne végétal pour quelques plantes exotiques ; loin de là, il y a une disposition marquée à se former des générations de formes rapetissées. Mais il paraît que la force, en se concentrant dans un corps et des membres plus courts, donne à l'animal une vigueur et une tenacité admirables pour le travail.

Quant au règne végétal, il n'existe non plus ni travaux ni explorations officielles. La Flore de Madère, quoique peu difficile sans doute, n'est pas encore faite. Quelques fragments épars font désirer des études régulières à cet égard, plutôt qu'ils n'en dispensent. Si le nombre des végétaux indigènes est très-restreint, comme tout le fait supposer, celui des naturalisés et des cultivés est déjà très-considérable et augmente tous les jours. Pour quelques-uns, cette distinction est difficile à établir. Les vents, l'émigration des oiseaux, les semences importées par les navires et les marchandises sur un sol fertile et de facile production, peuvent avoir donné naissance à des espèces dont il est impossible de déterminer l'origine. Le nombre des végétaux cultivés croît tous les jours, le sol recevant presque sans exception toutes les plantes et les semences importées. Ce n'est pas à dire que toutes les parties de l'île soient également aptes à toutes les cultures ; mais comme il y a différentes températures, hauteurs et expositions, il est facile de trouver des terrains propres à presque tous les végétaux de l'univers. C'est pourquoi plusieurs personnes ont souhaité y voir établir un jardin botanique universel où se rencontreraient, à l'air libre, les richesses végétales de tous les pays. D'autres croient ce lieu très-convenable aux cultures d'essai et de transition où les végétaux pourraient s'acclimater et passer ensuite des tropiques en Europe, et *vice versa*. Il ne nous paraît pas extraordinaire que les plantes tropicales et autres analogues, cultivées aujourd'hui à Madère, après s'y être acclimatées, ne puissent passer dans l'Algarve.

Pour mieux faire apprécier l'importance de Madère à cet égard et tout ce qu'on peut en espérer, nous signalerons les plantes les plus remarquables et les plus utiles, indigènes, naturalisées ou cultivées. Que cette digression nous soit permise en faveur de la bonne intention et du désir ardent qui la dictent. Nous ne parlerons ni de l'une des beautés de ce pays, c'est-à-dire des plantes d'ornement qui font aujourd'hui les délices des curieux et l'admiration des visiteurs par leur vigueur, leur splendeur et l'éclat de leurs fleurs, leur abondance et leur variété, ni de tous les bois remarquables employés dans les arts au nombre de plus de soixante, dont quelques-uns sont devenus fort rares, ce qui fait déplorer la perte des anciennes forêts et leur non remplacement par de nouvelles plantations ; nous citerons seulement les végétaux qui se recommandent par leurs qualités alimentaires, médicinales, ou leur valeur commerciale et industrielle. Quelques-uns de ces végétaux sont très-répandus et cultivés en grand dans l'île entière, d'autres sont limités à de certains endroits et il en est même dont il n'existe que des échantillons pour prouver la possibilité de leur culture à l'air libre. Enfin, il en est auxquels la bonté du sol et du climat convient tellement qu'ils ont pris des proportions et des développements très-supérieurs à leur stature ordinaire, et d'autres dont la production et les récoltes répétées sont admirables.

Parmi les plantes indigènes, on trouve :

La tomate ou pomme d'amour; le céleri; le fenouil, d'où vient le nom de Funchal, mais cette plante n'est plus aussi abondante qu'au temps où les premiers habitants donnèrent ce nom à la ville; le cresson de fontaine; le pissenlit; l'arnica; plusieurs espèces de menthe; la mélisse; le lierre terrestre; la digitale; le smilax; le capillaire; l'orseille; le pastel des teinturiers; la garance, qui est très-abondante; la bruyère à balai; le myrthe; le genévrier; le cyprès indigène et le cyprès cultivé, ainsi que l'if dont le bois sert aux constructions et à diverses manufactures; le til, arbre superbe, appelé laurier de Madère par quelques-uns et dont le bois, ainsi que celui du *Clethra arborea* et du *Laurus indica*, est très-employé pour la marine.

Les plantes naturalisées sont : le radis, le potiron et la courge; l'igname ou colocasie d'Egypte différant de celle des Indes orientales. Elle est très-cultivée et constitue la nourriture d'une grande partie des travailleurs et des pauvres pendant trois à quatre mois de l'année : l'espèce rouge est préférable à la blanche; mais en général cet aliment est peu substantiel et inférieur à la pomme de terre. Les fruits hâtifs, gros et oblongs du figuier, sont très-savoureux et très-estimés; le bananier produit en abondance la figue banane, la banane commune et celle de Chine; le citronnier et l'oranger produisent également plusieurs espèces d'oranges et citrons excellents quoique inférieurs, en général, à ceux du Portugal; la canne à sucre, dont la culture a diminué, vient facilement; on en retire de la mélasse et surtout de l'eau-de-vie, mais peu de sucre; la vigne, dont les produits variés et excellents sont très-connus et appréciés, constitue la plus importante production de l'île; celle du sud produit des vins plus généreux, plus aromatiques et plus estimés que celle du nord. La maladie l'atteignit avec une telle intensité en 1852 et 1853 que la perte du raisin fut presque complète. On remarque encore le balisier; le marronnier, bel arbre, surtout au nord, servant d'appui ou d'échalas à la vigne; le noyer atteint par la maladie, comme le marronnier et le figuier, quoique à un moindre degré; la rhue; le romarin; le carthame ou faux safran, d'une production facile et abondante; le pavot rouge; l'agave ou maguei; le dragonnier, dont on extrait le sang-dragon; et enfin le buis qui est très-employé dans la marine et dans la sculpture.

Il y a parmi les plantes cultivées le chou et le navet qui forment en grande partie la nourriture des pauvres, avec les pois chiches, les haricots, dont une partie vient de l'étranger et la pomme de terre attaquée violemment par la maladie en 1847. Celle-ci, moins cultivée depuis, est remplacée par la patate de Démérara, importée de ce pays il y a deux ou trois ans. C'est une plante d'une culture facile et d'une abondante production; elle donne jusqu'à trois récoltes par an et n'a pas été atteinte jusqu'ici de la maladie des pommes de terre. Il y en a deux variétés : la rouge est plus fine et plus douce que la grise qui est d'un rapport plus avantageux. Cette acquisition est des plus utiles pour les habitants pauvres qui en font déjà un grand usage. La patate des îles existe aussi en abondance et est très-estimée. Comme aliment, on en fait une gelée très-employée dans le pays, dont on exporte même une certaine quantité. Il y a aussi la fève, la lentille, très-cultivée à *Porto-Santo*, le lupin blanc, les pois verts, la carotte et la laitue romaine dont les qualités sont excellentes; la melongène ou aubergine, l'artichaut, l'asperge, meilleure que celle de Lisbonne en général, mais inférieure à celle de

France et d'une saveur différente ; la betterave, l'épinard, l'ognon, le persil, le piment annuel, le piment ou poivre de la Jamaïque ; la citrouille, le melon, importé du Portugal, d'une qualité égale à celui de ce pays, mais inférieure à celle du cantalou ; le concombre, d'une bonne qualité ; la pastèque ou melon d'eau, inférieure à celle du Portugal et du Brésil, et le *Sechium œdule*, qui est très-estimé et d'un goût agréable. La culture du maïs est insuffisante aux besoins de la population, quoique ayant augmenté depuis la maladie de la vigne ; mais on fait un grand usage de cette farine en bouillie ou mêlée à d'autres végétaux, et il en vient encore beaucoup de l'étranger ; le blé, dont la culture est également inférieure aux besoins du pays, est d'une bonne qualité. On y recueille aussi l'arrowroot, fécule nourrissante très-estimée qu'on extrait de la racine du *curcuma leucorhisa*, dont une grande quantité est exportée et dont on fait des potages pour les enfants et les malades ainsi que des gâteaux et des biscuits. Quelques essais de culture du riz et du thé ont été tentés, mais on rencontre de grandes difficultés pour sécher et rouler celui-ci comme en Chine. Le café est d'une production facile, d'une qualité excellente et sa culture pourrait s'étendre beaucoup quoiqu'il ne vienne bien qu'au sud de l'île jusqu'à une certaine hauteur. L'ananas est également d'une facile production dans les lieux bas au sud, et la variété jaune en est plus succulente, plus aromatique et plus estimée que la blanche. On y récolte aussi la framboise et trois variétés de fraises inférieures ; l'anone, fruit très-abondant, excellent et délicat, plus petit que celui du Brésil ; le berberis ou épine-vinette, et le fruit du *passiflora edulis* ou maracuja, dont la variété rouge est la meilleure.

Les arbres à fruits cultivés sont : le dattier, le cocotier, le manguier, dont le fruit assez rare est très-estimé, quoique inférieur à celui du Brésil et de l'Inde; le pistachier, le grenadier, dont quelques espèces donnent un gros fruit des plus beaux; le goyavier et le pitanguier, dont le fruit, sans être fameux, sert à faire une gelée excellente comme au Brésil; le jambosier, le mamei d'Amérique ou abricotier des Antilles, le tamarinier, le caroubier, l'amandier, le pêcher, l'abricotier, le prunier, le cerisier, dont les fruits sont très-abondants, mais d'une qualité inférieure; le néflier, le coignier, le pommier et le poirier produisant diverses espèces de fruits; l'olivier seulement comme expérience ainsi que le mûrier noir et le multicaulis.

Parmi les médicaments cultivés, on compte : le raifort, le datura stramonium, la bourrache, la lavande et la sauge, dont il existe également des espèces indigènes; la santoline ou citronnelle, le faux jalap ou belle de nuit, la canne de provence, le laurier, le laurose, le laurier camphre, le ricin commun, arbre élevé pouvant être d'un rapport utile dans un pays qui importe de l'huile à brûler; le sumac, le manioc, le pignon d'Inde, le gingembre, le cardamome et le curcuma long. Le tabac y vient parfaitement et paraît de bonne qualité. L'*oïdium* ayant considérablement diminué l'industrie principale de l'île et rendu nécessaires d'autres cultures, celle du tabac semble devoir se développer et donner de bons résultats; malheureusement elle est incompatible avec les droits exclusifs concédés par le gouvernement à une compagnie commerciale. Il y a aussi quelques essais de culture du cotonnier, du lin commun et l'on recueille le caoutchouc comme curiosité sur le *ficus elastica*. On a obtenu de l'*opuntia documana*, espèce de cactus analogue au nopal, des parcelles très-appréciables de cochenille, laquelle, sans être aussi pure qu'aux Canaries, où la culture et la récolte en sont très-répandues, est d'une bonne qualité. Un bel échantillon de ce produit figurait à l'exposition de Londres. Aujourd'hui que les moyens de recueillir et purifier la cochenille sont mieux connus, ce peut être une industrie productive; mais l'espèce de cactus cultivée à Madère a plus d'épines que le nopal et offre ainsi plus de difficultés pour la récolte.

Enfin, on cultive encore le bambou, le frêne commun, le chêne-liége, le peuplier blanc, le platane oriental, le saule pleureur et l'azedarach ou sycomore faux qui acquiert des proportions plus grandes qu'en d'autres pays; le pin maritime, dont la culture se développe de plus en plus; le mélèze et le cèdre employés pour la marine et les constructions; mais ce dernier étant rarement remplacé, peut disparaître bientôt.

Cette description sommaire du règne végétal de Madère est peut-être une des plus évidentes preuves de la bonté, de l'excellence du climat de ce pays. Hippocrate y attachait une grande importance en l'absence de preuves plus positives. « Le climat « qui contribue le plus à l'accroissement et à la bonté de toutes « choses, dit-il, est celui où rien ne domine avec excès, mais « où tout s'équilibre parfaitement. »

CHAPITRE X.

LONGÉVITÉ ET MORTALITÉ DES HABITANTS.

Voyons maintenant comment le climat que nous venons de décrire et les conditions hygiéniques qui s'y rattachent agissent et influent sur la santé et la vie des habitants de l'île, afin de juger comment elles peuvent affecter aussi les étrangers qui viennent y résider plus ou moins longtemps pour améliorer leur santé.

La différence des conditions sociales, commune à tous les pays, est plus fortement prononcée ici qu'ailleurs et influe surtout sur la vie et la santé des habitants. La population favorisée de la fortune, ayant toutes les commodités de la vie sous un excellent climat, peut se soustraire à un grand nombre de causes morbides et jouir de la meilleure santé et de la plus longue existence. Quant à la population laborieuse qui, par ses travaux productifs ou faciles, se rapproche de la classe riche, elle participe à ces exemptions et à ces jouissances. Mais la population pauvre et misérable, qui naît et vit dans des habitations malsaines, avec des vêtements insuffisants, une mauvaise nourriture et dans une malpropreté coupable, acquiert une constitution faible, reste exposée à toutes sortes de maladies graves, à de tardifs et mauvais traitements et finalement à une existence plus courte, ainsi que l'expérience le confirme. Ce n'est pas à dire pourtant qu'il y ait plus de maladies ici qu'ailleurs; au contraire, nous croyons qu'il y en a moins; et nous affirmons qu'elles seraient encore moins fréquentes et la vie plus longue parmi les malheureux, s'il était possible de leur donner, sinon la jouissance du riche, du moins les commodités et l'alimentation qu'en un tel pays tous pourraient et devraient avoir.

Les travailleurs, surtout ceux qui jouissent d'une bonne nourriture et de quelques commodités de la vie, sont forts, actifs et capables de porter de lourds fardeaux, de supporter des marches et des travaux prolongés. La facilité avec laquelle un bon nombre d'individus portent en chaise ou palanquin, et gravissent ainsi des monts escarpés et d'un accès difficile ; l'agilité et la résistance que d'autres montrent en accompagnant les cavaliers des jours entiers et parfois successifs, prouve une vigueur rare aidée par l'habitude. Les habitants, du nord de l'île surtout, ont en général des formes bien développées, musculeuses, une apparence vigoureuse et peuvent supporter de longues fatigues, charger de lourds fardeaux, marcher beaucoup et résister à un travail continu. Mais on en rencontre aussi avec des formes moins avantageuses, une apparence frêle, indolents au suprême degré et d'une épouvantable résignation à l'indigence. Tout ce mal pourrait se corriger facilement, grâce à la bonté du climat. Au milieu de tant de misère et de pauvreté, le naturel des indigènes reste doux et pacifique. Les vols et les assassinats sont rares ; la mendicité étudiée, organisée, immorale et honteuse des grandes villes n'existe pas, et la majorité des habitants n'ont pas une idée des crimes atroces qui se commettent aujourd'hui en Europe en pleine civilisation.

Il n'y a pas de maladies véritablement endémiques à Madère comme en beaucoup d'autres pays. Les plus fréquentes, sans prendre cette forme, sont les irritations de l'appareil digestif. Elles revêtent parfois la forme épidémique comme en 1847, année de famine, pendant laquelle la mortalité fut si grande ; il en fut de même en 1849 parmi la population de l'*Arco de S. Jorge*, où de nombreuses colites graves apparurent et cédèrent avec facilité. Les bronchites, pneumonies et pleurésies sont aussi très-fréquentes parmi les habitants pauvres; ce qui n'est pas étonnant avec les vêtements insuffisants qu'ils portent invariablement dans toutes les saisons, le jour et la nuit, dans toutes les variations du temps, et en voyageant chargés et en grande transpiration dans les montagnes où la température est parfois très-basse. L'hépatite aiguë et chronique, le rhumatisme, les scrofules, l'éléphantiasis, les fièvres continues de différente forme, surtout la fièvre gastrique et la fièvre ataxo-adynamique, sont aussi assez communes. Le cancer attaque très-souvent différents organes. L'apoplexie n'est pas rare. Les autres maladies se manifestent sans fréquence notable. Il est remarquable que le choléra-morbus, la fièvre jaune et les autres épidémies terribles qui ont parcouru presque tous les pays dans ces derniers temps, en causant une horrible mortalité, n'ont pas pénétré dans l'île malgré le libre accès des communications commerciales[1]. D'après les praticiens, les enfants n'y sont pas aussi sujets aux maladies de leur âge qu'en d'autres pays; les fièvres éruptives s'y développent rarement, si ce n'est par contagion de malades étrangers. Pendant notre séjour, une forte toux convulsive, paraissant aussi importée, atteignit un grand nombre d'enfants, sans mortalité notable. Aucun cas d'hydrophobie n'a paru jusqu'ici, et ceux de croup, de bronchocèle, de calculs des voies urinaires y sont très-rares.

Quant à la phthisie pulmonaire, dont il s'agit ici, l'opinion des médecins n'est pas uniforme. Quelques-uns, avec

1. Depuis, le choléra s'est montré à Madère. Il éclata au commencement d'octobre 1856 et y fit rapidement de nombreuses victimes.

Gourlay et Mason en particulier, affirment qu'elle est très-fréquente, qu'elle n'épargne pas les habitants et atteint parfois des familles entières; d'autres prétendent qu'elle atteint assez souvent les pauvres, et même plusieurs membres de la même famille, mais sans qu'il en résulte une grande fréquence et sans être aussi commune qu'en beaucoup d'autres pays. Ce point mérite donc d'être éclairci, attendu qu'on a voulu faire de cette fréquence supposée de la phthisie parmi les indigènes, un argument pour déprécier et nier même l'utilité du climat de l'île sur les malades étrangers qui en sont atteints.

Nos investigations à cet égard, faites sans prévention, ne peuvent résoudre définitivement ni complétement cette question, l'élément principal manquant à cet effet, c'est-à-dire la statistique des maladies auxquelles succombent les habitants de l'île ou les données officielles propres à l'établir; négligence impardonnable si elle n'était autorisée par l'exemple de la métropole. Les renseignements fournis par les médecins actuels, même les plus recherchés des phthisiques, s'accordent à présenter cette maladie comme n'étant pas rare parmi les habitants sans être aussi fréquente qu'en d'autres pays. Mais tout ceci est trop vague et a besoin d'être confirmé par des calculs statistiques comparés avec ceux d'autres pays.

Nous avons donc eu recours aux registres de l'hôpital de Funchal, et, mettant de côté toutes les données antérieures à 1838, soit à cause du mauvais ordre des tableaux ou du défaut de diagnostic dans certains cas, nous avons trouvé les proportions suivantes de la phthisie pulmonaire avec les autres maladies de 1838 à 1849 inclusivement, c'est-à-dire pendant l'espace de douze années consécutives.

En 1838...	8	phthisies sur	1034	malades.
1839...	6	»	1040	»
1840...	8	»	1038	»
1841...	16	»	977	»
1842...	6	»	698	»
1843...	8	»	600	»
1844...	9	»	791	»
1845...	6	»	613	»
1846...	16	»	830	»
1847...	13	»	912	»
1848...	9	»	794	»
1849...	7	»	557	»
Total...	112	cas sur	9884	malades.

C'est-à-dire 1 phthisique sur 88 malades; proportion très-favorable si on la compare aux résultats suivants obtenus à l'hôpital *S. José* de Lisbonne, de juillet 1844 à la fin de juin 1850.

1844-1845 sur	11 629	malades	201	phthisiques.
1845-1846	12 375	»	222	»
1846-1847	13 298	»	244	»
1847-1848	15 062	»	282	»
1848-1849	12 588	»	243	»
1849-1850	11 915	»	256	»
Total..... sur	76 867	malades	1448	phthisiques.

C'est-à-dire 1 phthisique sur 53 malades.

Comme il est possible que par difficulté de diagnostic quelques cas de phthisie aient été confondus avec les bronchites ou les pneumonies chroniques dans ces statistiques, nous avons réuni tous les cas de ces trois maladies dans chacun de ces hôpitaux pour en établir la différence comparative. Or, nous avons trouvé qu'à Funchal, pendant le temps ci-dessus fixé, il y avait 191 cas de ces trois maladies sur les 9884 malades, c'est-à-dire 1 sur 51, tandis qu'à Lisbonne, dans l'espace de trois ans, sur 39 565 malades, il y eut 1431 cas de ces affections pulmonaires, ce qui fait 1 cas sur 27 malades ; différence très-sensible avec Madère.

Voyons maintenant, en examinant la même question sous un autre point de vue, quelle est la proportion de la mortalité de la phthisie pulmonaire avec la mortalité générale dans ces deux établissements.

A Funchal, pendant les douze années citées, il y eut 63 cas de phthisie sur 1522 décès, c'est-à-dire 1 sur 24 ; tandis qu'à *S. José*, pendant les six années citées, sur 12 056 décès, il y eut 1150 cas de phthisie pulmonaire, c'est-à-dire 1 sur 10. D'où l'on voit que la mortalité causée par la phthisie est beaucoup moindre à l'hôpital de Funchal qu'à celui de Lisbonne et il n'y a pas de raison de supposer qu'elle soit plus considérable dans la pratique civile.

Cette proportion paraîtra encore plus favorable en la comparant avec celle des villes suivantes, établie comme il suit par le professeur Andral :

Stockholm	1 : 16
Berlin	1 : 15
Vienne	1 : 11
Munich	1 : 10
Londres, plus de	1 : 5
Paris	1 : 5
Marseille	1 : 4
Genève	1 : 6
Naples	1 : 8
Rome	1 : 20
Alger, selon M. Guyon	1 : 25

D'après sir J. Clark, voici les proportions de cette mortalité par la phthisie, comparée aux autres maladies, parmi les troupes dans les pays suivants :

Nouvelle Galle.	1	:	35
Indes orientales	1	:	35
Cap de Bonne-Espérance	1	:	7
Méditerranée	1	:	6
Indes occidentales (européens)	1	:	5
» (indigènes).	1	:	3
Canada	1	:	4
France	1	:	3
Angleterre	1	:	3

On voit donc que la proportion de la mortalité par la phthisie est moindre à Madère que dans ces différents pays. Et que l'on ne dise pas que, sous ce climat si doux, plusieurs phthisiques pauvres, n'étant pas incommodés par la température, meurent hors de l'hôpital, dont on leur conseille même de sortir quand les graves accidents qui les y avaient conduits ont diminué ; car, si cela peut avoir lieu dans quelques cas, cette proportion n'en est pas changée : attendu que ces malades, après être rentrés deux ou trois fois à l'hôpital, vont ordinairement y mourir, et que s'ils ne figurent pas sur le tableau de mortalité, ils figurent dans le précédent. D'ailleurs, les registres antérieurs à 1838 mentionnent également très-peu de cas de phthisie pulmonaire, et loin d'avoir été préparés dans le but déterminé de fournir des données favorables à cet égard, peut-être ne songeait-on pas même qu'un jour ils fourniraient des statistiques sur ce sujet. Cette légère fréquence de la phthisie parmi la population qui recourt à l'hôpital est d'autant plus remarquable, que celle-ci est très-sujette aux bronchites, aux pleurésies, aux pneumonies et que la majorité a une disposition scrofuleuse, de mauvaises habitations et une alimentation peu substantielle. Il y eut dans l'île, en 1844, comme en plusieurs contrées d'Europe, une épidémie de grippe avec plusieurs cas de pneumonie, sans que la phthisie ait été plus fréquente. Enfin, si la population aisée est moins exposée à cette maladie, comme on peut le supposer, la proportion générale de sa fréquence serait encore plus favorable que dans les hôpitaux seuls, en retranchant de ce calcul, bien entendu, tous les phthisiques étrangers. Mais cet examen ne doit pas s'arrêter ici et il est nécessaire de rechercher par tous les moyens possibles des données statistiques certaines, tant de la pratique civile que de celle de l'hôpital, afin de pouvoir formuler d'une manière définitive, dans quelques années, la proportion de la mortalité de l'île par la phthisie pulmonaire [1].

Nos investigations étant insuffisantes et nos prédécesseurs ayant dû rencontrer la même difficulté pour résoudre cette question de la fréquence de la phthisie à Madère, il s'agit de savoir comment certains auteurs ont pu avancer que cette maladie y était très-commune et insinuer même qu'elle y était plus fréquente que dans d'autres pays, sans le dire explicitement. Gourlay le premier, en parlant de l'utilité du climat de Funchal pour les phthisiques du nord

1. Depuis l'ouverture de l'hôpital spécial *Maria Amelia*, les vingt-quatre lits qu'il contient n'ont jamais été tous occupés simultanément, malgré les excellentes conditions de l'établissement, la réception facile des malades, leur séjour prolongé, et l'envoi de quelques-uns du Portugal.

Au mois d'octobre 1853, il n'y avait que 10 femmes et 5 hommes ; 2 décès seulement avaient eu lieu et 16 personnes en étaient déjà sorties guéries ou améliorées.

En 1854, il y eut 55 admissions et 65 malades en traitement, 39 femmes et 26 hommes, dont 60 étaient indigenes et 5 venaient du Portugal. Les affections de poitrine ne sont donc pas aussi fréquentes à Madère qu'on a voulu l'insinuer.

de l'Europe, dit : « Si bienfaisant que soit ce climat pour « les phthisiques étrangers, il n'en est pas moins vrai « qu'il n'y a pas d'affection plus fréquente parmi les indi- « gènes que la phthisie. Les personnes des deux sexes, « de toute condition et parfois même des familles entières « en sont victimes. L'espèce prédominante est celle qui a « des rapports avec la scrofule, maladie aussi commune « dans ce pays que dans les plus froids de l'Europe. Au « début, elle a la forme d'un catarrhe léger, mais quand « les symptômes vraiment pulmonaires se manifestent, les « progrès en sont plus violents et plus rapides que dans « les climats du Nord. C'est principalement sur les malades « étrangers, venus d'Angleterre, que se fondent mes idées « sur cette triste maladie ainsi que mon expérience du « traitement. Il dit également que les enfants y sont su- « jets au carreau ou tabes mésentérique et qu'il rencon- « tra des tubercules pulmonaires conjointement avec ceux « des ganglions mésentériques, ce qu'il attribue à la « mauvaise qualité des aliments. » Rien dans cet ouvrage ne prouve autrement cette assertion, ni statistique, ni comparaison numérique positive, soit de la mortalité de la phthisie avec les autres maladies, soit de sa fréquence ici avec d'autres pays ; l'auteur dit même dans sa préface, que ses observations se rapportent plutôt aux phthisiques anglais, en traitement à Madère, parmi lesquels s'étendait le plus, sans doute, sa pratique et son expérience, que sur ceux du pays. Les éléments nécessaires lui manquaient donc pour établir cette proportion, indispensable aujourd'hui, de la fréquence de la phthisie à Funchal avec les autres pays.

Le docteur Pitta dit également en parlant des affections de poitrine « que l'on rencontre à Madère le catarrhe et « la pneumonie sous diverses formes, mais que la prin-

« cipale affection de cette nature est la phthisie ou con-
« somption pulmonaire à laquelle les indigènes sont sujets
« quelquefois (*occasionaly*); » puis il continue à vanter le climat pour les phthisiques étrangers qui vont y résider. Tout en confirmant l'existence de la phthisie parmi les indigènes, cet auteur ne laisse donc pas supposer qu'elle y soit très-fréquente et ne fournit non plus aucune relation numérique à ce sujet, la statistique étant alors peu accréditée dans la science.

Mason, dans son ouvrage, dit que sa propre expérience l'incline à corroborer l'opinion de Gourlay, que la phthisie et les scrofules sont fréquents à Madère. Mais en supposant que cette expérience fût très-compétente et admissible dans ce cas, ce qui n'est pas probable, elle ne peut servir à comparer la fréquence relative de cette maladie dans les autres pays. Récemment, le docteur Burgess, réunissant ces assertions déjà très-vagues, dit que Madère ne paraît pas avoir plus de vertu préventive à ce sujet que les autres pays, invoquant à cet égard le témoignage de Heineken et Gourlay qui disent que la phthisie est la maladie la plus fréquente parmi les indigènes, et corroborant ce témoignage de l'opinion de Mason. On voit donc que toutes ces assertions reposent sur des fondements bien fragiles, insuffisants, peu explicites et mal caractérisés pour établir cette grande fréquence absolue ou relative; nous savons personnellement que les données positives et satisfaisantes à cet égard sont très-difficiles à obtenir, même aux plus favorisés.

Le docteur Kampfer, procédant dans son mémoire suivant la philosophie médicale de son époque, présente une statistique de 166 cas de mort sur lesquels il y a 15 cas de phthisie pulmonaire et 2 de phthisie laryngée; d'où il conclut que la première est sur la mortalité générale de 1 sur 11 et la seconde de 1 sur 82, ajoutant que cette proportion augmente rarement hors de l'hôpital. Bien que ces données statistiques, inférieures aux nôtres, soient trop faibles et insuffisantes pour résoudre la question, la proportion qui en résulte n'est pas défavorable au climat de Madère, et par conséquent, s'il est permis de tirer quelque conclusion de ces éléments statistiques réunis, c'est que, probablement, la phthisie pulmonaire est moins fréquente à Madère que dans les pays cités, même ceux réputés les plus favorables contre cette maladie.

Voyons maintenant le rapport de la mortalité avec la population de l'île, comme moyen d'apprécier la salubrité du climat.

ANNÉES.	POPULATION.	DÉCÈS.
1835	115,446	2,751
1839	115,761	3,962
1843	119,041	2,883
1847	106,486	3,252
1849	110,084	2,293
1850	108,464	2,214
Totaux	675,282	17,355

Ce qui donne un décès sur 39 habitants. Mais il faut remarquer que, dans ce relevé, figure l'extraordinaire mortalité de 1839 et celle de 1847, causée par la maladie des pommes de terre ainsi qu'un certain nombre de phthisiques étrangers qui meurent dans l'île. La diminution de la population n'est pas due à la mortalité, mais à d'autres causes étrangères à notre sujet et dont la principale est l'émigration. Voici d'ailleurs la mortalité proportionnelle de certains pays qu'on peut comparer à celle de Madère.

Angleterre et pays de Galles............	1	décès sur	60	habit.
Pays de Vaud.........................	1	»	49	»
Hollande.............................	1	»	48	»
France...............................	1	»	40	»
Royaume de Naples...................	1	»	35	»
Prusse...............................	1	»	33	»
Wurtemberg..........................	1	»	33	»
Royaume Lombardo Vénitien...........	1	»	28	»
» en 1817 (année de famine)..	1	»	14	»
Londres..............................	1	»	40	»
Birmingham..........................	1	»	43	»
Nice.................................	1	»	31	»
Livourne.............................	1	»	35	»
Paris................................	1	»	32	»
Lyon.................................	1	»	32	»
Strasbourg...........................	1	»	32	»
Barcelone............................	1	»	32	»
Berlin...............................	1	»	34	»
Madrid...............................	1	»	29	»
Rome.................................	1	»	25	»
Amsterdam............................	1	»	24	»
Vienne...............................	1	»	23 1/2	
Lisbonne (suivant le plus favorable calcul).	1	»	30	»

Quelques auteurs, Mason entre autres, ont encore dit, pour discréditer le climat de Madère, sans étayer leur assertion sur des chiffres irrécusables, que la durée de la vie y était *probablement* moindre qu'ailleurs et qu'on y arrivait rarement à un âge avancé. On sait, à cet égard, que les habitants des climats à basses latitudes, où le développement de la puberté et l'âge critique viennent de bonne heure, sont exposés à une vieillesse et une mort prématurées. Les travaux, les habitations, les aliments d'une certaine partie des habitants de Madère ne peuvent guère faire présager une longue vie malgré la bonté du climat, quoique nous connaissions positivement des cas de longévité très-remarquables; ainsi, il y a à Funchal une femme de 108 ans et une de 107 à l'asile de mendicité. Voici d'ailleurs pour résoudre ce point le tableau officiel de la population de Madère et Porto-Santo par âge et par sexe pendant l'année 1847.

AGES.	HOMMES.	FEMMES.	TOTAL.
Jusqu'à 10 ans...........	13,522	12,900	26,422
De 10 à 20 »	10,647	11,147	21,794
De 20 à 30 »	7,310	8,757	16,067
De 30 à 40 »	6,834	7,583	14,417
De 40 à 50 »	5,649	6,040	11,689
De 50 à 60 »	4,157	4,581	8,738
De 60 à 70 »	2,387	2,628	5,015
De 70 à 100 »	1,105	1,239	2,344
Totaux..........	51,611	54,875	106,486

Les registres civils ne donnant pas l'âge des décédés, nous avons consulté ceux de l'hôpital, quoique ici il y ait un grand mécompte, puisqu'il s'agit de la population la plus malheureuse subissant toutes les influences qui abrégent l'existence.

On peut voir par le tableau suivant, comprenant tous les décès de 1844 à 1849 inclusivement, que, même dans ces fâcheuses conditions, la vie n'est pas aussi courte que quelques-uns l'ont avancé.

2 jours 1	11 ans 5	21 ans 2	31 ans 3	41 ans 2	51 ans 5	61 ans 25	71 ans 2	81 ans 2	93 ans 1
115 — 1	12 — 3	22 — 3	32 — 9	42 — 2	52 — 5	62 — 20	72 — 6	82 — 4	94 — 2
2 ans 1	13 — 2	23 — 10	33 — 10	43 — 9	53 — 3	63 — 15	73 — 1	83 — 2	97 — 2
4 — 2	14 — 6	24 — 8	34 — 10	44 — 9	54 — 29	64 — 18	74 — 1	84 — 1	99 — 1
5 — 2	15 — 4	25 — 10	35 — 10	45 — 5	55 — 4	65 — 12	75 — 8	85 — 3	103 — 1
6 — 2	16 — 7	26 — 9	36 — 19	46 — 18	56 — 24	66 — 10	76 — 11	86 — 3	
7 — 5	17 — 4	27 — 4	37 — 4	47 — 5	57 — 5	67 — 8	77 — 1	87 — 2	
8 — 2	18 — 8	28 — 12	38 — 13	48 — 14	58 — 22	68 — 16	78 — 7	90 — 2	
9 — 3	19 — 5	29 — 4	39 — 2	49 — 3	59 — 5	69 — 3	79 — 6		
10 — 6	20 — 17	30 — 45	40 — 46	50 — 50	60 — 83	70 — 51	80 — 28		

Ainsi, ces 896 décès ont eu lieu aux âges suivants :

De 2 mois	à 10	ans	......	25
De 11 ans	à 20	»	......	61
De 21 »	à 30	»	......	107
De 31 »	à 40	»	......	126
De 41 »	à 50	»	......	117
De 51 »	à 60	»	......	185
De 61 »	à 70	»	......	178
De 71 »	à 80	»	......	71
De 81 »	à 90	»	......	19
De 93 »	à 103	»	......	7

L'examen de ce tableau peut faire douter de son exactitude à cause des nombreux décès à certains âges. Mais les personnes familiarisées avec la pratique des hôpitaux savent que beaucoup de malades ne connaissent leur âge qu'approximativement ou même pas du tout et qu'il est alors fixé d'après l'apparence. Dans ces cas, les nombres ronds sont pris de préférence ; c'est pourquoi il y a plus de décès à 20, 30, 40, 50 ans qu'aux âges intermédiaires. Toutefois, ces erreurs se compensent et le résultat final approche beaucoup de la vérité.

Nous ajouterons que sur 207 pauvres de tout âge, existant dans l'asile de mendicité, 4 avaient 80 ans, un 81, un 82, un 83, un 86, un 90, et une femme, M. J. *de Vasconcellos*, 107 ans.

Nous savons aussi par l'autorité ecclésiastique qu'il y a, dans la plupart des paroisses de l'île, des vieillards d'un âge très-avancé. Dans celle du *Curral das Freiras*, il y a une personne de 97 ans, une autre de 90 et plusieurs dépassant 87 ans. Dans celle de *Magdalena do Mar*, une de 85 ans. Dans celle de *Paul do Mar*, nous avons le nom et la demeure de huit personnes âgées de plus de 80 ans. Dans celle de l'*Arco da Calheta*, il y en a une de 99 et une autre de 91. Enfin, dans celle de la *Calheta*, il y en a une de 93, une autre de 90 et plusieurs dépassant 80. Ce qui prouve irréfutablement que, malgré les mauvaises conditions où se trouvent une partie des habitants pauvres de Madère, la vie n'y est pas aussi courte qu'on pourrait le croire et que quelques-uns l'ont prétendu.

CONCLUSION

DE LA PREMIÈRE PARTIE.

Les considérations précédentes sur cette première partie de notre travail nous autorisent à conclure que la ville de Funchal et ses environs offrent un climat délicieux, salubre et exempt des influences nuisibles qu'on rencontre dans d'autres, surtout dans les villes, avec une température toujours douce, sans de grandes variations et à l'abri des vents du nord. C'est en outre un pays riant, ayant une végétation toujours verdoyante, un paysage admirable, des promenades et des excursions intéressantes, offrant une alimentation saine et variée, des eaux excellentes, des habitations avec tout le confortable d'une haute civilisation, exempt d'animaux féroces et vénéneux, et où les grands fléaux qui ont dernièrement dévasté le monde n'ont pas encore pénétré.

Tous les étrangers qui visitent l'île, et particulièrement les habitants du nord, sont enchantés des beautés de la nature et de la suavité du climat. Dans quelques écrits étrangers à la médecine, ces beautés sont décrites avec le plus grand enthousiasme. C'est ainsi que Albuquerque, dont le caractère franc et sincère est bien connu, dit, dans un paragraphe de son mémoire : « Si d'une part ces « rochers rapprochés, profonds et généralement fragmen- « taires nuisent à la marche du voyageur, d'autre part, ils « offrent à sa vue et à son imagination les formes, les sites « et les paysages les plus pittoresques, en lui découvrant « ici des cimes escarpées et des précipices d'une grandeur, « d'une majesté effrayante et terrible ; là des vallées et des « solitudes d'une beauté délicieuse et d'une grâce, d'une

« variété qui peut être difficilement égalée mais non sur-
« passée ; et si la main dévastatrice et imprévoyante de
« l'homme n'eût dépouillé presque tous les monts et les
« versants de leur ancienne et riche verdure, sans la rem-
« placer par de nouvelles plantations, l'île Madère se-
« rait sans doute un des pays les plus beaux et les plus
« agréables de l'univers. » Macaulay termine également son mémoire en disant : « Quand nous voyons, au milieu
« des scènes les plus agrestes, des paysages d'une grâce
« et d'une beauté infinies joints à un climat proverbiale-
« ment le meilleur du monde, l'enthousiasme avec lequel
« certains voyageurs parlent de l'île Madère ne nous
« étonne plus, ni les épithètes de Fleur de l'Océan, de
« Reine de l'Atlantique sous lesquelles les Portugais ont
« l'habitude de la désigner. »

Toutes ces particularités, en rendant le séjour, la visite et l'exploration de l'île si délicieuses, la désignent hautement comme un pays éminemment salutaire aux valétudinaires, aux constitutions faibles et aux enfants, dont les maladies sont plus rares qu'ailleurs. Mais il convient surtout aux malades atteints d'affections chroniques, qui réclament une température douce et uniforme, pour lesquels de grandes variations atmosphériques et l'hiver surtout sont insupportables, qui ont besoin de respirer un air libre et pur, et de recevoir ce baume et cette sensation de vie que les belles scènes de la nature et une riche et luxuriante végétation peuvent seules donner. Dans tout l'hiver, dit Macaulay, il n'y a que très-peu de jours où le plus frêle malade ne puisse se promener. Pour les Anglais, habitués à un climat si variable et si rude, dont le plus fréquent objet de conversation est l'état du temps et pour qui la continuation de quelques beaux jours est un motif de surprise et de félicitation, il est agréable de pouvoir compter sur une succession de jours clairs et beaux, et de jouir en même temps de différentes températures, soit sur les hauteurs voisines où la verdure d'une végétation presque tropicale garantit de l'influence directe du soleil, soit sur les bords de la mer dont la brise modère un excès de chaleur. Sous un tel climat, on ne s'étonne pas que le corps soit plus léger, le cœur plus gai ; qu'une maladie rebelle disparaisse souvent ou que la constitution se fortifie de manière à pouvoir résister à sa future influence et que l'on y rencontre des soulagements et une prolongation de la vie qui s'éteindrait rapidement sous un climat moins bienfaisant. Quiconque visitera Madère sera rarement déçu dans ses espérances de ce climat ; souvent, au contraire, il restera surpris d'y trouver les plus beaux paysages de l'univers.

> Know'st thou the Island where these marvels meet,
> The peerless isle with all earth's treasures strown,
> Know'st thou the Ocean-flower so softly sweet?
> Oh, surely' tis Madeira's isle alone [1] !
>
> HUGUES. *The Ocean-Flower*. Chant Ier.

1. Connais-tu l'île où se trouvent ces merveilles,
Cette perle des îles contenant tous les trésors de la terre?
Connais-tu cette fleur de l'Océan aux parfums si doux?
Oh ! ce ne peut être que l'île Madère !

DEUXIÈME PARTIE.

INFLUENCE THÉRAPEUTIQUE DU CLIMAT DE MADÈRE SUR LES PHTHISIQUES ÉTRANGERS.

Le moyen péremptoire et décisif de déterminer le degré d'utilité du climat de Madère contre les affections pulmonaires, la phthisie en particulier, serait d'examiner si un grand nombre de cas de ce genre y ont été guéris ou améliorés. Cela démontré par des faits bien observés et des témoignages irrécusables, supportant l'examen d'une sage critique, indispensable en pareille matière, constituerait, sans contredit, la meilleure preuve sur cette importante question.

Or, ces faits ne peuvent s'établir que de trois manières : 1° par les médecins de l'île qui traitent et observent les malades pendant leur séjour, qui en ont constaté l'effet et ont formé un jugement à cet égard ; 2° par l'autorité et l'opinion des médecins étrangers qui y envoient des malades, dont ils comparent l'état au retour ; 3° par le témoignage des malades mêmes et des habitants de l'île.

Enfin, si l'on joint à ces preuves concluantes l'examen comparatif des conditions météorologiques et hygiéniques du climat de Funchal avec celles des autres climats les plus accrédités contre la phthisie, on aura tous les moyens de résoudre la question, si elle est susceptible d'une solution immédiate. Mais cela n'est pas absolument nécessaire et il est même préjudiciable que certaines questions pratiques se résolvent rapidement; il est bon, au contraire, qu'elles restent longtemps exposées à la sanction de l'expérience et aux alternatives de l'opinion et que tous les intérêts locaux ou particuliers disparaissent devant la tenacité de la vérité pour que les théorèmes thérapeutiques de ce genre puissent être établis d'une manière définitive et permanente.

CHAPITRE XI.

OPINIONS ET FAITS DES MÉDECINS DE FUNCHAL.

L'opinion des praticiens de Funchal relativement aux avantages du climat de ce pays contre la phthisie, opinion fondée sur leur expérience, leur observation, des relevés statistiques, et qui existe depuis longtemps en se confirmant et se fortifiant de jour en jour, peut se formuler par les propositions suivantes :

1° Les prodrômes de la phthisie et même certains symptômes qui en font craindre le développement par suite d'une prédisposition héréditaire ou une conformation suspecte, sont très-souvent arrêtés par le séjour dans ce pays.

2° Les symptômes et les signes de la première période étant constatés et révélant clairement l'existence même de la maladie, on en obtient très-souvent aussi, par ce séjour, une suspension très-prolongée, et les malades reprennent quelquefois une telle apparence de santé et l'exercice de leurs facultés, qu'ils semblent guéris.

3° On a vu, dans quelques cas où les signes physiques dénonçaient une lésion plus profonde et même l'existence d'une caverne, la maladie se suspendre, les malades jouir d'une existence supportable et acquérir de la nutrition et des forces, surtout lorsqu'ils menaient une vie sage et régulière.

4° Certains phthisiques ayant quitté leur pays, au dernier degré de la maladie, et paraissant près d'une inévitable fin prochaine, à leur arrivée dans l'île, on les a vus parfois, avec admiration, reprendre des forces et obtenir une amélioration incroyable assez prolongée.

5° Les avantages de ce climat seraient plus marqués si les malades s'y rendaient plus tôt, s'ils se traitaient avec plus de soin qu'ils ne le font ordinairement, s'ils revenaient plusieurs hivers successifs à l'exemple de quelques-uns ou même s'ils y passaient l'été en se fixant à la campagne dans un site élevé et aéré.

6° Ces précautions ont procuré une telle amélioration à certains phthisiques très-avancés, qu'il leur fut permis de revenir dans l'île quatre, six, dix hivers de suite et plus ou même de s'y fixer pendant plusieurs années avec une santé parfois vacillante, mais toujours supportable.

7° Les malades qui ne trouvent pas une amélioration notable dans l'île, y rencontrent du moins un climat agréable, un hiver doux et des commodités leur permettant de promener, de mieux supporter la maladie et de prolonger leur existence : quelques phthisiques au dernier degré ont pu sortir et respirer à l'air libre presque jusqu'au jour de leur mort.

8° Dans certains cas, les autopsies ont démontré une telle destruction des poumons qu'elle paraissait incompatible avec la vie et les souffrances modérées des malades s'ils eussent été dans des conditions climatériques moins favorables.

9° Chez certains malades, ayant obtenu des améliorations considérables sous ce climat, les premiers accidents se sont reproduits après leur retour dans leur pays et ont persisté jusqu'à une terminaison fatale ; tandis que chez d'autres l'amélioration, la suspension ou la guérison ont été définitives.

10° Aucun fait n'établit d'une manière certaine ni même probable l'utilité d'habiter l'île d'une façon permanente comme moyen de prévenir le développement de la phthisie dans le cas de prédisposition héréditaire.

11° Ce climat paraît sans influence favorable sur quelques phthisiques dont l'état continue à s'aggraver comme dans leur pays.

12° Il est surtout utile dans les cas de bronchites, de laryngites, de pneumonies et de pleurésies chroniques dont il procure souvent la guérison radicale.

13° Quant à la guérison radicale de la phthisie, les praticiens n'osent affirmer que les malades chez lesquels la maladie s'arrête et qui reprennent de la nutrition et des forces, soient entièrement guéris, bien que, dans certains cas, cette guérison leur ait paru certaine et définitive.

14° Enfin, les améliorations signalées coïncident généralement avec des signes correspondants obtenus par l'auscultation, avec une meilleure nutrition et une augmentation de poids des malades ; chez quelques-uns pourtant des signes caverneux, de la toux et de la gêne de la respiration continuent malgré ces grandes améliorations et une suspension apparente de la maladie.

Il serait à désirer que ces propositions fussent appuyées par des relevés statistiques étendus et des observations bien détaillées qui, sans être exemptes d'objections, sont généralement nécessaires en pareils cas. Mais les statistiques publiées que nous pouvons recueillir sur ce sujet sont malheureusement trop rares. Les premières sont du docteur Renton, qui en a publié deux et dont l'une, résultant d'une pratique de huit années, est peu favorable, parce que les phthisiques étaient alors envoyés à Madère dans un très-mauvais état. Cette statistique, publiée dans *Edinburg medical Journal*, a été traduite et rapportée comme il suit par le professeur Andral dans une note du *Traité d'auscultation médiate*, de Laennec, t. II, p. 166.

Premier tableau.

CAS DE PHTHISIE CONFIRMÉE : 47.

Individus morts pendant les six premiers mois de l'arrivée à Madère	32
Individus retournés en Europe pendant l'été	6
» restés dans l'île et morts plus tard	6
» dont on n'a plus entendu parler	3
Total égal	47

Second tableau.

CAS DE PHTHISIE COMMENÇANTE : 35.

Individus soulagés à leur départ de l'île et dont on a eu ultérieurement de bonnes nouvelles	26
Individus soulagés, mais perdus de vue	5
» morts depuis	4
Total égal	35

Cette statistique comprend, en outre, plus de 15 cas d'asthme, engorgements scrofuleux, rhumatismes, etc., qui ont été beaucoup améliorés dans l'île.

La seconde statistique plus récente du docteur Renton, publiée par sir J. Clark, comprend 66 phthisiques qui furent à Madère dans l'hiver de 1834, et dont 15 moururent, 43 retournèrent dans leur patrie et 8 restèrent dans l'île. Sur les 15 malades décédés, dit l'auteur, 13 n'avaient pu quitter la chambre; et des 43 qui quittèrent l'île, 36 étaient considérablement mieux et la plupart en très-bon état. « Le résultat, ajoute sir J. Clark, était bien différent il y a « quelques années, quand les phthisiques allaient à Madère « dans un état fort avancé. »

On trouve dans l'ouvrage de White, ayant résidé pendant quinze ans à Madère avec un grand avantage pour sa santé, une statistique du docteur Lund, praticien distingué de l'île. Elle comprend 100 cas de phthisie pulmonaire, dont 48 au premier degré, 24 au deuxième et 28 au troisième. Peut-être, dit l'auteur, quelques-uns de ces cas étaient-ils une simple induration du poumon sans tubercules, mais il est hors de doute que les sujets n'en seraient pas moins morts s'ils fussent restés en Angleterre.

Sur les 48 cas au premier degré, la marche de la maladie s'arrêta dans 37 cas. 3 de ces cas de suspension dataient déjà de 4 à 10 ans, 2 de 3 ans, 11 de 18 à 20 mois, 11 de 7 à 12 mois, et dans deux il y eut rechute, dont l'un s'améliora ensuite. Quant aux 11 malades chez lesquels la maladie continua, 5 moururent et 6 vivaient encore. De ceux-ci, 3 arrivèrent au troisième degré dans l'espace de 14 mois et les 3 autres mirent 16 mois, 2 ans et 5 ans à arriver au second. Quant aux premiers, l'un mourut cinq mois et demi après son arrivée, un passa l'hiver dans l'île et mourut dehors l'hiver suivant, un revint sept hivers successifs, et un autre resta presque huit hivers pour succomber ensuite; enfin le cinquième, après un premier hiver, retourna dans son pays où l'on suppose qu'il est mort également.

Sur les 24 cas du deuxième degré, la maladie fut suspendue seulement dans 5; dans un pendant 15 mois, puis la marche reprit son cours jusqu'au troisième degré et était arrêtée de nouveau depuis 3 mois; dans deux cette suspension était de 15 mois et de 5 ans; enfin le cinquième malade, parti de l'île depuis 10 ans, était retombé en 1847 et se maintenait depuis dans un certain état d'amélioration.

Des 19 cas de progression, 8 malades vivaient encore, dont 2 étaient beaucoup améliorés; 4 restaient au deuxième degré, bien qu'il y eût augmentation, et 2 étaient au troisième; mais chez l'un d'eux la maladie s'arrêta de nouveau et il paraissait mieux.

Quant aux 11 autres, 9 moururent 4, 6, 8, 10 mois ou 1 an au plus après leur retour dans leur pays, ayant passé un seul hiver à Madère; tandis que 2 autres s'y étant fixés ne succombèrent l'un qu'après 14 mois et l'autre 4 ans de séjour.

Enfin, sur les 28 cas du troisième degré, il y eut 5 cas de suspension, dont un pendant 12 ans, 2 pendant 8 ans, et les 2 autres malades quittèrent l'île en bon état après un séjour de 3 ans.

Sur les 23 autres cas, la maladie s'arrêta 14 mois dans un et 15 mois dans un autre pour reprendre ensuite sa marche fatale; dans 3 autres, les malades quittèrent l'île après un premier hiver n'ayant plus qu'une toux modérée et une légère expectoration.

La plupart des autres malades moururent peu de temps après leur arrivée à Madère ; savoir : un après 48 heures, un 6 semaines, un 7 semaines, un 9 semaines, trois 3 mois, un 3 mois et demi, deux 4 mois, un 5 mois, un 6 mois, deux 7 mois, un 10 mois et un 15 mois. Ce dernier, étant retourné dans son pays pendant l'été, mourut subitement 3 mois après son retour à Madère. Un mourut 4 ans après son débarquement, et un autre, revenu après 13 ans dans l'île, y passa 7 hivers, puis y revint de nouveau 3 ans après et y demeura 3 hivers et 2 étés pour aller mourir ensuite dans son pays[1].

1. Voici la statistique des malades traités à l'hôpital *Maria Amelia* de Funchal pendant l'année 1854, telle que nous l'avons publiée dans le *Journal des connaissances médicales*, 1856, n° 12, p. 163.

Il y eut 65 malades traités, dont 10 anciens et 55 nouveaux, comprenant 39 femmes et 26 hommes.

Il est probable que d'autres statistiques, en voie d'exécution, plus étendues et circonstanciées, accompagnées d'observations cliniques authentiques seront publiées d'ici à peu de temps.

De très-bons éléments existent à cet égard, mais ils se rapportent à des malades de la pratique civile, dont quelques-uns étant encore vivants et la famille des autres étant menacée de la même maladie, il y a des difficultés et des inconvénients à les publier. La publication des faits recueillis dans les hôpitaux est bien plus facile et n'est pas assujettie, si ce n'est dans quelques cas rares, aux considérations qu'on doit toujours avoir pour ceux de la pratique civile. L'histoire des maladies que les malades et

Sur ces 65 malades, 17 sortirent guéris, 19 améliorés et 8 seulement soulagés; 14 moururent et 7 restaient en traitement. Mais il est à remarquer que beaucoup de ces malades n'arrivent qu'au dernier moment à l'hôpital et succombent ainsi peu de jours après leur entrée.

Parmi les guéris, 4 présentaient des symptômes de phthisie au premier degré, 9 de bronchite chronique, 1 de pleuro-pneumonie chronique, 1 autre de pneumonie chronique et 2 de laryngite.

Parmi les améliorés, 8 étaient au deuxième degré de la phthisie et 5 au premier; 5 offraient une bronchite chronique et 1 une pneumonie.

Les soulagés étaient tous arrivés au dernier degré de la phthisie.

L'autopsie des 14 décédés montra de grandes cavernes et de nombreux turbercules dans 11 cas et dans un autre des tubercules, avec un squirrhe de 6 pouces de long sur 3 de large à la partie interne du poumon gauche ; il y avait une bronchite avec abcès pulmonaire dans un et une profonde ulcération du larynx, avec destruction de l'épiglotte dans le dernier.

Parmi les malades restés en traitement, 3 étaient atteints de phthisie, 2 de bronchite chronique, avec hypertrophie cardiaque, 1 de bronco-pneumonie et 1 de laryngite chronique.

les familles confient au médecin, n'est pas une propriété dont il puisse disposer librement; c'est un dépôt confié à sa probité et à sa discrétion pour un but déterminé qui est la guérison ou le soulagement du malade. Faire servir l'histoire des maladies à l'instruction générale et au progrès de la science est un bien sans doute, mais à condition que les grands devoirs de la profession ne soient pas enfreints et que les susceptibilités, l'intérêt des malades et des familles soient sauvegardés. Or, il n'est pas toujours suffisant de taire le nom du malade dans cette publication, car dans une petite ville, chacun peut connaître le cas et jusqu'au malade lui-même, si la narration est fidèle.

Il existe encore d'autres difficultés à cet égard. Les malades étrangers, dont l'état s'améliore, consultent rarement les médecins de l'île et suivent des instructions venant de leurs pays; quelques-uns quittent l'île sans qu'on puisse constater leur état par un examen scrupuleux; d'autres changent de médecin; un certain nombre ne reviennent ni ne donnent de leurs nouvelles, ou bien ils vont sous d'autres climats, guérissent ou meurent ensuite, parfois de déréglements, sans qu'on le sache. On voit donc que ce n'est pas une tâche facile d'obtenir des observations et des statistiques circonstanciées et étendues dans la pratique civile comme dans les hôpitaux; c'est ce qui explique leur absence ici comme partout où les malades de ce genre vont résider : d'où la nécessité de s'en tenir aux résultats généraux.

L'opinion des praticiens de Madère, exposée plus haut, sur l'utilité du climat de ce pays, doit être la plus compétente à cause des nombreux faits sur lesquels elle est basée. Elle soulève cependant plusieurs objections que nous ne devons pas taire. La première est que des médecins de certaines localités, d'hôpitaux, d'établissements sanitaires spéciaux, d'eaux minérales, etc., ayant un intérêt immédiat à une grande affluence de malades, peuvent ainsi publier un nombre exagéré de cas heureux et dissimuler les plus désastreux. En second lieu, ils peuvent compter comme des guérisons ou des améliorations de phthisie pulmonaire de simples cas de bronchites et de pneumonies chroniques ou autres affections des voies respiratoires toujours graves, mais beaucoup plus faciles à vaincre. Enfin, ils peuvent se tromper involontairement dans le diagnostic des cas de guérison et prendre pour une phthisie commencante d'autres lésions du poumon, d'autant qu'au premier degré le diagnostic différentiel est parfois difficile.

La réponse à ces objections, c'est que la réputation dont jouit actuellement le climat de Madère à l'égard de la phthisie est notoire ; qu'elle n'est pas due seulement aux assertions des médecins de l'île, mais bien plutôt au témoignage des malades eux-mêmes et des médecins étrangers qui les y envoient. Il n'est pas facile d'imposer au public un si grand nombre de guérisons dans la pratique civile, sur des malades qui se connaissent entre eux et surtout de soutenir ce mensonge si longtemps. Les assertions des praticiens sont d'ailleurs si modérées, si prudentes et exemptes d'exagérations qu'on peut parfaitement y croire, d'autant mieux qu'elles s'accordent avec tout ce que l'on sait sur ce point. De plus, ces praticiens jouissent d'une juste réputation de probité, une grande uniformité règne dans leurs déclarations et la plupart des médecins anglais qui ont exercé à Funchal sont eux-mêmes une excellente preuve de l'utilité de ce climat.

Quant aux erreurs involontaires de diagnostic, nous pouvons affirmer très-positivement que ces praticiens sont au courant de la science sur ce point et nous les croyons même supérieurs au commun des médecins par la pratique et la longue expérience qu'ils ont de cette maladie sur des malades d'une haute position sociale, d'une certaine instruction et très-exigeants. Cependant quelques erreurs de ce genre sont possibles ici comme ailleurs, mais elles ne doivent pas changer la règle établie généralement; on peut dire, au contraire, que ces erreurs viennent quelquefois du médecin étranger et se corrigent sur les lieux par une meilleure observation.

CHAPITRE XII.

OPINIONS DES MÉDECINS ÉTRANGERS.

Les efforts des praticiens de Madère pour prouver l'utilité du climat de l'île contre les affections pulmonaires, seraient nuls, si, outre les dires et les écrits sur ce sujet, un certain nombre de faits ne répandaient la conviction dans les esprits, surtout parmi les médecins étrangers, d'autant meilleurs juges qu'ils sont dégagés de tout intérêt local. C'est ce qui est arrivé ; cette conviction a été le résultat des faits observés par ces mêmes médecins et de la comparaison de l'état des malades à leur départ pour Madère avec celui de leur retour, ou bien des renseignements qu'ils reçoivent de ces malades. La connaissance de l'île, généralement répandue aujourd'hui dans la science, contribue aussi à accréditer ce fait qu'on y rencontre la plupart des conditions exigées pour ces maladies, surtout pendant l'hiver.

Cette conviction est si répandue parmi les hommes de l'art, que chaque année des médecins malades ou des familles de médecins, vont séjourner dans l'île et que le nombre de médecins l'ayant ainsi visitée est déjà très-grand. Quelques-uns y trouvent du soulagement et de l'amélioration au point de s'y fixer pour exercer leur profession ; chez d'autres, moins heureux, la maladie suit sa marche fatale. Ces expériences éclairées et éminemment intéressées firent au pays une réputation bien fondée, exempte des exagérations de certains voyageurs sur ce climat et ses avantages contre la phthisie. Jusqu'ici les malades anglais ont été les plus nombreux, soit à cause des faciles communications commerciales ou d'autres circonstances signalées, soit parce que ces insulaires ont l'habitude de voyager souvent par motif de santé pour rechercher et expérimenter les divers pays. Mais quelle que soit l'opinion du public anglais sur les différents climats et leur action contre la phthisie, on ne peut croire qu'un malade, dans un cas si grave, se détermine à quitter un climat ou à en choisir un autre sans consulter un ou plusieurs médecins. Cela est d'autant moins admissible que les malades qui viennent à Madère, Anglais ou autres, jouissent en général d'une haute position sociale par leur rang ou leur richesse, et ne sont pas susceptibles de prendre ce parti sans qu'il leur soit conseillé. Enfin, outre le grand nombre de médecins qui viennent dans l'île pour leur santé, parmi lesquels on compte deux médecins adjoints de l'hôpital spécial de Brompton, il n'y a pas moins de ministres protestants, d'artistes et d'hommes d'une grande instruction ; ce qui montre quelle est aujourd'hui l'opinion de la science à cet égard et celle des personnes qui la prennent ordinairement pour guide.

Ces notions sont aussi répandues en Portugal parmi les médecins, surtout ceux de Lisbonne, et sont corroborées par quelques faits favorables bien connus. Mais nos habitudes moins aventureuses, les difficultés de transport et de navigation, la répugnance à la séparation des familles, l'exagération des dépenses et peut-être le défaut de détails exacts, ont retardé ce mouvement. Malgré cela, le nombre de malades portugais se rendant à Madère augmente tous les ans et était déjà notable en 1853. La plupart sont de Lisbonne et c'est à peine s'il en arrive quelques-uns de l'intérieur après avoir lutté contre les difficultés que l'état du pays oppose aux transports en général et surtout à celui des malades.

L'île Madère figure depuis une certaine époque dans

les livres de l'art, parmi les lieux choisis et recommandés pour le séjour des phthisiques, et, dans les ouvrages plus récents, elle est préférée aux autres climats. Sir J. Clark s'exprime ainsi à cet égard :

« De tous les climats connus, celui de Madère est le « meilleur pour les phthisiques. Nous avons tous les ans « plus d'occasions de constater ses effets sur un nombre « considérable de personnes qui y ont recours en diverses « conditions de santé sans avoir jamais trouvé de motifs « pour changer d'opinion à ce sujet. Les effets bienfaisants « du séjour dans l'île pendant un ou deux hivers sont « bien plus remarquables depuis que le public connaît la « nécessité de changer de climat plutôt comme moyen pré- « ventif que comme moyen curatif. Il y a peu d'années, « on n'accordait qu'une faible importance au choix du cli- « mat pour l'habitation des phthisiques, parce que la ma- « ladie était ordinairement avancée et sans espoir de gué- « rison quand cette mesure était proposée et adoptée; « parfois même, la terminaison fatale était hâtée par ce « moyen dans lequel les malades mettaient toute leur con- « fiance. » Cette opinion a été citée par plusieurs auteurs, et le professeur Andral dit, en parlant des travaux du docteur Clark à ce sujet : « Si ce que l'on rapporte du climat « de Madère est exact, on en doit tirer la conséquence qu'il « présente aux phthisiques des avantages qu'on ne trouve « pas dans les divers continents de l'Europe. Cette île est « en effet plus chaude qu'aucun d'eux pendant l'hiver et « plus fraîche pendant l'été ; elle offre moins de différence « entre la température du jour et celle de la nuit, entre les « diverses saisons et entre les jours successifs. Les vents « froids y soufflent très-peu et le temps y est d'une stabilité « qui n'existe dans aucun autre endroit; les pluies enfin « sont régulières et tombent seulement à une certaine

« époque. L'existence presque constante du vent de nord-« est, pendant l'été, maintient l'atmosphère à une chaleur « toujours modérée ; et telle est la suavité de cette saison « à Madère, que le docteur Heineken, qui y résida quelque « temps pour cause de santé, doute si, dans cette île, l'été « n'est pas plus favorable que l'hiver pour les malades at-« teints d'affections de poitrine. C'est le contraire de ce qui « arrive en d'autres pays chauds. » (*Ouvrage cité*, p. 165[1]).

Depuis que la renommée du climat de Madère s'est étendue et fortifiée au point de le faire préférer aux autres, le crédit en a été minutieusement examiné et discuté à bon droit, et jusqu'ici à son avantage. Toutefois, parmi ces nombreux écrits, quelques-uns, publiés récemment à Londres, mettent en doute ou discréditent l'utilité spéciale de ce climat contre la phthisie. Tel est l'ouvrage de Mason, celui du docteur Burgess et quelques articles de journaux dont nous allons examiner la portée.

Nous commencerons par celui de Mason, parce qu'il est la base qui, à tort ou à raison, a servi de fondement aux autres antagonistes de ce climat. Et comme nous avons cité les données météorologiques très-importantes qu'il contient, comme l'opinion qu'il exprime a été mal interprétée, et n'est pas aussi absolument contraire à ce climat qu'on l'a insinué, enfin, cet ouvrage étant utile et écrit avec intelligence et bonne foi, nous entrerons dans quelques détails à ce sujet.

Le docteur Mason, ayant commencé à souffrir d'une phthisie pulmonaire en Angleterre, consulta le docteur

1. Cette opinion, conçue dans les mêmes termes, est reproduite dans l'*Union médicale*, n° 83, 1855.

Clark, qui lui conseilla le climat de Nice. Dans son voyage, il s'arrêta sept semaines à Dieppe, par suite de la maladie d'un parent qui l'accompagnait, et, la saison s'avançant, il consulta de nouveau le docteur Clark, qui lui recommanda alors Madère. Il vint donc s'y fixer, dans l'habitation que nous avons décrite, à Sainte-Lucie, où il résida environ deux ans, en 1834 et 1835; mais sa maladie, comme dans plusieurs cas de ce genre, augmenta, au lieu de diminuer. Il s'en fut alors à Nice, où il succomba quinze jours après son arrivée, à l'âge de vingt-sept ans.

C'est pendant ce séjour dans l'île que Mason écrivit l'ouvrage en question, publié en 1850, quinze ans après sa mort. Il se livra avec ardeur à l'étude météorologique du climat, pour laquelle il avait une grande aptitude, et particulièrement à la partie hygrométrique qu'il préférait manifestement; peut-être l'idée que l'humidité influait sur sa maladie le conduisit-elle aussi à diriger ses recherches sur ce point. Dans tous les cas, les considérations et les tableaux qu'il a faits sur ce sujet révèlent un esprit observateur habitué à ces études. Mais ces travaux minutieux l'entraînèrent souvent plusieurs heures consécutives de jour et de nuit à un travail, à une fatigue incompatibles avec son état, et qu'il aurait certainement blâmés chez d'autres. L'examen de la température de fontaines et de puits placés à diverses hauteurs, en particulier, dut avoir une influence nuisible sur sa santé délicate et chancelante. Aussi s'affaiblit-elle de plus en plus, et ce fâcheux résultat ne put inspirer au docteur Mason la même sympathie pour le climat que tant d'autres médecins plus heureux ont montrée. Ce résultat ne fut sans doute pas étranger de même à l'opinion suivante qu'il a émise sur le pays, et qui n'avait pas encore été aussi nettement formulée : « C'est que le climat de Funchal est ex-

« trêmement humide et n'offre, sous ce rapport, aucun « avantage sur celui de Londres; qu'il ne convient cer- « tainement pas contre les affections de poitrine ou pour « les constitutions qui réclament une atmosphère sèche « ou moins saturée d'humidité; » supposant que, lorsqu'un phthisique se trouve mal d'une atmosphère humide, il serait mieux dans une atmosphère sèche, *et vice versa.*

Sans discuter ici la valeur de ces propositions, voyons quelle fut la pensée intime de Mason sur l'utilité du climat de Madère après ses observations météorologiques et la marche fatale de sa maladie : « Quant aux individus « atteints d'affections susceptibles de s'aggraver par une « considérable évaporation pulmonaire et cutanée, le sé- « jour sous un climat chaud et humide comme celui de « Madère, où l'évaporation pulmonaire est embarrassée, « est très-convenable, parce que ces individus souffrent « toujours du froid de nos hivers, qui produit, dans ce « cas, le même effet qu'un air excessivement sec. Il est « prouvé qu'une grande quantité de liquide introduit dans « l'estomac ne rémédie pas aux effets de cette rapide ex- « halation pulmonaire produite par l'air froid ou excessi- « vement sec. Un malade, dans ce cas, placé dans une at- « mosphère modérément humide, sera donc dans les plus « favorables conditions pour guérir, et si l'on ne peut le « changer de climat, le mal doit être combattu autant « que possible par des moyens artificiels. L'atmosphère « ambiante du malade doit être rendue humide par l'é- « vaporation continue d'une quantité d'eau suffisante, « car, en raison de cette humidité, la rapide sécheresse « des organes respiratoires sera non-seulement modifiée, « mais suspendue par l'absorption de la vapeur. Il est « également nécessaire que cette atmosphère soit tem-

« pérée, car, à défaut de cette condition, il est clair que « l'air humide, s'il est froid, ne produira pas l'effet désiré « et agira relativement à l'exhalation pulmonaire exacte- « ment comme l'air sec.

« Si, au contraire, les conditions organiques sont op- « posées, si une libre et abondante évaporation pulmo- « naire est utile, c'est une condition très-préjudiciable à « la guérison des malades de placer ceux-ci dans une « atmosphère humide ou de les envoyer dans un climat « analogue à celui de Madère. »

Après avoir traité de l'action du *leste* sur les malades, Mason ajoute : « Nous pouvons ainsi expliquer comment « les malades qui séjournent à Madère sont diversement « impressionnés par les mêmes conditions atmosphériques, « c'est-à-dire comment quelques-uns éprouvent du soula- « gement, tandis que d'autres voient leur état s'aggraver. Le « but de cet ouvrage n'est donc pas de nuire à l'île comme « refuge des malades, c'est un effort pour montrer le dan- « ger d'une confiance aveugle sur ses effets salutaires. « Une telle confiance est funeste. Si les phénomènes du « climat de Madère étaient bien connus et en rapport avec « les indications de la maladie, l'uniformité d'un bon ré- « sultat établirait sa réputation, et les insuccès, dans les « cas où ce climat est contraire, ne nuiraient pas à son « crédit comme résidence pour les autres malades. »

Enfin, il revient encore d'une manière plus explicite sur l'aphorisme cité relatif au *leste* : « Ceux qui, à leur arri- « vée dans l'île, trouvent que le *leste* leur convient, doi- « vent immédiatement aller dans un climat plus sec ; ceux, « au contraire, qui en sont incommodés et éprouvent les « symptômes que nous avons décrits, peuvent être cer- « tains qu'ils retireront du bénéfice de leur séjour « permanent dans ce pays, que leurs espérances ne se-

« ront pas trompées et qu'ils obtiendront le rétablisse-
« ment de leur santé et de leurs forces en quittant le
« climat inhospitalier de leur patrie. » Cette doctrine ou cette manière de juger de l'utilité du climat de Madère seulement d'après la température et l'humidité n'a pas besoin de réflexions; il suffit de faire bien connaître les idées de l'auteur et montrer que, tout en parlant du pays avec le peu de sympathie d'un homme trompé dans ses plus chères espérances, il ne dit pas que le climat soit mauvais ou inutile contre la phthisie pulmonaire, il prétend simplement expliquer à sa manière les cas auxquels ce climat convient et ceux auxquels il est préjudiciable.

Il est singulièrement curieux que, peu de temps après que Mason se plaignait des inconvénients de l'humidité de Funchal, le docteur Kampfer, dans son mémoire, prétendait que ce climat n'avait pu convenir à sa maladie par sa grande sécheresse. « Dans mon opinion, dit-il, Madère
« mérite une considération particulière à cause de la sé-
« cheresse notable de l'air, préjudiciable aux maladies né-
« cessitant une atmosphère humide et relâchante et aux
« affections de poitrine accompagnées d'une grande sé-
« cheresse des bronches, comme je l'ai éprouvé. Par suite
« d'une bronchite chronique et une pneumonie négligée,
« il me resta une induration du poumon droit avec une
« sensation de sécheresse et de crudité des bronches, très-
« peu de sécrétion et une expectoration rare, difficile,
« épaisse et glutineuse. J'éprouvais une sensation extraor-
« dinaire, très-pénible dans la poitrine, non-seulement
« par le froid, mais surtout par une atmosphère sèche; de
« manière qu'un climat humide et chaud était le plus con-
« venable et le plus bienfaisant pour moi, comme je
« l'avais expérimenté à Hambourg, dans le sud de l'An-
« gleterre et en Hollande. A Madère, au contraire, durant

« le beau temps et la prédominance du nord-est, la dou-
« leur et la sécheresse des bronches augmentaient, surtout
« à l'air libre. L'inspiration d'un air remarquablement
« doux me procurait une sensation agréable, il est vrai,
« mais je me trouvais toujours mieux quand le ciel était
« nuageux et que le vent d'ouest dominait, ce qui arrivait
« rarement. Il est évident, dit encore l'auteur, que le sé-
« jour de Madère est en général convenable et salutaire
« pour les maladies nécessitant une atmosphère tempérée,
« douce, sèche, pure et élastique, sans grandes variations
« du temps, ce qu'on trouve très-difficilement réuni ail-
« leurs à un degré aussi éminent. »

Au milieu de cette contradiction, peut-être seulement apparente, due à des observations faites à diverses époques et en divers lieux, peut-on prévoir quelle sera l'influence de ce degré d'humidité de Funchal, quel qu'il soit, sur les malades qu'on y envoie? Et sera-t-il possible de distinguer les cas qui en seront bien ou mal influencés, suivant ce degré de chaleur et d'humidité? Tout en respectant beaucoup les connaissances de Mason, nous ne croyons pas devoir tenir autant compte de ses explications physiologiques et pathologiques que de ses observations météorologiques. L'observation des malades ayant résidé à Madère et le résultat de ce séjour, ainsi que l'analogie des maladies, établiront l'efficacité du climat, pour certains cas déterminés, mieux que ne le feraient des indications déduites *a priori* de l'action seule de l'un ou de l'autre des éléments si complexes et si incertains de ce climat. Si le climat de Funchal est utile contre certaines affections pulmonaires, si quelques malades y voient leur maladie se suspendre, d'autres, leurs souffrances diminuer et leur existence se prolonger plus calme et tranquille, on doit y recourir et l'adopter dans les cas analogues, quel qu'en soit le degré de sécheresse ou d'humidité. L'observation parviendra peut-être un jour à déterminer, suivant le désir de Mason, les cas d'une même maladie auxquels ce climat est plus ou moins convenable et ceux où il est absolument inutile ou préjudiciable; mais vouloir établir cette distinction sur la convenance d'un état, d'une forme déterminée de la maladie pour un certain degré d'humidité et de chaleur, c'est une prétention très-hasardée, prématurée et peu conforme à la philosophie actuelle de la science.

L'idée d'une température modérée et uniforme, accompagnée d'un certain degré d'humidité, pour le traitement des affections pulmonaires, n'est pas nouvelle. Beaucoup de malades éprouvent la nécessité de cette humidité dans l'air qu'ils respirent, et souvent on fait évaporer de l'eau dans leur chambre dans ce but. Dans les hôpitaux de phthisiques où une température artificielle est constamment maintenue, les malades ne peuvent la supporter quand la chaleur devient sèche par la cessation de l'évaporation qui lui communique le degré d'humidité voulue. Peut-être est-ce aussi pour cela que l'atmosphère maritime a été conseillée dans ces cas et souvent avec profit. Et s'il était nécessaire de trouver une théorie pour expliquer cette utilité de l'humidité combinée avec une température douce et constante contre beaucoup d'affections pulmonaires, il ne serait besoin ni de grands ni de nouveaux efforts pour cela. Quant au moyen de déterminer les cas d'une même maladie dans lesquels ce climat est utile ou préjudiciable et que Mason prétendit avoir trouvé, il serait sans doute bien préférable de faire cette distinction sans recourir à cette expérience. Mais nous ne croyons pas qu'elle puisse se faire actuellement par le moyen indiqué par Mason ni par d'autres déjà connus, et nous sommes disposé à penser que l'humidité de Funchal, un peu moindre que Mason le dit, combinée avec les autres conditions atmosphériques, constitue la bonté, l'excellence de ce climat; nous avançons même que plus sec il serait moins utile contre les affections pulmonaires, de même qu'il changerait un pays riant, fertile et toujours verdoyant en une terre aride, sèche et agreste.

Les climatologistes, qui se sont récemment occupés des climats les plus convenables aux affections pulmonaires chroniques, ont voulu les adapter aux divers cas et états de ces maladies ; mais leurs études, leurs travaux n'ont pas encore eu le résultat désirable, qu'ils avaient en vue, à cause de la complication et la difficulté du sujet. Il est possible, cependant, qu'avec le temps et l'expérience, on puisse établir quelques principes propres à diriger les praticiens dans le choix du climat le plus convenable à chaque malade, parmi ceux qui sont recommandés. Le docteur Carrière, dans son beau livre sur les climats d'Italie, donne quelques bases à ce sujet qui doivent être mises à profit, et qui peuvent conduire à un bon résultat. Il ne considéra pas seulement l'un ou l'autre élément du climat pour établir la convenance de quelques-uns des climats d'Italie contre les différentes formes d'une même maladie, il considéra l'action complexe et complète de tous ces éléments en y ajoutant l'influence du pays avec toutes les circonstances très-variées qui le forment ou l'accompagnent et dont aucune n'est indifférente. Il examina le mode d'action de toutes ces conditions sur les malades des diverses constitutions, tempéraments, dispositions morales, périodes et formes de la maladie, etc., et après toutes ces considérations, dont quelques-unes sont très-difficiles, il en déduisit cette convenance. Ces efforts scientifiques, si bien dirigés sur ce sujet épineux, sont très-louables et devront mieux faire apprécier cette question, à laquelle on attache une grande importance depuis quelque temps. Tandis qu'ici tous les éléments appréciables du climat et les conditions locales sont mises en ligne de compte pour la solution du problème, on ne voit figurer dans l'ouvrage de Mason que la chaleur et l'humidité, importants sans doute, mais insuffisants pour représenter l'action du climat et l'influence de la localité. Enfin, le docteur Carrière signale dans les climats d'Italie propres aux phthisiques cette condition que Mason jugea contraire à son rétablissement à Funchal : c'est un degré notable d'humidité modifiée par la température et les autres éléments du climat.

Le docteur Burgess, dans un ouvrage intitulé : *Climate of Italy in relation to pulmonary consumption,* — *London,* 1852, s'efforça de prouver l'inutilité et même les inconvénients de recourir aux climats étrangers contre la phthisie. Sans vouloir juger cet ouvrage ni la méthode qui le caractérise, le climat de Madère étant discrédité dans ce livre et enveloppé dans la proscription générale des climats étrangers, nous devons faire connaître les idées de l'auteur à cet égard. Or, ces idées sont celles qu'on trouve dans les ouvrages, recommandables d'ailleurs, de White et Mason. Le premier, écrit par un malade qui habita l'île pendant quinze ans où il recouvra la santé, étant très-favorable au climat, le docteur Burgess y accorde peu d'importance ; mais celui de Mason, servant mieux à soutenir sa thèse, il lui donne une plus grande valeur et en extrait tout ce qui lui semble favorable à ses idées. Toutefois, il omet d'exposer les vraies idées de Mason sur ce sujet, car on a vu que cet auteur ne dit pas que les climats soient indifférents contre la phthisie ; au contraire, il était convaincu de leur profonde influence quand il quitta Madère pour Nice et il était loin de nier aussi une action spéciale de celui de Funchal sur cette maladie. Mais le docteur Burgess approuve tout ce que cet auteur dit de défavorable sur ce pays, sur sa grande humidité et l'inégalité de son climat, et conclut finalement qu'il n'est pas plus utile que les autres contre la phthisie. A l'appui de cette opinion, il cite les paroles suivantes de Mason : « Je suis disposé, « d'après mon expérience personnelle, à corroborer l'opi-« nion de Gourlay que la phthisie et la scrofule sont fré-« quentes à Madère et à croire que les affections gastro-« intestinales y sont très-communes et les principales causes « de mort de la majorité des habitants. D'après ce que les « auteurs ont dit de la salubrité de ce pays, on pourrait « croire que les maladies y règnent à peine, tandis qu'en « recherchant scrupuleusement ce qui a lieu à cet égard, « peu de pays sont plus exposés aux maladies générales et « nous soupçonnons également que la durée moyenne de « la vie y est plus courte que dans notre propre pays. »

Le docteur Burgess termine en racontant la fin lamentable de Mason, et, empruntant un passage de White qu'il suppose devoir produire une impression défavorable sur le lecteur, il dit : qu'on rencontre dans le cimetière anglais de Funchal beaucoup de tombes de personnes mortes à la fleur de l'âge, venues dans l'île pour y trouver la guérison, et qui n'y trouvèrent qu'un tombeau.

Il est déplorable qu'un sujet aussi important ait été traité aussi légèrement, et surtout sans une connaissance personnelle du climat. Que ce climat ne soit pas meilleur que celui de l'Angleterre pour les phthisiques, c'est possible; mais il est impossible de s'en convaincre par la lecture de cet ouvrage.

Quelques journaux de médecine anglais ont discrédité le climat de Madère en se fondant sur les ouvrages de Mason et du docteur Burgess, et comme celui-ci n'est écrit également que d'après celui de Mason, il s'ensuit que tout ce qui a été dit dans ces derniers temps à cet égard se réduit à ce qui existe dans ce dernier livre plus ou moins amplifié, exagéré ou altéré. Les citations que nous en avons faites suffisent à faire apprécier l'opinion de l'auteur et à montrer combien ses idées ont été défigurées.

Cependant Mason, le docteur Burgess et d'autres s'étant prévalus de l'opinion de Gourlay, citée précédemment, sur la fréquence de la phthisie parmi les indigènes, pour prouver le peu d'utilité de ce climat sur les étrangers, nous citerons le passage de cet ouvrage qui s'y rapporte, parce qu'il prouve précisément le contraire, comme on peut en juger. « Madère, par l'uniformité de sa température et « la pureté de l'atmosphère, a été depuis longtemps et « continue à être le refuge favori des phthisiques du nord « de l'Europe. Là, ces malheureuses victimes échappent à « l'hiver de leur climat et obtiennent la suspension de « leurs souffrances, ce qu'un lieu si favorisé peut bien pro« duire. Mais, si bienfaisant que soit ce climat pour les « phthisiques étrangers, on ne peut disconvenir que la « maladie la plus fréquente parmi les indigènes est la « phthisie, etc. » (V. page 203.) C'est donc en supprimant la première partie du paragraphe et en citant seulement la dernière que l'on infère de l'opinion de Gourlay, ainsi tronquée, qu'un pays où la phthisie est si fréquente parmi les indigènes ne peut être favorable aux étrangers atteints de cette maladie. On a vu d'ailleurs combien cette fréquence est peu démontrée.

Voici, pour terminer, l'opinion émise sur l'ouvrage du docteur Burgess : « Nous pensons que l'auteur, comme « tous ceux qui ont une idée défavorable de l'influence « des climats sur les phthisiques, considère trop exclusi« vement les conditions météorologiques, sans donner l'im-

« portance voulue aux effets de changement du pays et « des habitudes de la vie, ainsi qu'à l'influence morale « résultant de la libre exposition à un ciel clair et aux « brillants rayons du soleil, sur l'esprit des personnes « dont le courage s'est affaibli par une réclusion mono- « tone et presque sans espoir. Bien que le changement de « climat ne puisse profiter beaucoup aux malades chez les- « quels la phthisie est très-développée, nous savons par « des connaissances personnelles que plusieurs de ces « malades peuvent, non-seulement vivre, mais encore « jouir de la vie dans des lieux bien choisis de l'Italie et « de l'île Madère; malades, qui ne pourraient supporter « l'air libre de nos hivers rigoureux, de nos printemps « froids, et dont l'état s'aggraverait rapidement s'ils « étaient astreints à une température artificielle. » (*The Bristish and foreign Medical and surgical Review*, n° 19, *juillet* 1852, *pag*. 246.)

CHAPITRE XIII.

OPINIONS DES MALADES ET DES HABITANTS; STATISTIQUE DES MALADES ÉTRANGERS; TRAITEMENT.

Pour fortifier encore l'opinion des hommes de l'art sur la valeur du climat de Madère, nous croyons devoir rapporter celle des malades ayant séjourné dans ce pays ou des personnes qui les ont accompagnés et observés aux différentes phases de leur maladie. Cette opinion se manifeste non-seulement par les dires et l'affluence de ces malades, mais surtout par leur retour dans l'île pendant trois, quatre, dix hivers successifs et plus. D'autres y sont restés plusieurs années entières, et quelques-uns s'y sont même établis. Il y en a aussi qui sont allés à Madère sur le simple conseil d'autres malades dont l'exemple les décida. Un service assez régulier de navires s'est déjà établi en Angleterre pour transporter les malades en octobre et novembre, et le nombre en est de vingt à trente à chaque voyage. Si donc le climat n'offrait pas un avantage réel à ces malades, cette affluence ne continuerait pas ainsi, et les mêmes malades n'y retourneraient pas tant d'années de suite; d'autant plus que Madère, sans offrir les agréments, les distractions de l'Italie ou des autres pays d'Europe, présente l'incommodité du voyage par mer et une dépense égale. Enfin, le grand nombre de guides, d'instructions pour les voyageurs et les malades qui vont dans l'île, et plusieurs autres livres publiés dans ce but, sous divers titres, prouvent que ce genre de publications trouve aujourd'hui de nombreux acheteurs.

L'opinion émise dans ces écrits relativement à la valeur spéciale du climat est en général favorable, comme on doit le prévoir, bien qu'elle soit contenue dans des limites prudentes et modérées et paraisse formulée par des personnes instruites. Quelques-unes de ces publications et la plupart des gravures, lithographies, albums, etc., parus en grand nombre, depuis peu de temps, sur Madère, sont dûs à des malades ou à leurs compagnons de voyage, lesquels ont exécuté ces travaux par distraction ou par reconnaissance du soulagement que ce climat leur a procuré.

Quant aux traditions locales et aux renseignements donnés par le vulgaire de la population de Funchal, ils sont excessivement exagérés, et il ne faut les accepter que sous bénéfice d'inventaire, malgré les faits, les exemples saillants toujours cités à l'appui et capables d'impressionner vivement. Les personnes savantes et sensées du pays s'expriment, au contraire, comme les médecins et confirment leurs dépositions.

Malgré tous ces arguments en faveur du climat de Madère contre les affections pulmonaires chroniques, les esprits exacts et sévères voudront sans doute des preuves plus convaincantes et surtout des faits patents, clairs et précis à l'appui des propositions précédentes, ainsi qu'une comparaison analytique de ces mêmes faits avec les résultats obtenus dans les climats analogues. Comme eux, nous voudrions avoir ces puissants moyens de conviction dont nous apprécions toute l'importance; mais, dans l'impossibilité de les offrir, nous donnerons les renseignements que nous avons recueillis sur les faits servant de base à l'opinion des médecins nationaux et étrangers, sur le nombre et le mouvement des malades dans l'île, sur les résultats généraux obtenus, sur les médicaments employés et l'influence qu'ils peuvent exercer sur ces résultats. Tous ces renseignements, pris aux meilleures sources, doivent conduire à la vérité. Pour les malades étrangers, nous nous sommes appuyé sur l'histoire résumée de leur maladie dans certains cas, et seulement sur les résultats dans d'autres; mais, pour les Portugais, nous avons eu des observations plus circonstanciées, ayant observé la plupart de ces derniers, soit avant leur voyage, soit après, ou lors de notre séjour à Madère, en 1852.

La statistique suivante, travail difficile, ingrat et incomplet, malgré tout, quoique d'une valeur incontestable, peut donc éclaircir la question, rendre l'opinion plus sûre, la conviction plus ferme et fournir des données curieuses et utiles sur ce point si intéressant. Quant aux observations détaillées que nous possédons sur certains malades, nous n'en publierons que ce que la discrétion permet par les raisons sus-énoncées.

Le nombre d'étrangers visitant Madère et y séjournant pour leur santé, à cause de son climat bienfaisant, a beaucoup augmenté depuis 1834, et surtout dans ces dernières années, en raison de profondes commotions politiques en Italie. A Funchal et dans certains livres, on l'évalue à trois ou quatre cents chaque année; mais ce calcul est exagéré, et, d'après les documents que nous avons consultés sur ce sujet, ce mouvement annuel ne serait guère au-dessus de deux cents malades. La plupart sont Anglais; puis il y a quelques Américains, des Allemands, des Russes, peu de Français, et un ou deux malades des autres nations. Les Portugais n'y vont, par motif de santé, que depuis peu d'années, et pourtant le nombre en était déjà assez élevé en 1852. Quelques Brésiliens, se confondant avec les nationaux, s'y rendent également, mais, d'après les documents officiels, ils sont en très-petit nombre. Voici le dénombrement de ces malades pendant les cinq dernières années.

Anglais.

Le nombre en est de 1601, savoir : 316 en 1848, 348 en 1849, 257 en 1850, 360 en 1851 et 320 en 1852. Dans ce nombre sont compris les parents ou amis qui accompagnent ordinairement les malades, car si quelques-uns arrivent seuls, adressés ou recommandés à une famille particulière, un hôtel ou une maison de santé, la plupart sont accompagnés d'une ou deux personnes; de manière que le nombre réel des malades ne peut guère être évalué approximativement au-dessus de la moitié. Et encore faut-il en déduire les malades anciens revenant à plusieurs reprises et que l'on compte à tort dans le nombre total. Aussi ne faut-il pas ajouter foi aux dires de certains habitants qui, pour augmenter le crédit du climat et ses conséquences, ne font pas toutes ces distinctions et exagèrent l'affluence des malades, assez remarquable dans les limites mêmes de la vérité.

La plupart de ces malades obtiennent, sans aucun doute, une grande amélioration de ce séjour ; mais tous ne sont pas atteints de phthisie pulmonaire, remarque essentielle, capitale, que nous voudrions pouvoir mieux préciser. Un certain nombre souffrent de laryngites, bronchites, pneumonies ou pleurésies chroniques, épanchements consécutifs, hémoptysies, etc., maladies plus ou moins graves et dangereuses auxquelles ils succomberaient probablement en Angleterre, mais en fait, beaucoup plus curables que la phthisie, au développement de laquelle elles contribuent trop souvent.

Une autre partie de ces malades, aujourd'hui les plus nombreux, sont menacés de phthisie d'après leurs antécédents héréditaires, une conformation vicieuse, une constitution délicate, une santé chancelante ou tout autre motif analogue;

lesquels sont immédiatement envoyés dans l'île, avec grand succès, dès qu'il se manifeste un peu de toux équivoque, de la faiblesse, de l'amaigrissement, de l'hémoptysie, etc. Si la nature tuberculeuse est presque évidente chez plusieurs de ces malades, on ne peut l'affirmer avec certitude chez quelques-uns. On peut la mettre en doute ou en contestation dans ces divers cas ; mais pour les praticiens habitués à voir ces exemples suspects, la majorité de ces malades, rapidement améliorés à Funchal, verraient leur état s'aggraver infailliblement en passant l'hiver dans leur pays et la phthisie se confirmer en quelques mois. Dans ces conditions, l'avantage de ce changement de climat pendant l'hiver est maintenant établi par un grand nombre de faits.

Enfin, les autres malades présentent des symptômes évidents de la phthisie à ses divers degrés. Mais, contrairement à ce qui avait lieu autrefois, la plupart de ces phthisiques sont au premier ou au deuxième degré, et conservent encore des forces; aussi le résultat est-il beaucoup plus favorable et assez souvent la marche de la maladie est suspendue de manière que la guérison semble définitive.

Ceux qui arrivent à une période plus avancée périssent un peu plus tôt ou plus tard, bien que quelques-uns acquièrent une amélioration illusoire et une prolongation inespérée qu'ils n'obtiendraient pas à coup sûr dans leur pays.

Le nombre des Anglais inhumés dans leur cimetière particulier pendant ces cinq années, est de 67, savoir :

En 1848...........	17
En 1849...........	11
En 1850...........	15
En 1851...........	11
En 1852...........	13

Ces décès sont presque tous dûs à la phthisie pulmonaire. Ce n'est pas à dire que tous les autres malades qui retournèrent dans leur patrie fussent guéris ; loin de là, nous savons parfaitement que plusieurs étaient seulement améliorés et que d'autres succombèrent après leur retour; mais la fatalité habituelle de cette maladie, le grand nombre de sujets Anglais non résidents qui en sont affectés, ainsi que la gravité des autres affections pulmonaires chroniques nous faisait supposer une mortalité plus considérable. Il en était ainsi quand, malgré les instances des médecins de l'île et de l'Angleterre, les malades recouraient trop tard à ce climat. Toutefois nous savons aussi que plusieurs malades de ces temps plus ou moins reculés jouissent encore des bienfaits qu'ils y rencontrèrent, et nous en avons vu qui, arrivés en très-mauvais état, sont aujourd'hui en parfaite santé, après être revenus passer plusieurs hivers à Funchal ou s'y être établis.

Américains.

Le nombre en est de 31, dont 2 succombèrent dans l'île, l'un en 1850 et l'autre en 1852. Quelques-uns y revinrent plusieurs hivers. De tous les étrangers, les américains du Nord sont ceux qui arrivent en meilleur état et qui retirent le plus grand profit du climat. Ceux qui sont à un degré avancé ne s'exposent pas à entreprendre le voyage.

Allemands.

Leur nombre est également de 31 dont 2 en 1848, 6 en 1849, 15 en 1850, 5 en 1851 et 3 en 1852. Des deux premiers, l'un s'en retourna très-amélioré et succomba plus tard. Les 6 malades de 1849, dont 3 étaient accompagnés de leur médecin, éprouvèrent un grand soulagement. L'un d'eux, médecin lui-même, ressentit une amélioration progressive en revenant quatre années successives dans l'île ; aujourd'hui il se dit guéri et parait l'être en effet. Un autre obtint aussi une grande amélioration, mais son état ayant ensuite empiré, il alla passer l'hiver de 1851 à 1852 en Egypte et mourut à la fin de 1852; quant aux malades de 1850, parmi lesquels figurent 3 médecins, dont un professeur de botanique de Zurich, un seul mourut dans l'île, et les 14 autres partirent en meilleur état qu'ils n'étaient arrivés; quelques-uns étaient parfaitement bien. 4 de ces malades revinrent dans l'île l'année suivante avec une amélioration continue, et l'un d'eux, toujours accompagné de son frère, médecin, y revint même trois années consécutives. Des 5 nouveaux malades de 1851, 4 s'améliorèrent et l'autre mourut. Enfin, un seul de ceux qui y vinrent en 1852, pour la première fois, éprouva une grande amélioration, qui fut insensible chez les deux autres.

Russes.

On en compte seulement 7 pendant ces cinq années, dont 2 moururent dans l'île, l'un desquels fut embaumé et transporté à Saint-Pétersbourg. Des 5 autres, nous savons que 2 succombèrent après leur départ dont l'un avait obtenu une amélioration considérable.

Français.

Avant 1848, on n'en comptait que deux, aussi remarquables par leur position sociale que par leur esprit, et qui obtinrent une grande amélioration. L'un de ces malades, atteint d'une laryngite chronique, resta deux ans dans l'île et était parfaitement guéri à son départ. Chez tous deux, l'amélioration persiste.

De 1848 à 1852, il y eut seulement 4 malades, dont 2 s'améliorèrent beaucoup. Le troisième, atteint de laryngite chronique avec aphonie, séjourna seulement quatre mois et partit dans le même état. Enfin le quatrième, envoyé par M. le professeur Andral, et dont l'état était très-grave à l'arrivée, obtint une amélioration très-notable, au point qu'une caverne existant dans le poumon parut se cicatriser. Il retourna en France pendant l'été contre l'avis de son médecin et revint l'hiver suivant sur le conseil de M. Andral. Son état était satisfaisant et lui permettait de monter à cheval; mais il faisait des promenades exagérées et prenait plus d'exercice qu'on ne lui en permettait. Un jour, après une de ces imprudentes excursions sur les montagnes, il mourut subitement d'une hémorrhagie pulmonaire. L'autopsie montra un épanchement de sang dans les bronches et la rupture des parois d'une caverne tuberculeuse.

Étrangers de divers pays.

On compte fort peu d'Italiens, comme on doit le prévoir. Il y en eut seulement 2, dont un en 1849, qui retira un grand profit de son séjour et partit en très-bon état, bien qu'il ait succombé dernièrement ; le second resta peu de temps à Funchal et partit un peu mieux. Il y eut également un ou deux malades d'autres pays. C'est ainsi qu'un prince hollandais arriva en très-mauvais état il y a trois ans et succomba quelques jours après son arrivée.

Les considérations précédentes, relatives aux malades Anglais, sont applicables à tous les autres, et l'on doit bien voir, d'après ce que nous avons dit, que si des observations exactes existaient sur tous ces faits, avec les signes physiques comparés entre eux, d'après un examen fait à l'arrivée et au départ, on pourrait apprécier la différence des deux états; bien plus, avec des renseignements subséquents sur la vie des malades, on jugerait en parfaite connaissance de cause du degré d'utilité du climat de Funchal sur les affections de l'appareil respiratoire. Resterait encore la comparaison des climats entre eux d'après le même procédé ; mais si un travail de ce genre manque sur Funchal, il n'est pas plus avancé quant aux autres pays.

Portugais.

Le nombre de nos compatriotes qui sont allés à Madère pour leur santé à une époque quelconque et sur lesquels nous avons pu obtenir des renseignements, s'élève à 51. Sans doute ce n'est pas la totalité, mais peu s'en faut, surtout parmi les cas mortels. Dans ce nombre figurent quelques étrangers habitant le Portugal et qui furent envoyés de là à Madère. Enfin, il convient d'en déduire deux malades qui, selon nous, n'avaient rien dans la poitrine. Les 49 autres se divisent de la manière suivante :

12 étaient atteints d'affections chroniques des voies respiratoires sans existence appréciable de tubercules, bien que la formation ultérieure de ce produit morbide fût à craindre ;

7 étaient arrivés à la première période de la phthisie ;

22 au deuxième degré ;

Et 8 au troisième.

Voici maintenant les résultats :

Dans la première catégorie, un malade atteint de bronchite et de pneumonie chronique quitta l'île dans un bon état qui s'est maintenu depuis. De 3 autres, atteints seulement de bronchite chronique, un n'obtint pas d'amélioration, tandis que deux partirent parfaitement guéris sans récidive ultérieure. L'un de ces derniers avait une prédisposition héréditaire à la phthisie ; chez l'autre l'amélioration fut très-rapide, il se maria dans l'île et vit sans incommodité depuis son retour en Portugal.

Un militaire, atteint de bronchite chronique avec hémoptysie et de grandes présomptions de tubercules, vit son état s'améliorer aussitôt son arrivée et partit guéri après deux mois environ; il quitta l'île plus tôt qu'il ne le devait et se portait bien il y a peu de temps. Trois autres malades, également atteints de bronchite chronique avec hémoptysie, paraissaient guéris à leur retour. Une récidive des accidents primitifs parut chez l'un d'eux, mais sans développement notable, et il se porte bien aujourd'hui.

Deux hémoptysiques paraissant atteints d'une phthisie latente, étaient parfaitement bien à leur retour; l'un s'est maintenu depuis dans cet état : nous ignorons s'il en est de même du second.

Un autre, atteint d'asthme rebelle, le vit s'améliorer beaucoup au début; puis cet heureux effet du climat s'effaça successivement. Enfin le dernier, ayant un épanchement consécutif à une pleurésie aiguë et des traces de tuberculisation, éprouva une grande amélioration et la disparition de tous les symptômes morbides. Etant mort depuis d'une méningo-céphalite tuberculeuse vérifiée par l'autopsie, on trouva quelques tubercules au sommet des deux poumons, sans nulle trace de liquide épanché.

Quant aux malades de la deuxième catégorie présentant des signes de phthisie commençante, l'un d'eux, prédisposé héréditairement à cette affection, fut considérablement amélioré et se maintient ainsi depuis six ans; un autre, également prédisposé, avec un anévrisme actif du cœur, éprouva une amélioration semblable qui ne s'est pas démentie depuis cinq ans. Ces deux cas, qui nous sont particulièrement connus, sont très en faveur du climat de Funchal. Trois malades obtinrent aussi beaucoup d'amélioration, que l'un d'eux conservait encore il y a peu de temps; les renseignements nous manquent sur les deux autres.

Un autre, déjà considérablement mieux par le séjour à la campagne aux environs de Lisbonne, ayant été passer l'hiver à Funchal, vit son amélioration continuer et augmenta de poids ; un rhume étant survenu avec ardeur de la poitrine et de la gorge, il souffrit environ un mois, puis son état s'améliora sensiblement et il quitta Funchal très-bien portant et beaucoup engraissé. Les signes physiques d'imperméabilité du sommet du poumon droit, existant au début, étaient disparus ; tandis qu'une gastrite chronique dont ce malade souffrait, ne fut nullement améliorée. Il en fut de même chez le dernier malade, dont tous les symptômes pulmonaires disparurent et qui pesait 4250 grammes de plus à son retour, malgré la persistance de phénomènes irréguliers de gastrite chronique.

Des 22 malades de la troisième catégorie, 13 ont succombé et 9 survivent. De ceux-ci, 2 ont éprouvé une amélioration considérable dans l'île, mais nous n'en avons pas de nouvelles récentes.

Un de ces malades éprouva une amélioration analogue : l'assimilation se fit bien, le poids du corps augmenta ; il reprit des forces ; il ne fatiguait plus et paraissait guéri ; enfin les signes physiques indiquaient une grande amélioration du poumon.

Un autre, dont l'état s'était beaucoup amélioré aussi, éprouva depuis deux récidives, et récemment une abondante hémoptysie dont il est guéri.

Un autre, après trois mois de séjour dans l'île, s'y trouva plus mal et changea de climat, sans que nous en sachions le résultat.

Un s'y trouva mieux d'abord ; mais des rhumes et le défaut de soins occasionnèrent plusieurs rechutes.

Un autre, au contraire, se trouva plus mal à son arrivée, et vit ensuite son état s'améliorer beaucoup.

L'amélioration d'un autre fut telle qu'il paraissait guéri à son retour. De fortes hémoptysies et d'autres symptômes fâcheux ayant reparu, il retourna dans l'île, mais sans en tirer le même avantage que la première fois; il est parti depuis en Italie. Enfin, le neuvième malade, parti en très-mauvais état sur le conseil de plusieurs médecins et de nous-même, obtint une si grande amélioration dans l'île, qu'il l'habite depuis cinq ans. Il a une excellente apparence et la voix qui s'était éteinte est revenue, bien qu'il y ait encore un peu de toux et que le malade s'enroue facilement. Si la guérison n'est pas parfaite, l'amélioration est extraordinaire eu égard à l'état du malade à son départ du Portugal; c'est un cas très-heureux et comme le sujet est très-bien connu, cette amélioration a produit une grande surprise.

Parmi les autres, un, après une amélioration notable dans l'île, retomba à son retour et l'affection ayant progressé rapidement, il succomba.

Un, arrivé dans l'île en très-mauvais état, éprouva une amélioration considérable et engraissa à l'admiration de tous ceux qui l'avaient observé auparavant; mais s'étant marié contre le conseil de son médecin, il retomba bientôt et mourut quelques mois après. Une fille, née de cette union, mourut à quatre mois avec des tubercules et des abcès pulmonaires et la mère succomba dans l'année de la même maladie.

Un autre malade obtint aussi de l'amélioration malgré son mauvais état; mais, s'étant marié, il succomba également peu de temps après.

Chez un autre, qui avait le germe de la maladie lors de son mariage, la mort n'arriva qu'après sept années pendant lesquelles il alla plusieurs fois à Madère et y resta plus ou moins de temps. Il en retira de tels avantages que parfois il était longtemps sans souffrances et se livrait à son commerce pendant ces intervalles.

Chez un autre, prédisposé héréditairement, il y eut une amélioration très-sensible aussitôt après l'arrivée : mais, soit l'effet de la marche naturelle de l'affection ou celui de causes morales profondes, ayant produit une espèce de nostalgie, l'état s'aggrava de nouveau et le sujet succomba après quatre mois de séjour.

Chez les huit autres, la maladie continua à s'aggraver de plus en plus et arriva au troisième degré, sans que le climat eût produit d'influence salutaire sensible. Il succombèrent plus ou moins de temps après leur arrivée à Funchal.

Quant aux huit malades de la quatrième catégorie, un seul a pu prolonger son existence jusqu'ici avec une amélioration précaire et douteuse. Cependant, la prédisposition héréditaire qui pèse sur lui, la gravité de son état à son arrivée et le temps qui s'est écoulé depuis rendent ce fait extraordinaire.

Deux autres moururent peu de jours après leur arrivée. Leur état était tel, qu'en les voyant il nous sembla impossible qu'ils eussent pu supporter le voyage ; il paraît que l'un d'eux en fut très-incommodé.

Deux autres malades, dont l'un faisait de grands écarts de régime, ne restèrent que quelques mois dans l'île à cause de la persistance de leurs souffrances et succombèrent aussitôt leur retour en Portugal.

Les trois autres moururent après plus ou moins de souffrances, sans que le climat leur eût procuré un soulagement sensible.

Si ces données statistiques ne sont pas aussi déterminantes qu'il serait à désirer, pour produire une conviction profonde et établir un point de thérapeutique aussi important, elles serviront du moins à montrer le nombre de malades qui recourent au climat de Madère et le résultat général qu'ils en obtiennent. Plus tard, sans doute, les médecins de l'île publieront quelques-uns de ces faits observés par eux, et leurs observations, jointes à celles des médecins étrangers qui y envoient des malades, constitueront un ensemble de faits plus satisfaisants, et pourront servir de base au jugement définitif à porter sur l'utilité absolue et comparative de ce climat.

Mais quelle que soit cette utilité pour les malades souffrant de l'appareil respiratoire, on peut affirmer qu'elle est due principalement à l'influence climatérique et nullement à quelque médication particulière, comme on pourrait le supposer. Ce n'est pas à dire que le traitement employé par des praticiens aussi expérimentés que ceux de l'île, contre les affections pulmonaires, soit inutile : au contraire, il nous paraît très-propre à seconder l'influence du climat ; mais tous les renseignements que ces savants confrères se sont empressés de nous donner à cet égard nous ayant montré qu'il était le même que celui employé par tous les médecins instruits dans les autres pays, la différence du résultat n'en peut être attribuée qu'au climat, bien que, sous cette influence spéciale, les remèdes employés puissent agir plus efficacement.

Les médecins insistent beaucoup sur l'exposition à l'air libre et sur des promenades aussi prolongées que possible ; c'est le moyen dont les malades usent le plus, bien que cette pratique ne soit pas absolue ni laissée à l'arbitre du malade ; au contraire, elle est assujettie à certaines règles et mesurée à l'état de chacun. Pour les malades faibles et débiles, le lieu de la promenade, l'heure, la durée, le mode de locomotion, l'état atmosphérique, tout est prévu et réglé. Les promenades sur les bords de la mer et même en barque, profitent à certains malades et nuisent à d'autres. Le choix de l'habitation est aussi considéré comme important, et l'exposition au sud pendant l'hiver, de manière que le soleil pénètre dans la chambre du malade, est une condition essentielle. L'expérience a démontré que certains malades se trouvent bien d'habiter les bords de la mer et d'autres l'intérieur des terres. Les changements de lieu, dans l'île même, semblent avoir produit parfois de grands avantages sans qu'on puisse en donner une explication satisfaisante. Un des praticiens renommés de l'île croit avoir obtenu de bons résultats en faisant respirer l'air de l'écurie des vaches, moyen très-prôné autrefois et abandonné depuis. Une dame, arrivée au deuxième degré bien caractérisé de la phthisie, qui avait usé de ce moyen conjointement avec la digitale, l'huile de foie de morue, les révulsifs, le changement d'air dans l'île, se trouvait, lorsque nous la vîmes, dans un meilleur état suivant elle qu'avant sa maladie, et il nous parut en effet satisfaisant. Il est difficile ainsi de préciser la part de l'atmosphère dans l'amélioration considérable de cette dame. Des faits très-nombreux seraient nécessaires pour établir la réputation de ce moyen tombé en discrédit et il est d'autant plus difficile de juger de son action dans ce cas particulier que d'autres moyens furent employés concurremment avec lui. Néanmoins, cette dame nous affirma qu'elle éprouvait un grand soulagement par l'inhalation de cet air qui lui rendait aussitôt la respiration plus libre et la toux moins fréquente.

Les médicaments le plus généralement employés ici dans tous ces cas, sont : l'huile de foie de morue à l'intérieur, et à l'extérieur, l'iodure de potassium et de fer, la digitale, les balsamiques, les révulsifs dans certains cas, les toniques et les ferrugineux quand il y a faiblesse et abattement et tous les moyens indiqués par la science et d'un usage ordinaire pour combattre les symptômes saillants, les accidents et les complications que la maladie présente à ses différentes périodes.

Un des praticiens les plus renommés de l'île, et pour lequel le climat a été très-bienfaisant, emploie avec avantage le chlorure de sodium et se loue beaucoup de cet agent pas plus nouveau que les autres. Il l'emploie contre les hémoptysies à la dose de quinze grammes qu'on répète trois heures ensuite si la première est vomie et à celle de quatre à cinq grammes le matin dans la marche ordinaire de la maladie. On sait que M. Louis jugea très-défavorablement ce remède dans son excellent ouvrage.

On peut donc inférer de ce qui précède que si le séjour dans l'île est utile contre les affections pulmonaires, ce bienfait résulte beaucoup plus de conditions spéciales de l'air, de la température, du climat et du pays que des médicaments. A voir le zèle, l'ardeur que les malades mettent à s'exposer ou se promener à l'air libre toutes les fois que le temps le permet, ils semble qu'ils aient le pressentiment et la conviction de cette vérité.

CHAPITRE XIV.

COMPARAISON DU CLIMAT DE FUNCHAL AVEC CEUX D'ITALIE RECOMMANDÉS CONTRE LES AFFECTIONS PULMONAIRES CHRONIQUES.

Les nombreux avantages signalés précédemment sur Madère, relativement au climat et aux conditions hygiéniques, expliquent surabondamment comment les infortunés souffrant de la poitrine ont recherché ce pays. Réunissant toutes les conditions désirables pour eux, ils l'ont préféré aux autres, surtout à cause de la régularité de la température et des variations atmosphériques, ainsi que de la suavité de l'hiver, qui correspond à l'été de certains climats du Nord.

La comparaison des climats du Nord avec celui de Funchal n'est pas difficile, le contraste est si manifeste, si saillant qu'il est facile d'en saisir la différence, surtout pendant l'hiver; celle-ci est même si évidente et si notoire qu'il serait superflu de la démontrer. D'ailleurs, cette comparaison des climats froids et des latitudes élevées avec les climats doux et tempérés est faite depuis longtemps et connue du public. Il ne s'agit ici que d'établir et comparer les climats des latitudes basses, recommandés aux valétudinaires et à ceux qui souffrent de la poitrine, avec celui de Funchal. Et loin de prétendre à la supériorité absolue de ce dernier sur tous les autres, et conseiller aux malades de le rechercher exclusivement, nous examinerons les principales conditions météorologiques, topographiques et hygiéniques de ces divers pays pour voir si elles existent également à Funchal; si ces pays ont des qualités communes et s'il y a des avantages pour quelques-uns dans les différences qu'ils peuvent présenter. Il est certain qu'il y a divers climats où les malades dont il s'agit peuvent trouver du soulagement, et nous croyons même qu'outre ceux déjà connus il y en a d'autres, inconnus ou ignorés, dans des conditions égales ou meilleures à cet effet. Il est bon qu'il existe divers endroits salutaires aux nombreux malades souffrant de la poitrine, afin qu'ils puissent en changer et y trouver de nouvelles impressions et des effets curatifs. Si, comme il est probable, la phthisie et les autres affections pulmonaires réclament des climats différents, et si, parmi ceux qui sont conseillés, les uns conviennent mieux que d'autres à certains états, certaines phases de la maladie, à certains tempéraments et certaines constitutions, les études et les observations à cet égard sont des plus utiles et ne seront même jamais aussi précises qu'il serait à désirer.

Les climats et les localités ont des éléments dont la comparaison isolée est facile; mais ces éléments météorologiques, ces conditions d'exposition, de hauteur, de nature du sol, de végétation, etc., etc., agissent les unes sur les autres et se modifient tellement qu'il est difficile d'en faire la comparaison pour en connaître l'influence et les résultats thérapeutiques. La différence d'un seul de ces éléments topographiques suffit pour que des effets très-divers se produisent chez les malades. Les derniers essais des climatologistes à cet égard montrent que cette étude, d'un haut intérêt, est très-ardue et remplie de difficultés. Mais, appliquée au climat de Funchal en particulier, nous croyons qu'elle y révélerait, peut-être même à un degré supérieur, les principales conditions des climats conseillés aux malades souffrant de la poitrine. Voici, à ce sujet, quelques réflexions sur ce climat comparé avec ceux de l'Italie comme les plus recherchés pour ces malades.

Les lieux recommandés aux phthisiques dans la péninsule italienne sont situés depuis Nice jusqu'à Naples ; le lac de Côme et autres endroits de l'Italie continentale, délicieux pour ceux qui se portent bien ou pour les malades pendant l'été, sont contraires à ceux-ci pendant l'hiver ; Nice, Pise, Rome, Naples et leurs environs sont les lieux choisis durant cette saison. Ces lieux de refuge sont donc dans l'Italie maritime, sur la côte d'une péninsule s'étendant profondément dans la mer, ayant un littoral de 600 lieues et s'élevant à 2000, si l'on comptait toutes les anses et les saillies, les ports, les baies et les promontoires que présente sa circonférence légèrement irrégulière. Qui ne voit déjà dans cette disposition une grande analogie avec l'île Madère.

On remarquera que ces lieux, choisis pour l'habitation des malades, ne sont pas sur la côte orientale, baignée par l'Adriatique ; leur exposition n'est pas tout à fait à l'est, mais en grande partie au nord-est et ils sont fortement battus par les vents de ce nom. Quant à la côte occidentale, baignée par la Méditerranée et un peu dirigée au sud, elle reçoit l'influence douce et égale des vents méridionaux. Les Apennins, qui divisent cette longue étendue de la péninsule italienne et déterminent la distribution des eaux, comme la haute cordillière divise l'île Madère, protègent par leur position et leur hauteur le côté occidental des vents froids du nord-est et même un peu du nord. Et, qu'on le remarque bien, ce que les malades recherchent avant tout dans ces lieux, c'est l'abri et la défense des vents du nord, des vents froids et secs du continent et en même temps l'exposition au sud. Dans plusieurs endroits, cette défense est constituée par des collines entourant et protégeant la ville ou la résidence des malades et il n'est pas jusqu'aux anciennes et hautes murailles de Pise qui ne contribuent à ce but. Que si une intersection des collines permet la direction de ces vents sur quelque partie de la ville, elle est réputée nuisible aux malades ; au contraire, toutes ces localités sont ouvertes dans la direction voulue, c'est-à-dire au sud, et le vent doux et humide de la mer est considéré comme bienfaisant. C'est ce qui a lieu également à Funchal ; abrité de la violence des vents du nord et nord-est, quoiqu'une ventilation modérée de cette direction s'exerce quotidiennement pendant l'été, il reçoit l'impression humide et tempérée du vent de mer.

Les vents du nord et du nord-est qui règnent en Italie durant l'hiver, vents secs du continent, purifiant l'atmosphère des nuages, de l'humidité produite par leurs antagonistes et donnant au ciel sa pureté et son éclat, surtout dans la partie méridionale, ne sont pas favorables aux malades souffrant de la poitrine. Au contraire, ceux du sud, vents marins et d'été, plus suaves et plus humides, rafraîchissent l'atmosphère pendant les chaleurs et maintiennent le degré de température et d'humidité qui convient le mieux en général aux poumons malades. Ainsi, les influences venant des régions boréales sont très-différentes dans leur action de celles des régions australes. C'est pourquoi la zone occidentale, d'après le docteur Carrière, est généralement favorable aux conditions physiologiques qui réclament un air serein et imprégné de vapeurs chaudes ; tandis que la zone opposée convient aux organisations qu'un air relativement froid et sec vivifie, au lieu de les détériorer. Cette circonstance donne aux habitants de ces deux zones un caractère différent qui se manifeste dans leur disposition physique, leur force et leur agilité et qui influe même sur leurs qualités morales. Elle explique également la préférence des malades atteints de la poitrine pour la zone occidentale, lesquels ne pourraient supporter l'influence vive et intense des vents prédominants de la zone opposée.

Mais cet abri des Apennins, contre les vents froids et secs dans l'Italie occidentale, est trop éloigné pour certaines localités et incomplet dans d'autres; à Funchal, au contraire, cette défense est parfaite et ne laisse passer de ces vents que ce qui est salutaire dans la saison où ils sont le plus utiles pour rafraîchir l'atmosphère et en emporter sur l'Océan toutes les impuretés. Et de même qu'on défend aux malades en général d'aller passer l'hiver sur la côte de l'Adriatique, personne ne leur conseille non plus d'aller habiter dans cette saison la côte nord de Madère.

Les vents du sud, que la zone occidentale de l'Italie, par son inclinaison au sud-ouest, reçoit plus que la zone orientale, sont tous plus ou moins chargés d'humidité. Ils sont très-favorables pour la végétation, mais leur action est déprimante sur l'homme dans certains cas et le *siroco* réunit ces qualités à un degré tel qu'il est devenu proverbial. « Son action sur l'organisation humaine, dit le doc« teur Salvagnoli, ne peut s'exprimer exactement. Quand « il règne, les individus se sentent opprimés, leurs mou« vements musculaires sont pénibles, la tête est pesante « et douloureuse, il y a une somnolence continuelle, l'ap« pétit diminue, les convalescents s'alitent souvent et l'état « des malades s'aggrave. » Ces phénomènes sont beaucoup plus graves que ceux produits par le *leste* et ce vent se manifeste bien plus rarement à Funchal que le *siroco* sur la côte d'Italie.

Le *mezzogiorno* et le *libeccio* sont aussi des vents du sud qui apparaissent également et participent de l'action du *siroco* sans en avoir l'intensité; parfois cependant, ils prennent de telles proportions durant l'été qu'ils produisent des effets analogues à ce dernier.

La côte occidentale d'Italie est encore battue par le *maestro*, vent de nord-est méritant d'être cité. Après avoir battu le sud de la France, où il est connu sous le nom de *mistral* et célèbre par sa force et sa violence, il traverse la Méditerranée où il devient plus humide et arrive ainsi moins âpre et moins impétueux sur le littoral italien, quoique encore assez incommode et désagréable surtout pour les malades.

Funchal est donc mieux protégé des vents froids et secs que l'Italie occidentale, tout en en recevant une influence salutaire; comme elle et mieux qu'elle, cette ville est largement ouverte aux vents doux et humides du sud, sans être exposée aux inconvénients que quelques-uns y produisent. Mais il faut dire que les lieux, le site des habitations, le voisinage des montagnes et autres conditions du sol, d'élévation et d'exposition, peuvent modifier très-avantageusement les qualités générales du pays, ce qui a été surtout recherché et plus ou moins obtenu en Italie et dans les autres pays conseillés aux malades affectés de la poitrine.

Madère, placé au milieu de l'Océan, possède presque toujours, comme on l'a vu, un degré notable d'humidité. Or, la péninsule italienne s'étendant au loin dans la Méditerranée, est-elle un pays plus sec et l'atmosphère de ses localités les plus accréditées est-elle moins humide? Voici ce que le docteur Carrière dit à cet égard : « La pé« ninsule italienne est peut-être le pays d'Europe où l'eau « se trouve en plus grande quantité sous la forme variée « de mers qui la baignent, de fleuves ou de rivières qui « l'arrosent, de lacs ou de marais stagnants qui sont ré« pandus sur les côtes ou qu'on trouve sur les autres par« ties du sol. » (*Le climat de l'Italie*, p. 28.)

Nous ne dirons rien de l'Italie continentale, abondamment pourvue d'eau, avec son atmosphère souvent nébuleuse, ses vastes lacs Majeur, de Côme et de Garde qui sont presque des mers intérieures, arrosée du magnifique fleuve le Pô et de ses affluents, et sillonnée de canaux et de nombreux et admirables travaux hydrauliques qui répandent la fertilité et l'abondance des graminées dans tout le royaume lombardo-vénitien.

Quant à l'Italie maritime, baignée sur une si longue étendue par la mer, dont les eaux entrent profondément dans les terres, on ne peut supposer qu'elle soit sèche. Elle est d'ailleurs sillonnée de nombreux cours d'eau des deux côtés, parmi lesquels sont l'Arno, l'Ombrone, le Tibre, et le territoire napolitain compte à lui seul au moins trente embouchures de fleuves et rivières descendant de l'Apennin dans la mer. Dans plusieurs endroits, surtout du côté occidental, l'écoulement des eaux est rendu difficile par l'élévation du littoral ou la forme creuse des plaines, ce qui a donné lieu, depuis un temps immémorial, à de vastes marais dont l'infection est devenue proverbiale.

L'abondance des fontaines, des puits et des sources minérales dans toute la péninsule, indique encore un pays humide. Les pluies y sont très-copieuses et torrentielles. A Naples, il tombe annuellement, terme moyen, 33 pouces d'eau, à Rome 32, à Pise 48, à Nice 55 suivant Schown, et 28 d'après Robaudi. Ces calculs, basés probablement sur un petit nombre d'années d'observation, peuvent être erronés de diverses manières ; mais, en comparant ces moyennes avec celle de Funchal, qui est de 30 pouces, on ne peut en conclure que ce pays soit plus humide que les précédents. L'hygromètre y dénote très-rarement une sécheresse absolue et très-souvent un degré notable d'humidité comme à Funchal. A Naples, les pluies tombent souvent par torrents comme à Funchal, en laissant l'atmosphère claire, tandis qu'à Rome et à Pise elles sont modérées et continues, d'où résulte une humidité plus prolongée et un plus grand nombre de jours pluvieux. Ainsi, à Rome, ils sont, terme moyen, de 114 à 117 par année, et non moindres dans d'autres parties de l'Italie, tandis qu'ils sont seulement de 73 à Funchal. Partout l'élément hydrologique existe abondamment sur le territoire italien.

L'inclinaison rapide des montagnes à Madère et les profonds ravins qui sillonnent l'île jusqu'à la mer, en facilitant le prompt écoulement des eaux, ne permettent pas les stagnations paludéennes et malfaisantes qu'on rencontre en Italie. Il n'y existe pas non plus, comme en plusieurs endroits de ce pays, sur la côte occidentale, des lieues entières d'une plage boueuse, humide et insalubre, formée par le retrait de la mer et où habitent des populations, autrefois ports maritimes, placées aujourd'hui à une grande distance du littoral. Toutes ces causes d'humidité insalubre ont une influence notoirement morbide sur les habitants, et bien que les cités recommandées aux malades ne se trouvent pas immédiatement près de ces endroits marécageux et infects, l'atmosphère imprégnée de ces miasmes dangereux en répand souvent au loin les effluves délétères.

La doctrine de l'antagonisme entre la phthisie et les fièvres paludéennes a fait penser que l'utilité des climats d'Italie contre cette affection pouvait provenir de cette atmosphère miasmatique. Quelque impression que puisse faire notre déclaration sur quelques praticiens, nous ne pouvons nous empêcher de répéter très-explicitement qu'à Funchal, et même dans toute l'Ile, les fièvres intermittentes sont excessivement rares. D'après les registres de l'hôpital, il n'y en a pas plus de un ou deux cas chaque année, et les renseignements, pris à ce sujet, nous ont convaincu que la plupart se manifestent sur des étrangers ou sont des cas de fièvres intermittentes symptomatiques. Bien que cette doctrine n'ait pas gagné de terrain dans ces derniers temps, il est bon, néanmoins, de réunir les faits qui peuvent résoudre la question. Voici donc à cet égard l'opinion du docteur Carrière sur l'influence de l'atmosphère marécageuse d'Italie contre la phthisie : « Je ne dois pas « négliger de faire observer, comme je l'ai déjà fait bien « des fois, que les conditions de l'insalubrité agissent sur « l'atmosphère d'une manière particulière, même lors- « qu'elles ne sont pas assez caractérisées pour entretenir « un état endémique. C'est cette donnée de plus qui s'a- « joute à celles de la météorologie médicale ; elle paraît « dans toutes les stations qui ont quelque renommée pour « la curation de la phthisie pulmonaire : on l'a déjà vu « pour l'Italie. La même condition se présente pour le « bassin de Nice ; elle se répète aussi, comme on le verra « plus loin, dans celui d'Hyères. Il y a assurément, dans « cette humidité grasse des lieux marécageux, des élé- « ments qui, en se mêlant à l'atmosphère, y introduisent « des qualités favorables à l'amélioration de certaines « classes de maladies. Il serait important de recueillir « dans les divers climats des observations comparatives « sur les influences qui règnent pendant l'existence de ces « marais et lorsque l'industrie les a fait disparaître. » (*Ouvrage cité*, p. 519.)

Il est possible que le climat de Madère, avec l'humidité qui lui est propre et le sol sillonné de nombreux cours d'eau, bordés d'une végétation assez abondante, possède aussi cette atmosphère grasse et marécageuse comme certains climats d'Italie, efficace contre la phthisie, quoique insuffisante pour produire les fièvres intermittentes.

Dans tous les cas, il est certain qu'il règne en Italie

dans les lieux les plus renommés contre les affections pulmonaires, de même qu'à Funchal, une atmosphère avec un degré très-notable d'humidité, à l'abri des vents secs et froids du nord et recevant les brises douces et humides du sud.

La température, élément météorologique dominant tous les autres et contribuant surtout à caractériser le climat, est très-suave dans la péninsule italienne et présente moins de variations et d'inégalités que dans les climats du continent ou sous les hautes latitudes. Les climats maritimes, climats constants, comme les appelle Koemtz, présentent de faibles variations entre la moyenne de l'été et de l'hiver, tandis que le contraire a lieu pour les climats intérieurs, et dans ces climats, qu'il qualifie d'excessifs, l'homme n'a pas seulement à supporter les degrés extrêmes de la température, mais aussi ses plus grandes variations. Cependant, cette uniformité de la température, pour laquelle l'Italie est surtont recherchée, est inférieure à celle de Funchal. En effet, Naples, qui est l'endroit au sud de l'Italie le plus fréquenté par les malades, est sous une latitude de 40°, 52′, tandis que celle de Funchal est de 32°, 37′, 45″. La ligne isothermique qui passe dans cette dernière ville ne touche en aucun point la péninsule italienne ; elle passe au sud de Naples et touche la côte opposée de l'Afrique. Sa ligne isothérique passe au nord de Nice et pénètre très-avant dans l'Italie continentale. Enfin sa ligne isochiménique ne touche pas la péninsule et passe au sud de Naples. La température moyenne de l'hiver à Funchal est donc plus élevée que dans tout le territoire italien ; tandis que celle de l'été est plus basse que celle de la péninsule et égale celle de l'Italie continentale. De même, il n'y a pas, dans toute la péninsule et le territoire napolitain, un climat dont la température moyenne d'été et d'hiver se rapproche autant de la température moyenne annuelle qu'à Funchal. Il est vrai que l'abri de certaines localités italiennes, leur bonne exposition et d'autres circonstances peuvent y faire régner une température favorable ; mais des observations, faites à cet égard dans ces pays, confirment la théorie généralement établie ainsi qu'on l'a vu au chapitre de la Température.

Nous ne rechercherons pas les causes de ces variations thermométriques plus grandes en Italie qu'à Funchal; il nous suffit d'avoir établi le fait. Ces causes ont été parfaitement appréciées par M. Carrière en appliquant aux climats d'Italie les règles générales formulées sur ce sujet par M. de Humboldt. Nous ajouterons seulement que la température moyenne des saisons est d'autant plus constante que les jours et les nuits ont une durée plus égale et que la proximité d'un courant pélasgique ne peut être indifférente sur la température régulière et plus élevée de Funchal dans l'hiver. En effet, le puissant courant d'eau chaude qui descend des régions équatoriales dans cette grande vallée océanique, suivant l'expression de M. de Humboldt, qui sépare l'Amérique des continents européen et africain en se répandant sur les plages occidentales de l'Afrique, du Portugal, de l'Espagne, de la France et du nord de l'Europe, doit agir sur Madère, placé au milieu de ce courant et en recevant l'influence de tous côtés. La Méditerranée n'est pas traversée par ces courants, ou du moins si faiblement, que sa température n'en peut être modifiée notablement. Cependant, M. Carrière est disposé à croire que la douce température existant en Italie le long de la côte occidentale, un peu avant le printemps, peut être due en partie à cette influence apportée par les vents d'ouest.

« L'influence de la mer, dit le docteur A. Tardieu,

« n'est pas d'augmenter ou de diminuer d'une manière « absolue la température moyenne d'un lieu, déterminée « par la latitude, la hauteur, les vents dominants, etc.; « mais bien de diminuer l'extension, la fréquence et la « rapidité des variations de cette température. Dans les « plus petites îles, où cette bonne action a lieu, il appa- « raît des résultats très-notables qui arrivent à contre-ba- « lancer l'influence de la position équatoriale et jusqu'à « modifier profondément la nature du climat. On peut « citer comme exemples : Madère, les Açores et l'île de « Wight, dont les températures extrêmes et le caractère de « chacune des saisons diffèrent notablement de ce que pa- « raîtrait indiquer la latitude et les autres conditions to- « pographiques. »

La pression barométrique des climats d'Italie n'offre pas en général une différence notable avec celle de Funchal ni quant à la moyenne annuelle, ni quant à l'étendue des variations, à leur fréquence et à leur rapidité. L'étendue de cette variation barométrique est de 0m,040, à Naples, de 0m,0343, à Rome, de 0m,038, à Nice depuis 0m,732 jusqu'à 0m,770 et de 0m,038, à Funchal depuis le minimum 0m,739 jusqu'au maximum 0m,777. Toutefois, ces deux pressions extrêmes sont rares à Funchal, et l'étendue de la pression y étant la même qu'à Nice, la différence dans les extrêmes est plus haute à Funchal; tandis qu'à Naples ces variations sont plus étendues, plus fréquentes et plus subites, comme celles des vents et du temps.

Le ciel de l'Italie méridionale est renommé par sa splendeur, sa pureté, l'éclat et la finesse de son azur. Du golfe de Gaëte jusqu'aux confins de l'Etrurie, c'est-à-dire dans tout le nord du Latium, l'atmosphère, quoique pure assez souvent, dénonce déjà par sa couleur, encore belle, mais plus ou moins teinte de rouge à l'horizon, l'existence de vapeurs aqueuses, principalement au lever et au coucher du soleil. Dans l'Italie supérieure, plus près des Alpes, l'élément aqueux prédomine déjà très-notablement dans l'atmosphère et, dans le Piémont et le Milanais, les jours plus ou moins nébuleux ne sont pas rares. Or, ce beau ciel de l'Italie méridionale, dont on jouit si souvent des jours entiers et successifs, qui fait l'admiration et le plaisir des étrangers, se voit rarement à Madère, car, le plus souvent, des météores aqueux apparaissent dans l'atmosphère et contribuent à la suavité du climat et à la force de la végétation. Mais lorsque l'atmosphère est pure et sereine, l'azur céleste est également vif et lumineux, et les nuits, comme nous l'avons dit, ont une clarté et les étoiles un brillant qu'il est difficile de surpasser.

L'Italie offre dans toute son étendue des sources minérales nombreuses et variées, ce qui est un élément hydrologique de plus de ce climat. Sous ce rapport, elle possède une richesse infiniment supérieure à Madère, n'ayant que des eaux ferrugineuses faibles, peu connues et sans réputation thérapeutique. La nature des eaux participe de la qualité du sol et varie avec elle. Dans l'Italie supérieure et au milieu, le granit des Alpes et des Apennins, les formations secondaires de calcaire jurasique et d'autres espèces, ainsi que les terrains lacustriques et maritimes sub-apennins, remplis de coquilles, de lignites et d'autres vestiges de vie organique, produisent des eaux minérales salines de différentes températures, où prédominent les carbonates, les sulfates calcaires et magnésiens, les chlorhydrates de magnésie et de soude, un peu d'acide carbonique et de gélatine végétale. Les eaux de Pise, de Lucques, de Monte-Catini, de Poretta, etc., bien connues et renommées, s'emploient beaucoup contre les affections chroniques de l'estomac, les engorgements glanduleux et les obstructions des viscères abdominaux, mais peu contre les affections pulmonaires, si ce n'est dans le cas de complication d'autres maladies. Dans l'Italie inférieure et sur le territoire napolitain, où se rencontrent partout en abondance les produits pyrogéniques, la chimie volcanique encore en action présente des eaux minérales d'une température variée, parfois très-haute et contenant, outre les composés salins déjà mentionnés, l'acide carbonique en abondance, l'acide sulfhydrique sous diverses formes, le fer et l'ammoniaque. Les eaux minérales de Naples, de Pouzolles, d'Ischia, et beaucoup d'autres, ont un grand crédit contre les affections chroniques de l'appareil digestif, les rhumatismes, la goutte, les engorgements glanduleux, les paralysies, etc., mais ne s'appliquent pas aux affections pulmonaires et surtout à la phthisie. Si parfois elles ont eu une influence salutaire sur des bronchites chroniques ou des phthisies commençantes comme d'autres eaux de diverse nature, leur crédit n'est pas tel à cet égard que les malades atteints de ces maladies viennent exprès pour faire usage de ces eaux ; non, ce qu'ils recherchent spécialement dans leur voyage en Italie, c'est le climat. Les étuves naturelles dont le pays abonde sont aussi très-employées contre diverses maladies. Celles de Castiglione, de Saint-Laurent, de Saint-Germain et de Nero sont les plus célèbres et les plus fréquentées ; la tradition locale prétend les recommander contre les affections de poitrine et même la phthisie ; mais aucun fait authentique n'autorise ce traitement, contraire à tout ce que nous savons de la pathologie de cette maladie.

La nature des terrains de l'Italie méridionale, les réactions chimiques dont ils sont le siége, la composition atmosphérique plus ou moins modifiée par les produits gazeux de ces réactions et les émanations des cratères en action, l'influence probable des élaborations volcaniques si étendues sur l'électricité atmosphérique et peut-être sur d'autres phénomènes météorologiques, peuvent faire supposer une action spéciale sur des poumons malades; mais jusqu'ici cette action, si elle existe, n'a pas été étudiée ni déterminée en bien ou en mal ; d'ailleurs s'étendant dans l'immensité de l'atmosphère, loin des lieux où elle se développe, elle n'est guère appréciable. A Madère, malgré la nature volcanique du sol, les foyers amortis et inertes ne peuvent avoir aucune influence de ce genre. Néanmoins, si elle existe en Italie, elle ne constitue rien moins qu'un avantage et ne donne aucune supériorité à cette contrée, non plus que ses eaux minérales, quant aux affections chroniques de la poitrine.

Il y a donc analogie de conditions entre le climat de Funchal et ceux d'Italie, et par conséquent analogie d'action; bien plus, quelques-uns des éléments climatologiques principaux sont en faveur du premier.

Sir J. Clark dit, en comparant ces climats : « Les observations minutieuses et attentives de Heineken et Renton, « faites assez longtemps, nous ont permis de former un « jugement prudent du climat de Madère, et bien que nos « matériaux sur les autres îles de l'Atlantique soient beau« coup moins complets, il nous reste peu de doutes sur « la supériorité absolue de Madère, offrant, en outre, des « commodités uniques pour la résidence des malades. « L'élévation de la cordillière centrale qui règne dans la « plus grande partie de l'île, tout en pouvant soustraire « un peu de chaleur l'hiver, contribue puissamment à la « modifier pendant l'été ; elle procure l'avantage d'une « brise fraîche de terre, la nuit, qui, alternant avec le vent « frais de mer du jour, modère en grande partie cette cha-

« leur de l'été. Les vents généraux qui règnent en cette « saison dans la latitude de Madère contribuent également « à sa salubrité. Enfin, en choisissant leur résidence d'été « dans une situation élevée de l'intérieur, les malades « jouissent d'un climat beaucoup plus frais qu'à Funchal, « situé sur le littoral et offrant une excellente résidence « pour l'hiver. » En comparant Madère avec le sud de la France et l'Italie, il ajoute : « Bien que la température « moyenne annuelle soit seulement de 6° au-dessus de « celle de ces lieux, elle y est distribuée tout diffé« remment dans le cours de l'année, et la variation y est « beaucoup moindre que dans les pays les plus favorisés « du sud de l'Europe. Ainsi, tandis que l'hiver est plus « chaud de 12° qu'en Italie et en France, l'été est 5° « plus frais, et la variation moyenne annuelle, de 14° « à Madère, est presque du double à Pise, à Rome et à « Naples. La même supériorité a lieu dans la distribution « de la chaleur durant toute l'année, et la différence « moyenne des mois successifs, qui est seulement de 2° « dans cette île, est de 4° à Rome et à Nice, et de 5° à « Pise et à Naples. Il en est de même de la marche de la « température journalière, dont la différence moyenne est « de 10° dans les vingt-quatre heures par le thermomètre « de maximum et minimum, tandis qu'elle est de 9° à « Nice, de 10° à Rome et de 13° à Naples, par le thermo« mètre ordinaire. L'égalité de température d'un jour à « l'autre, si importante dans un climat, surpasse beau« coup, à Madère, celle des autres pays. Il y a également « une différence considérable relativement à la sècheresse « des deux climats : la quantité de pluie est presque la « même à Madère et à Rome, mais là il y a soixante-trois « jours de pluie dans l'année, tandis qu'il y en a cent dix« sept ici. A Madère, la pluie arrive aussi à des époques

« plus régulières, c'est-à-dire dans l'automne, et l'atmo-
« sphère reste généralement sèche et claire le reste de
« l'année. » (*Cyclop. Britan.*, *art. Climate*, 1833.)

Dans ces dernières années, Venise, ce pays admirable et singulier sous tant de rapports, a été recherché par quelques malades affectés de la poitrine surtout pendant l'hiver, et a acquis une certaine réputation par la suavité de son climat et la régularité de la température. Et, en effet, les éléments climatologiques s'y trouvent combinés avec les autres dispositions topographiques de telle sorte, que les conditions de température et d'humidité ne sont pas celles qui dominent dans le reste de la zone orientale de l'Italie baignée par l'Adriatique et sont même supérieures à celles que présentent certains points de la zone occidentale précédemment signalés.

Mais en comparant le climat de Venise avec celui de Funchal, même dans ce qu'il offre de plus avantageux, c'est-à-dire sa température, on trouve que la moyenne annuelle est de 56°, tandis qu'elle s'élève à 67°, 23 à Funchal. Voici également la différence de la moyenne des saisons :

	Venise.	Funchal.
Hiver.........	38°	62°88
Printemps.....	55	64 55
Été...........	73	70 89
Automne......	56	70 19

D'où il suit que la différence moyenne de l'été à l'hiver est de 35° à Venise, et seulement de 8°,01 à Funchal, et que la moyenne de l'hiver est beaucoup plus élevée ici que là et celle de l'été plus basse. La chaleur de l'été, à Venise, est excessive, et les malades vont passer cette saison près des Lagunes ou retournent dans leur patrie, tandis que le minimum de la moyenne du froid est de 27°. Cette moyenne absolue était évaluée à 50° à Funchal avant nos observations, et elle descendit une seule fois à 45° au thermométrographe, durant un hiver très-froid. Enfin, d'après l'observation de sept années, la neige tombe, en moyenne, cinq jours et demi chaque hiver à Venise, tandis que ce phénomène n'a pas lieu à Funchal. Ces chiffres parlent donc très-clairement.

Quant aux conditions hygrométriques de l'air, elles ne sont pas aussi défavorables à Venise qu'on pourrait l'inférer de la position de cette ville entre des lagunes, des canaux et sur l'Adriatique. Le vent du nord-est, qui contribue beaucoup à abaisser la température sur toute la côte orientale de l'Italie, n'a pas ici autant d'influence, et il semble, au contraire, que son action plus modérée soit salutaire en dissipant les hydrométéores qui se forment généralement dans ces parages. Il y a un grand nombre de jours beaux et clairs dans l'année, et il y pleut, terme moyen, soixante-quinze jours, c'est-à-dire deux jours de plus qu'à Funchal. La moyenne annuelle de l'eau recueillie dans l'udomètre, à Venise, est de 36 pouces 5, ce qui fait 6 pouces 5 plus qu'à Funchal ; celle de l'hygromètre est de 87°, tandis que nous n'avons obtenu que 79°,7 à Funchal par nos observations de huit mois, comprenant un hiver très-pluvieux et ne comprenant pas d'été; enfin, celle du baromètre est de 0m,757 à Venise, et de 0m,759 à Funchal.

On a dit que le climat de Venise devait avoir une action bienfaisante sur les maladies scrofuleuses et tuberculeuses par l'inhalation d'un air imprégné de particules d'iode et de brôme contenues en quantité très-notable dans les plantes des lagunes et les eaux mêmes. Mais ce fait est loin d'être prouvé, et l'odeur marécageuse de l'atmosphère, qui s'observe comme ailleurs, n'est pas un argument suffisant. Enfin, cette influence curative spéciale du climat n'est pas démontrée par des faits certains, et tout ce que l'on sait de positif à cet égard, c'est qu'elle ne préserve pas les habitants de ces affections.

On voit donc que ce climat, même sous le rapport spécial de la température pour laquelle il est recommandé, n'offre aucun avantage sur celui de Funchal ; au contraire, il lui est inférieur à cet égard comme les autres climats de l'Italie. L'unique avantage de ce pays est dans ses souvenirs historiques, ses monuments et tout ce qu'il offre d'exceptionnel ; mais ces circonstances, qui provoquent la curiosité, excitent le courage et agissent fortement sur l'imagination des malades, ne sont pas sans inconvénient pour quelques-uns.

Funchal présente encore d'autres conditions secondaires et spéciales qu'il convient de signaler et d'apprécier ici ; car leur connaissance peut avoir une certaine influence sur la détermination, la résolution des malades et sur l'avis des médecins.

C'est d'abord le voyage qu'il faut faire par mer pour y arriver. Les uns voient dans cette courte navigation un commencement de médication favorable, les autres la considèrent comme un inconvénient, et nous croyons qu'il en est souvent ainsi. Les premiers citent des cas de guérison, de suspension ou d'amélioration de la phthisie par la navigation et pensent que le mal de mer et le vomissement, si souvent conseillé dans cette maladie, même comme moyen exclusif, ont aussi leur utilité ; quelques-uns veulent même que le transport ait lieu sur des navires à voiles, non-seulement pour éviter les inconvénients des machines à vapeur, mais aussi pour prolonger le voyage et l'action de la navigation sur l'économie et opérer une transition douce, insensible et graduelle. Beaucoup de malades vont ainsi d'Angleterre à Madère dans la saison convenable et préfèrent les deux ou trois excellents navires à voiles affectés à cette traversée qui se trouvent prêts à ce moment. Quant aux antagonistes, ils objectent que cette navigation est trop courte pour produire les bienfaits qu'on paraît avoir obtenus par de longs voyages, que la plupart des malades souffrent beaucoup sur mer, qu'ils arrivent abattus et dans un état pire qu'à leur départ. Quelques-uns vont jusqu'à craindre les hémoptysies comme conséquence des vomissements répétés. Bien que nous soyons convaincu que cette courte navigation est incommode et sans profit pour la plupart des malades, les inconvénients qui en résultent, modérés et atténués par la brièveté, la certitude de la navigation à vapeur, ne doivent pas empêcher les malades de faire cette traversée, car quelques jours de repos à terre leur suffisent en général pour se remettre parfaitement.

L'atmosphère maritime qu'on respire à Madère est un autre avantage de cette île pour ceux à qui elle est conseillée [1]. Elle n'est imprégnée ni des miasmes boueux du

1. Il est à remarquer que la situation topographique de Funchal est éminemment favorable à l'inhalation de cet air marin par les habitants. Abritée par la haute Cordillière qui s'élève au nord et protégée ainsi des vents de ce côté, cette ville reste exclusivement ouverte aux vents des autres directions qui soufflent de l'Océan; lesquels, n'ayant pas d'antagonistes, se réfléchissent pour ainsi dire dans l'hémicycle qu'elle forme avec la rade jusqu'au haut des montagnes. L'atmosphère maritime ne peut donc manquer d'y régner par excellence et dans les meilleures conditions, car elle y est surtout poussée par le vent du sud. Cette disposition spéciale, jointe aux autres avantages climatériques, fait incontestablement de Funchal la station la plus convenable pour les malades auxquels cet agent thérapeutique est utile.

rivage, ni des immondices de la ville; les malades peuvent se promener à pied ou en nacelle sur les bords de la mer, à l'ombre des arbres et respirer cette atmosphère maritime pure de toute autre matière, ainsi que cela a été recommandé en tout temps et en divers pays. Des malades sont souvent envoyés dans les ports du sud et de l'ouest de l'Angleterre, à Marseille, sur différents points de la côte d'Italie, en Egypte et à Malaga dans cette intention spéciale, et il est résulté parfois un profit évident et positif de ce genre d'inhalation. Laennec avait une telle confiance dans ce moyen, qu'il essaya de produire artificiellement cette atmosphère dans les salles de la Charité, en y répandant une grande quantité de plantes marines, et il crut un moment que la phthisie pulmonaire en était modifiée favorablement.

Quoique la respiration de l'atmosphère maritime sur le littoral ait quelque chose de commun avec la navigation, il peut en résulter des effets différents d'après l'action profonde que celle-ci exerce sur l'organisme. Le mouvement, la nausée et le vomissement, l'odeur du goudron, le changement successif de climat, l'exposition continue au grand air et à la lumière au milieu de la mer, ne peuvent être indifférents pour le malade, et, quelle qu'en soit l'action, la simple respiration de l'atmosphère maritime sur le littoral ne saurait la produire, de même qu'on n'éprouve pas ainsi les incommodités et les privations résultant de la navigation. C'est une croyance générale à Lisbonne que l'habitation près de la plage est contraire aux phthisiques et à toutes les affections chroniques de la poitrine. Sans pouvoir dire quels sont les fondements de cette opinion, il est évident que dans la ville, principalement dans certains endroits, l'atmosphère du littoral ne convient pas même aux personnes bien portantes; mais au dehors, du côté de

Bélem, à droite du Tage ou sur quelques points de la côte, les mêmes causes d'infection n'existant pas, l'atmosphère maritime plus pure devrait être expérimentée sur quelques malades. Il est vrai que les variations atmosphériques y sont fortes et fréquentes et les promenades peu convenables aux malades souffrant de la poitrine; mais ces variations atmosphériques existent également dans certains endroits de l'intérieur fréquentés par les malades; d'ailleurs, la pratique exclusive en vigueur n'est pas si bien fondée qu'on ne puisse y déroger et faire de nouvelles tentatives dans des lieux mieux situés, d'autant plus que cette pratique est recommandée par les auteurs et adoptée ailleurs avec avantage. Dans quelques cas à notre connaissance, l'habitation près de la mer, sur la rive droite du Tage, n'eut aucune influence nuisible sur des malades considérés avec raison comme phthisiques; tandis que nous avons vu très-souvent ce séjour aggraver l'asthme et les maladies participant de cette névrose. A Funchal, loin d'être considérée comme nuisible, cette atmosphère maritime est conseillée comme très-utile, et lorsque les malades s'en trouvent mal ou qu'elle ne leur est pas conseillée, ils peuvent choisir une habitation et des promenades à un ou deux milles de la plage où cette influence est très-faible et presque nulle.

Sous d'autres rapports, peu de pays offrent aux malades les mêmes avantages que Madère. Il présente en grand nombre des habitations excellentes et agréables, construites suivant le goût anglais, bien situées, entourées de jardins, et meublées de telle sorte que le malade n'a besoin d'apporter que les vêtements indispensables et les choses à son usage particulier. Les véhicules, quoique n'indiquant pas une civilisation avancée, sont en parfaite harmonie avec la nature des chemins et leur destination spéciale:

le traîneau, le palanquin et le hamac sont très-convenables pour promener les malades, dont la plupart, si faibles qu'ils soient, supportent bien le mouvement, surtout du hamac, quand il est porté par les indigènes d'une adresse et d'une patience admirables à cet effet. Ces deux qualités presque communes et naturelles à tous les gens de service, ont encore été fortifiées et dirigées par l'habitude de soigner des malades. Des commodités de tout genre, pour toutes les positions et les fortunes, sont offertes aux malades qui n'ont qu'à choisir, car sur ce point il y a de quoi satisfaire les plus exigeants.

Il y a aussi d'excellents médecins Anglais et Portugais, très-expérimentés dans le traitement des affections pulmonaires, et de bonnes pharmacies où la qualité et la préparation des médicaments sont irréprochables. Enfin, on rencontre facilement des garde-malades, soigneuses et intelligentes, ce qui ne se trouve pas réuni partout.

Le défaut de divertissements et de distractions, dont plusieurs visiteurs se plaignent, est encore, suivant nous, un des avantages du pays pour les malades. Les galeries, les musées, les monuments, les théâtres et tant d'autres attraits des villes d'Italie, ont été plus d'une fois la cause de refroidissements, de fatigues, d'irrégularités, de rechutes et d'exacerbations de maladies déjà améliorées. Les distractions d'un phthisique et des personnes atteintes d'affections chroniques de l'appareil respiratoire, ne peuvent être celles d'un voyageur en bonne santé. Le froid, l'humidité de la nuit, la fatigue d'une longue promenade, le changement des heures des repas et des médicaments, une excursion imprudente, une émotion morale profonde et imprévue, suffisent souvent pour détruire le bénéfice résultant de beaucoup de peines et de temps. Heineken, qui était redevable d'une si grande amélioration au climat de

Madère, anticipa sa mort pas une excursion inconsidérée à Porto-Santo. De douces promenades, des vues variées, la culture des fleurs, une conversation agréable, la musique, la lecture ou le dessin quand c'est possible, sont les divertissements convenables à ces malades. Ceux qui sont plus forts et dans une meilleure situation peuvent faire des promenades plus longues à pied, à cheval ou en mer, et jouir avec modération de quelques réunions offertes par les habitants qui se distinguent par leurs qualités et leurs manières civiles et hospitalières. Aujourd'hui que les connaissances d'histoire naturelle sont très-répandues, surtout parmi les Anglais et les Allemands, le botaniste, le minéralogiste, le zoologiste y trouveront un ample et agréable emploi de leur temps, de même que les plus riches paysages s'offrent à l'artiste pour exercer son pinceau. La monotonie et la régularité d'une vie simple, sans de grandes émotions et surtout sans fatigue, est ce qui convient le mieux aux malades affectés de la poitrine. Les exemples de terminaisons fatales par indocilité ou par écart de régime ne sont pas rares chez des malades qui croyaient que le climat seul pouvait vaincre la maladie malgré leurs imprudences. Nous voudrions de meilleurs chemins, des promenades mieux choisies et mieux entretenues, quelques divertissements pendant le jour dont le malade serait spectateur sans y prendre part et compatibles avec la régularité hygiénique voulue; nous voudrions un pays plus heureux et ne présentant pas à chaque pas des scènes de misère et de dégradation ; mais nous sommes loin de désirer y voir régner l'agitation, d'ailleurs agréable et amusante, de certaines sources minérales d'Allemagne.

Si donc les climats peuvent exercer une action bienfaisante sur la tuberculisation et les autres affections pulmonaires, ce que nous croyons fermement, celui de Funchal doit être placé sans contredit en première ligne à cet égard. Peu de pays possèdent des conditions aussi avantageuses ; le sud de l'Angleterre, de la France et même l'Italie n'offrent pas une température aussi égale, un hiver si doux et une réunion si complète de conditions climatériques, hygiéniques et confortables. Que tous ces avantages ne produisent pas encore le résultat désirable, c'est-à-dire la guérison constante de la phthisie, ce n'est malheureusement que trop vrai ; mais c'est déjà beaucoup de trouver un climat comme celui-ci, où la marche de cette cruelle maladie est très-souvent suspendue et rend aux malades l'usage de leurs facultés, une vie supportable et une apparence de santé si vraie et si prolongée, dans certains cas, qu'elle équivaut à la guérison. Quant à ceux qui n'en éprouvent pas de tels bienfaits, ils peuvent passer l'hiver sans rester enfermés sous l'oppression d'une température artificielle et des idées mélancoliques et sinistres, qu'une atmosphère nébuleuse, chargée, froide et une réclusion si prolongée inspirent même aux personnes bien portantes ; leur existence continue avec moins de souffrances ; ils vivent à l'air libre, jouissent de la vue d'un pays délicieux et d'une végétation riche et variée avec le plaisir et l'espérance que donne la contemplation d'un ciel clair et serein dont l'influence semble devoir rendre la vie et la santé faciles et naturelles.

Cependant les résultats obtenus dans ces conditions ne sont pas en général ces guérisons solides, définitives et complètes qu'on obtient dans les autres maladies, et très-rarement dans la phthisie ; les accidents reparaissent après un certain temps chez des malades guéris en apparence, et plusieurs n'obtenant pas plus de succès sous ce climat que dans leur pays, les familles et les malades ne doivent pas s'illusionner ni s'en exagérer les avantages et le regarder comme un moyen infaillible, mais seulement comme le plus efficace. Ce climat n'a pas une vertu spécifique pour guérir la phthisie, qui s'y développe même assez souvent ; son utilité est relative aux autres climats et aux autres remèdes, et autant elle est évidente, probable à la première période, autant elle est incertaine aux autres. A ces périodes avancées, les malades peuvent y prolonger plus ou moins leurs jours et quelquefois leur maladie y suspend sa marche, mais le plus souvent, elle continue jusqu'au terme fatal.

CHAPITRE XV.

CLIMAT DE LISBONNE COMPARÉ A CELUI DE FUNCHAL.

Quoique Madère soit sans contredit une des plus belles possessions portugaises et que la suavité et la salubrité de son climat soient bien connues dans la métropole, on a vu que les Anglais, par leurs relations commerciales, furent les premiers à en expérimenter les bienfaits contre les affections pulmonaires chroniques et presque les seuls à les faire connaître en publiant de nombreux ouvrages à ce sujet. Notre caractère s'oppose à ces émigrations, à ces séparations faciles, à ces voyages sur mer, et, ne rencontrant aucune commodité, même aux environs de Lisbonne, nous supposons qu'il en est ainsi dans cette île où nous croyons nécessaire de transporter tous les embarras d'un pays arriéré, tandis que toutes les commodités d'un pays civilisé y sont réunies. De là, le petit nombre de malades portugais qui vont à Madère et l'état avancé de ces malades; car une telle détermination leur paraît si extraordinaire, risquée et coûteuse qu'ils ne l'adoptent qu'à la dernière extrémité. Or, sur ce dernier point la vérité est qu'il y a des habitations très-dispendieuses à Funchal; mais il y en a aussi de troisième ou quatrième ordre dont le prix est accessible aux plus modestes fortunes, et la plupart des malades passant l'été aux environs de Lisbonne, pourraient facilement passer l'hiver à Funchal dans une demeure agréable sans emporter autre chose que leurs vêtements.

Mais y a-t-il avantage pour les phthisiques Portugais et ceux de Lisbonne en particulier, placés tout différemment que les habitants du nord, à recourir au climat de Funchal et ne peuvent-ils, avec moins d'incommodité et de dépense, trouver un lieu aussi propice dans leur propre pays? Peut-être les considérations suivantes, applicables à toutes les parties du royaume, répondront-elles à cette question.

La phthisie pulmonaire est fréquente à Lisbonne, et atteint les sujets des deux sexes à tout âge, mais surtout de 20 à 35 ans. Très-souvent, elle est héréditaire et frappe plusieurs membres d'une famille; parfois elle n'en épargne aucun. Sa proportion dans la mortalité générale n'est pas bien établie, et quoique nous possédions les données les plus exactes à ce sujet, elles ne méritent pas assez de crédit pour être publiées. Cette proportion est de un dixième dans la mortalité de l'hôpital général *S. José;* ce qui est beaucoup plus favorable que dans les autres grandes villes. Un certain nombre d'autres maladies qui parfois la précèdent et la provoquent sont également fréquentes; telles sont: les scrofules, les inflammations aiguës et chroniques du poumon, de la plèvre, des bronches et du larynx. La méningite tuberculeuse, la dégénérescence des ganglions mésentériques, le rachitisme sont aussi communs; le diabète sucré et glucosucré est plus rare.

Les causes occasionnelles de cette maladie sont ici les mêmes que dans les grandes villes: l'hérédité, une éducation mal dirigée, où manquent l'exposition à l'air et les exercices du corps, des habitudes efféminées, une nourriture mauvaise ou insuffisante, l'étroitesse du thorax, les passions tristes, la fatigue, les pertes de fortune, etc. Une autre cause très-fréquente et digne de fixer l'attention, c'est le refroidissement du corps, les enrouements et les rhumes, etc., causés par le changement de température ou l'exposition à l'air froid en sortant de l'atmosphère chaude des salles de bal et de théâtre dans la rue avec des vêtements légers et décolletés.

La forme chronique est la plus ordinaire, bien que, dans certains cas rares, cette maladie tue ceux qu'elle atteint en deux ou trois mois. En examinant bien ces cas aigus, il est rare de ne pas constater, avant le début des accidents, quelques prodromes fugaces et légers qui passent généralement inaperçus, comme la toux, la douleur de la poitrine, la faiblesse, une expectoration sanguinolente, etc.

Le séjour de Lisbonne est très-préjudiciable aux phthisiques. Tous les médecins sont d'accord aujourd'hui sur ce point et envoient ces malades à la campagne, aussitôt que la saison le permet, très-souvent avec avantage.

Cette ville est située sur des montagnes peu élevées, entrecoupées de vallées où règnent en général des vents très-intenses. Ceux du nord, nord-est, nord-ouest, ouest et sud-ouest prédominent. Ils impressionnent très-vivement sur les hauteurs, et les vifs courants qu'ils forment dans les intersections ne sont pas moins sensibles. La température intérieure des habitations est influencée par ces courants qui incommodent ainsi les habitants au dedans et au dehors, particulièrement à l'entrée et à la sortie. Les maisons, bâties à mi côte et à l'abri des vents du nord et du nord-est, sont moins froides ; mais la plupart sont exposées à l'intensité de ces vents. De plus, les courants d'air s'insinuent dans les rues, les passages et les places, suivant leur direction, et incommodent les passants et les promeneurs. Souvent, en sortant d'une rue où ne règne pas le moindre vent, on entre dans une autre où il est très-violent, et cette alternative peut se répéter plusieurs fois le même jour. Il est fréquent, à la sortie du théâtre, de l'église, du bal ou de tout autre lieu de réunion où règne une haute température, de rencontrer un de ces courants d'air, d'éprouver un refroidissement et ensuite une phlegmasie aiguë. Les rhumes, enrouements, corysas, bronchites sont les moins graves, mais peu de personnes y échappent et quelques-unes en sont même atteintes deux ou trois fois par an. La mauvaise construction des maisons, avec des ouvertures inutiles ou fermant mal et des escaliers donnant accès à l'air froid et impur ; des voitures anciennes, incommodes, mal closes, abritant à peine des intempéries, contribuent encore puissamment à produire et aggraver les innombrables affections des voies respiratoires auxquelles les habitants sont si sujets et dont l'invasion est si sensible qu'ils peuvent préciser presque toujours exactement l'heure et le lieu de leurs refroidissements. Tel est le début de plusieurs maladies graves et même de la phthisie, dont le développement est précédé ordinairement d'un ou plusieurs de ces rhumes négligés et prolongés [1].

La température de Lisbonne et ses variations sont encore des motifs propres à confirmer l'opinion des médecins sur la nocuité du climat pour les phthisiques. Pour les personnes en santé, le froid n'y est jamais excessif, et si parfois la chaleur est intense l'été pendant un certain temps, elle n'est jamais insupportable, étant modérée presque toujours durant quelques heures par le vent de mer ou du nord. Mais pour les malades, les poitrinaires en particulier, cette température descend beaucoup trop bas l'hiver pour être supportée dehors, et ses variations, jointes aux vents, sont évidemment nuisibles aux différentes saisons, comme on va en juger d'après les moyennes établies par divers observateurs.

1. Il nous semble impossible d'admettre que cette action funeste puisse s'exercer sur des personnes non prédisposées à la tuberculisation.

1° Moyenne annuelle.

Pretorio	63°5
Franzini	61
Dove	61 4
Humboldt	61 7
Daniell	62

2° Moyenne des saisons.

	FRANZINI [1].	DOVE.	HUMBOLDT.
Hiver	52°,1	52°,52	53°,06
Printemps	60 ,5	59 ,66	59 ,9
Eté	70 ,4	70 ,94	71 ,42
Automne	59 ,5	62 ,48	62 ,42

Ainsi, d'après le tableau du professeur Dove (*Voir* page 82), la température moyenne de l'hiver, à Funchal, est supérieure à celle de Lisbonne de 10°,98, celle du printemps de 4°,80, celle de l'été de 0°,66 seulement, ce qui est très-remarquable, et celle de l'automne de 8°,40. Enfin, tandis que la différence de la température moyenne de l'été à celle de l'hiver est de 8°,10 seulement à Funchal, elle s'élève à 18°,42 à Lisbonne. C'est donc là, comme on voit, un grand avantage en faveur du climat de Madère.

1. Cet observateur compose les saisons d'une façon particulière. Il compte décembre, janvier, février et mars dans l'hiver, avril et mai dans le printemps, juin, juillet, août et septembre dans l'été et les deux autres mois dans l'automne.

3° Moyenne mensuelle.

	FRANZINI.	DOVE.
Janvier	49°,5	52° 52
Février	52 ,4	53 ,60
Mars	55 ,5	56 ,30
Avril	58 ,5	59
Mai	62 ,6	63 ,68
Juin	68 ,7	69 ,44
Juillet	71 ,9	72 ,14
Août	71 ,9	71 ,24
Septembre	69	69 ,44
Octobre	63	62 ,60
Novembre	56 ,1	55 ,40
Décembre	51 ,1	51 ,44

Ainsi, la différence de la température moyenne du mois le plus chaud au plus froid est de 20°,70 à Lisbonne, tandis qu'elle est seulement de 10°, 80 à Funchal.

Mais, pour mieux montrer encore les variations atmosphériques de ce climat, voici, d'après l'analyse minutieuse des observations météorologiques de M. Franzini faites pendant seize années consécutives avec le thermomètre ordinaire, à des heures fixes, les extrêmes remarquables de cette température, suivant les années, les saisons et les mois.

Hiver.

		Maximum.	Minimum.	Différence.
Décembre	1816	60°	30°	30°
	1817	63	32	31
	1835	60	27	33
	1836	63	29	34
Janvier	1820	64	26	38
	1837	63	27	36
Février	1839	67	26	41

Enfin, la plus basse température de l'hiver, pendant ces seize années d'observation, fut de 26°, et la plus élevée de 68°, ce qui forme l'énorme différence de 42°. Ces variations extrêmes qui seraient probablement encore plus marquées avec le thermométrographe, ne sont pas rares dans cette saison.

Cette baisse extrême du thermomètre amène des gelées assez intenses pour former de la glace. Ainsi, pendant ces seize hivers, il gela six fois en décembre durant deux ou trois nuits, huit fois en janvier aussi durant quelques nuits, et un seul hiver en février pendant deux nuits. Et durant ces jours de gelée, alors que la température descendait au-dessous de 32°, elle s'élevait parfois à 59, 63, 64 et jusqu'à 67°.

Printemps.

		Maximum.	Minimum.	Différence.
Mars	1822	85°	45°	40°
	1835	74	38	36
	1837	64	37	27
Avril	1835	84	39	45
	1837	67	37	30
	1840	81	41	40
Mai	1835	87	45	42
	1839	88	43	45
	1840	89	43	46

On voit que les mois du printemps présentent des variations plus grandes encore que ceux d'hiver. Elles s'élevèrent à 45° en mars, à 47° en avril, et en mai le thermomètre oscilla de 42° à 89°, ce qui fait une différence égale. Aussi cette saison est-elle généralement distinguée à cause de cette inégalité de la température.

Été.

		Maximum.	Minimum.	Différence.
Juin..........	1817	85°	50°	35°
	1835	88	48	40
	1840	97	55	42
Juillet.........	1819	102	56	46
	1824	105	58	47
Août.........	1837	97	57	40
	1839	99	57	42

Ces extrêmes variations pendant l'été ne sont pas rares. Bien qu'une température aussi élevée prise extérieurement à l'ombre semble extraordinaire, nous nous sommes assuré qu'elle avait été bien observée. D'ailleurs les tables météorologiques de Prétorio signalent, en 1784, une température de 97° en juin, de 102° en juillet, de 106° le 13 août, pendant deux heures consécutives, et de 103° le lendemain.

Automne.

		Maximum.	Minimum.	Différence.
Septembre....	1819	89°	50°	39
	1839	89	51	38
	1840	92	48	44
Octobre.......	1821	88	50	38
	1836	78	40	38
	1837	84	47	37
Novembre.....	1820	74	36	38
	1825	70	39	31
	1835	75	34	41

Ces variations, sans être aussi grandes que dans les autres saisons, sont encore considérables. Voici, d'ailleurs, un tableau synthétique de toutes ces observations indiquant le maximum et le minimum mensuels absolus de cette température, ainsi que la moyenne de ces deux extrêmes.

	TEMPÉRATURES EXTRÊMES.		TEMPÉRATURES MOYENNES.	
	Maximum.	Minimum.	Maximum.	Minimum.
Janvier............	68°	26°	61°	34°
Février............	68	26	65	39
Mars...............	85	35	71	41
Avril.	84	37	76	44
Mai................	89	42	81	48
Juin.	97	48	88	53
Juillet.	105	51	94	56
Août	99	53	92	57
Septembre	92	48	88	54
Octobre............	88	40	78	48
Novembre...........	75	34	70	40
Décembre...........	67	29	63	35
Différences extrêmes.	105	26	94	34

On voit par là quelles sont les extrêmes variations absolues de la température dans le même mois à Lisbonne, et que la différence mensuelle, entre les moyennes maximum et minimum, s'élève à 30° et plus. De même, la différence extrême de ces seize années d'observation est de 60° pour les températures moyennes, et de 79° pour la température observée; tandis qu'à Funchal elle arriva seulement à 40° pendant un espace de plus de cent années, et à 45° avec le thermométrographe.

Ces détails étaient nécessaires pour faire apprécier exactement les variations de la température à Lisbonne. Voici, pour les compléter, les variations journalières de cette température, lesquelles sont les plus dangereuses par les refroidissements et les rhumes qu'elles provoquent.

Si la différence entre le maximum et le minimum de la

température, dans les vingt-quatre heures, n'est souvent que de 6 à 8° et même moins, on la voit aussi plus fréquemment s'élever, dans toutes les saisons, et principalement dans le printemps et l'été, à 20, 25, 30° et plus. Les exemples de variation journalière de 20° sont extrêmement fréquents, ceux de 25 ne sont pas rares. Ainsi, en juin 1840, le minimum moyen du mois fut de 61°,7, et la moyenne maximum de 81°,9, ce qui fait 20°,2 de différence. Il en fut de même le mois suivant, dont le maximum moyen fut de 81° et le minimum 60°,9. La variation fut de 32° le 20 juin 1840, et de 35° le lendemain. En juillet de la même année, elle fut, pendant plusieurs jours, de 30 et 31°. Le 19 du mois suivant, elle s'éleva même à 37°, et l'on en trouverait peut-être de plus grandes en analysant rigoureusement toutes les observations. Mais notre but n'est pas de citer les cas exceptionnels, nous voulons établir la fréquence des variations journalières de 20 à 25° et au-dessus, lesquelles seraient encore plus élevées si elles avaient été obtenues avec le thermométrographe à des heures variées. Balbi, dans son essai statistique du royaume, dit que la température est très-variable, surtout à Penafiel, Porto et Lisbonne, où les variations sont de 18 à 28° et de 22° à Lisbonne en particulier; ajoutant qu'elles seraient plus grandes si la température était observée à d'autres heures. On voit donc que la différence est grande sous ce rapport avec Funchal, où les variations atmosphériques sont ordinairement de 4 à 8°, excédant rarement 10°, et arrivant, par extraordinaire, à 19° dans les vingt-quatre heures avec le thermométrographe.

Les variations atmosphériques d'un jour à l'autre, observées tous les jours, à la même heure, ne sont pas aussi grandes que les variations du même jour, à des heures différentes. Très-souvent la différence est faible, mais il suffit d'un changement de vent pour qu'elle atteigne 10 et même 15°.

Les vents du nord-est et du nord sont en général les plus froids, celui du sud est tempéré ou chaud et celui de l'ouest modérément frais. Cette influence de la direction et de l'intensité du vent sur les individus est telle que dans l'hiver celui du nord-est fort, avec une température rarement au-dessus de 32°, surtout le jour, produit un froid pénétrant et pénible qui enflamme les oreilles, les yeux, le nez et provoque les larmes comme si l'on était exposé au froid intense des climats du nord.

La force solaire est si grande à Lisbonne que le passage du soleil à l'ombre, surtout si l'on est resté exposé au soleil, produit souvent du refroidissement, de l'enrouement et de la toux. Si cette transition a lieu dans une rue où souffle un vent froid et si l'on y reste, l'enrouement est presque inévitable, car la différence de température, dans ce cas, est de 20 à 30° et plus.

D'autres particularités existent encore dans ces variations de température si préjudiciables à la santé, et éminemment contraires aux affections des voies respiratoires. Les conditions atmosphériques des maisons diffèrent entièrement suivant la situation basse ou élevée de celles-ci, leur exposition aux vents du nord ou à ces violents courants d'air des vallées, ou suivant qu'elles en sont à l'abri, exposées au nord ou au sud, et reçoivent l'influence solaire, etc. Ainsi des habitations très-rapprochées et même contigues peuvent avoir une température très-différente par ce seul fait, et celles qui réunissent même les expositions sud et nord peuvent présenter, à la même heure, deux températures très-distinctes, comme en deux climats différents. Cette différence entre les deux côtés est ordinairement de 4, 5 et même 8°, et si la communication n'est pas complète quand le soleil échauffe les chambres du sud, elle peut encore s'élever davantage. C'est pourquoi des personnes impressionnables sont prises assez souvent de frissons, d'éternuements et de rhumes en passant du côté chaud dans le côté froid. Cette différence atmosphérique, jointe à la distribution vicieuse des pièces, établit à l'intérieur des courants d'air froid très-pernicieux. Sans doute, il y a quelques habitations excellentes, bien construites, bien entretenues et bien situées, recevant amplement le soleil, dans lesquelles un malade peut rester sans feu tout l'hiver avec une bonne température ; mais encore, dans ce cas le plus favorable, il doit rester dans sa maison la plus grande partie de cette saison et quelquefois même se borner à certaines pièces ; il ne peut sortir que peu de jours et durant quelques heures seulement pour respirer l'air libre et encore doit-il prendre de grandes précautions pour éviter les variations atmosphériques et les coups d'air.

Dans la plupart des maisons de Lisbonne, le froid se fait sentir désagréablement l'hiver, même pour les personnes bien portantes. On commence aujourd'hui à y remédier par l'usage des cheminées comme dans les climats froids, bien que l'opinion ait longtemps combattu cette innovation. Mais ces températures artificielles, bien préférables sans doute au froid pour les malades souffrant de la poitrine, ne sont pourtant pas comparables à l'exposition à l'air libre dans une température douce et au milieu d'un beau pays toujours en pleine végétation.

Ces variations atmosphériques, d'une influence si pernicieuse sur les affections pulmonaires, sont un trait distinctif du climat de Lisbonne, et même, sauf de légères modifications, des environs où sont envoyés habituellement les malades atteints de la poitrine. Soit effet de l'isolement, de la séparation des maisons, d'une irradiation terrestre plus rapide ou tout autre motif, il est certain que la température y descend plus bas et que l'impression des vents du nord et du nord-est y est plus intense que dans la capitale; bien que, d'un autre côté, la température de l'été n'y soit pas si élevée et que la chaleur du jour se dissipe plus rapidement. Ces particularités, bien connues des médecins, ne le sont pas suffisamment du public ni d'une manière assez précise et c'est pourquoi nous avons tant insisté sur ce sujet.

Si les vents ont une influence salutaire pour rafraîchir la température et purifier l'air, ils ont bien aussi leurs inconvénients. Ils amènent parfois des émanations infectes dans les habitations, et, outre les variations atmosphériques qu'ils produisent et le sentiment de froid dangereux qui en résulte à certaines heures, leur force incommode les malades atteints de la poitrine, embarrasse la respiration, excite la toux et soulevant la poussière des rues macadamisées, sales et couvertes d'ordures, ils produisent un effet très-préjudiciable sur ceux-ci et malfaisant pour tout le monde.

Quant aux pluies, elles sont, sauf quelques exceptions, abondantes en hiver, modérées au printemps et à l'automne et rares en été. On a calculé qu'il y avait annuellement, terme moyen, 98 jours de pluie, dont 35 en hiver, 26 au printemps, 8 dans l'été et 29 en automne. La quantité annuelle de pluie est de 0^{m},583, équivalant à 161 *almoudes* (2737 litres), c'est-à-dire moins qu'à Funchal. Parfois, elle tombe très-fine pendant plusieurs heures de suite et répand une grande humidité dans l'atmosphère; mais, ce cas excepté, le climat de Lisbonne n'est pas humide. Et bien que ce fait ne résulte pas d'observations hygrométriques rigoureuses, faites avec des instruments précis, on peut juger, d'après celles faites avec l'hygromètre d'absorption et les résultats des corps hygrométriques, que cette humidité n'est pas préjudiciable aux phthisiques. Il y a des jours et des hivers très-humides, mais c'est l'exception ; au contraire, l'atmosphère de l'été est souvent plus sèche qu'il ne faut pour la respiration, et cette sécheresse donne au pays l'aspect triste et aride que nos campagnes privées de bois présentent après la récolte. Enfin le défaut d'eau pour l'irrigation et la consommation de la ville augmente encore cette sécheresse pendant l'été que les vents de mer ne peuvent modifier contre la puissance et la force de leurs antagonistes.

Voici maintenant la relation de ces influences météorologiques entre elles aux diverses saisons. Les vents prédominants sont ceux du nord-est jusqu'au sud-ouest et la moyenne annuelle des jours de vent violent est de 83 ; les jours de vent moins fort sont très-nombreux et ceux entièrement sereins et calmes assez rares. Les pluies coïncident généralement avec les vents du sud-ouest au nord-ouest, les averses avec ceux du nord-ouest, les tempêtes avec ceux du sud-ouest et les froids intenses de l'hiver avec ceux du nord et du nord-est. En hiver, il est fréquent de voir le baromètre descendre de quelques millimètres et vingt-quatre heures après ou plus, le vent passer d'un point du nord-ouest au sud et la pluie survenir, la température restant douce pendant plusieurs jours. On voit ensuite remonter le baromètre, le vent passer au nord ou nord-est et le temps devenir beau et clair avec une température basse, un froid vif, et se maintenir ainsi pendant plusieurs jours.

Le printemps est très-irrégulier, non-seulement quant à la température, mais relativement aux vents, aux pluies et au temps en général. Il y a des jours très-chauds avec des soirées et des nuits si froides qu'il est nécessaire de changer de vêtements et se couvrir davantage la nuit. A de beaux jours, clairs et chauds, succèdent tout à coup des jours très-pluvieux. Certaines années, il survient en avril ou mai, après des journées de chaleur qui font prendre les vêtements légers, des pluies et des froids subits nécessitant de nouveau les habits abandonnés, et c'est dans ces transitions et ces changements imprévus que les refroidissements sont fréquents.

Les vents sont beaucoup plus réguliers l'été, et ceux du nord, souvent très-forts, prédominent. Il est commun de voir le jour commencer serein et chaud et continuer ainsi jusqu'à deux ou trois heures après-midi ; puis à cette heure de grand calme, le vent de mer survenir pour rafraîchir l'atmosphère, tourner un peu plus tard et passer au nord. Ce jeu des vents, qui rafraîchit et purifie l'air, est un grand bienfait de ce climat dont l'atmosphère a souvent besoin de cette purification. Ce fort vent du nord est très-désiré dans les mois de juillet et août pour le battage des grains et il se fait fortement sentir dans cette saison sur toute la côte du Portugal, ainsi que les brises modérées de l'Océan.

L'automne présente peut-être les moindres irrégularités de température et de vent ; les pluies sont modérées et c'est la saison la plus agréable à Lisbonne et ses environs. Il y a encore quelques rudes chaleurs en septembre et parfois de grandes variations atmosphériques, ce qui l'a fait placer avec raison dans l'été par M. Franzini, du moins pour les quinze premiers jours ; quant à la seconde moitié et aux deux mois suivants, ils sont généralement les meilleurs, les plus réguliers et les plus doux de l'année. La température moyenne en octobre est à peu près la moyenne de l'année entière. Sans doute, ces saisons n'ont pas toujours cette même forme, il y a quelques hivers très-doux et d'autres plus froids ou pluvieux, des étés moins chauds, des printemps plus réguliers et agréables; mais c'est une exception et nous avons décrit la règle.

A ces inconvénients de la ville et du climat de Lisbonne pour les phthisiques, s'en joignent d'autres qui leur sont moins directement contraires. Ainsi l'inclinaison du littoral près de la ville est si douce, que la mer et le Tage abandonnent cette partie de leurs bords à la marée basse et laissent à découvert, dans certains endroits, une grande superficie boueuse, exhalant des miasmes délétères et une odeur désagréable dans les habitations voisines. A ce moment aussi les vents du sud s'engouffrent dans les embouchures des conduits de propreté et provoquent des émanations infectes dans les habitations où ils aboutissent à cause du mauvais état de ce service sanitaire. Il y a peu de temps que, sur certains points, cette entrée des résidus immondes dans la mer était non-seulement infecte, mais indécente; de manière qu'avant de débarquer l'étranger était confirmé dans ses préventions sur la malpropreté de la ville. Ce service a été beaucoup amélioré depuis vingt ans, et, malgré son amélioration journalière, il existe encore en plusieurs endroits des foyers d'infection, tolérés par l'habitude, mais hautement réprouvés par l'hygiène. Sans prétendre juger ici le système de propreté au moyen de canaux conduisant les immondices à la mer, il est certain qu'il n'a pas les mêmes inconvénients ici qu'à Londres, à Paris et en d'autres villes, attendu que l'eau du Tage, mêlée à celle de l'Océan, ne peut être employée aux mêmes usages que celles de la Tamise et de la Seine. Enfin, si par ce procédé les matières déposées dans les canaux étaient immédiatement conduites à la mer par un courant d'eau continu et suffisant, sans être le meilleur, il serait au moins très-tolérable. Mais le peu d'eau dont la ville dispose à cet effet, fait que ces matières séjournent plus ou moins de temps dans ces conduits et forment l'été des foyers d'infection qui exhalent, par les ouvertures voisines des maisons et jusques sous les fenêtres, des miasmes pestilentiels. En outre, dans certaines parties de la ville, privées de ce système, les ordures sont jetées dans les rues où elles restent plusieurs jours. Ajoutez à cela un abattoir et ses annexes au milieu de la ville, dont les émanations insalubres se répandent à une grande distance; le gaz d'éclairage corrompant l'atmosphère; des fabriques parmi les habitations; des rues mal nettoyées; des escaliers sales, et vous aurez un ensemble d'éléments malfaisants surtout sur des poumons malades. Quelques-uns de ces inconvénients, dont l'action est locale et circonscrite, peuvent être atténués par des précautions, des soins et une habitation choisie; mais ceux dont l'effet est général sont sans remède et exercent inévitablement une influence pernicieuse sur la marche de la phthisie.

Pour obvier à ces fâcheuses conditions, on envoie d'ordinaire, au printemps, les malades atteints des voies respiratoires à la campagne, à une ou deux lieues de la mer, dans des localités salubres, peu élevées, abritées des vents et entourées ou rapprochées autant que possible de jardins, de parcs, de forêts pour servir à la promenade. Les lieux les plus recommandés comme offrant ces conditions, sont : Campolide, Sete-Rios, Convalescença, Bemfica, Calhariz, Larangeiras, Palma, Campo-Grande, Lumiar, etc. Les malades y restent de quatre à six mois. Sauf quelques exceptions, les habitations y sont mal bâties, malpropres, sans jardins et dans certains endroits accumulées et disposées comme dans les villes, recevant la poussière soulevée par le vent et les voitures, et parfois les émanations des immondices. En général, les maisons de campagne confortables autour de la capitale sont habitées par les propriétaires et celles qu'on trouve à louer sont ordinairement moins commodes que l'habitation de ville des malades. Les environs de Lisbonne sont peu boisés, et la récolte faite, la campagne est triste, aride et sèche; d'où résulte pendant l'été une température élevée, un air sec, des promenades exposées au vent, au soleil, à la poussière et à toutes les variations atmosphériques de la ville. Souvent après quelques beaux jours, en avril ou mai, les malades, comptant sur leur continuation, partent à la campagne, tandis que la pluie ou le mauvais temps revenant, ils restent parfois enfermés un mois ou plus sans pouvoir sortir.

Plusieurs de ces inconvénients pourront disparaître par la suite, et si déjà les dépenses considérables, faites dans les maisons de campagne, l'eussent été avec plus de goût et d'intelligence, elles seraient plus agréables aux personnes bien portantes et plus salutaires aux malades. Néanmoins, il est hors de doute que ce séjour est utile dans plusieurs maladies, celles des voies respiratoires en particulier, et nous avons vu la phthisie, dans des cas graves, suspendre sa marche par ce moyen, chez quelques-uns de nos malades ou ceux de nos confrères.

La plupart des malades retournent en ville à la fin de l'automne, chassés par le froid ou l'humidité. A cette époque la température est plus basse à la campagne qu'à la ville et ses irrégularités y sont plus sensibles, ce qui empêche les malades de sortir. Plus tard aussi, ils se trouvent seuls, isolés, et les moyens de transport devenant de plus en plus coûteux et difficiles, ils préfèrent revenir passer l'hiver à la ville, malgré les mauvaises conditions qu'ils y rencontrent. Il n'y a que ceux dont l'habitation est convenable qui puissent rester à la campagne pendant cette saison.

Si l'on compare d'après cela les conditions dans lesquelles se trouvent les phthisiques, l'hiver à Lisbonne, l'été aux environs, avec celles qu'ils rencontrent à Funchal dans ces saisons, on ne peut hésiter à choisir ce dernier pays quand le malade peut s'y rendre. Mais comme il y a à Madère des jours très-chauds l'été, avec une certaine humidité de l'atmosphère, ou toute autre circonstance produisant une transpiration abondante au moindre exercice, un état de langueur et de dépression des forces comme sous les climats tropicaux, les malades sont obligés également d'aller habiter la campagne à une hauteur suffisante pour trouver une température convenable à leur état. Avec ce changement, les conditions de Funchal sont préférables à celles des environs de Lisbonne : une température plus fraîche et plus égale, un air moins sec, moins de vent, peu de variations atmosphériques, l'absence de poussière et une végétation toujours luxuriante, constituent cet avantage comparatif.

La supériorité de ce climat sur celui de l'Angleterre, repose sur tant de faits, qu'il est considéré par les médecins de ce pays comme un des plus salutaires, des plus favorables d'octobre à mai pour les malades atteints de la poitrine. A en juger par le nombre des malades, les médecins des divers autres pays ne paraissent pas aussi convaincus à cet égard. Quant à nous, qui avons commencé tardivement à faire cette comparaison pratique, beaucoup plus importante que la comparaison météorologique, les faits nous manquent pour tirer une conclusion définitive, laquelle exige absolument des données statistiques exactes et nombreuses. Jusqu'ici, quelques malades ont retiré un grand profit du séjour de Madère, tandis que d'autres n'en ont obtenu aucun effet salutaire. A la vérité le marasme profond de plusieurs d'entre eux s'opposait à ce qu'ils en ressentissent l'influence, car il n'est pas de climat ni de moyen humain capable de rèmédier à un tel état de destruction et de ruine; au contraire, ce voyage ne pouvait que hâter la mort. Il faut donc tenir compte, dans cette comparaison difficile, de ceux qui vont ainsi à Madère au degré ultime de la maladie, quand toute espérance est perdue, et ne pas oublier non plus que l'on a vu parfois, aux environs de Lisbonne et ailleurs, la phthisie suspendre sa marche pendant des années et paraître définitivement guérie. Ces faits doivent être appréciés de quiconque voudra tirer cette conclusion définitive en temps opportun et d'une manière impartiale et consciencieuse.

S'il était possible de trouver, dans les provinces du sud du Portugal, un climat réunissant l'hiver les conditions météorologiques salubres et les commodités existant à Funchal, il faudrait l'expérimenter sur une grande échelle, car étant accessible à toutes les fortunes et à un plus grand nombre de malades que celui-ci, il serait plus avantageux pour les nationaux. Voici les indications qui existent à cet égard.

A diverses époques, le climat de l'Alemtéjo et autres au sud du Tage ont été recommandés, même pendant l'hiver contre la phthisie; non pas celui des lieux froids et ouverts de cette province, mais celui des localités tempérées. Cette idée, oubliée par intervalles, n'a jamais été entièrement abandonnée et quelques cas heureux sont venus, de temps à autre, confirmer la confiance de certains médecins portugais dans ces climats.

Zacutus Lusitanus dit : « Phthisicos in multum tempus « aliquando vitam prorogasse auctorum historia contes- « tantur. Est oppidum apud Lusitanos fertile et amœnum,

« a vulgo Palmella vocatum, in cujus circuitu pinifera-
« rum arborum est copia multa. Ad hunc terræ tractum
« aliquot, vere phthisicos, a me et aliis peritissimis Medi-
« cis deploratos, memini me transfere solitum. In hoc
« aere exsiccante, per aliquot mensium spatium commo-
« rantes etsi imbelles et infirmi, tussi non ita ferina fuêre
« detenti. Tandem per multos annos in eo loco habitantes,
« ulcere crusta obducto aut callo obturato ad longissimum
« tempus vitam sani produxerunt. Alii recidivantes, oborto
« iterum sanguinis sputo, phthisi consumpti sunt. » (*Praxis Historiarum, Lib. II. 2 Obs.*)

Curvo de Semedo dit : « Des affections de poitrine, des toux difficilement curables à Lisbonne, guérissent facilement à Béja. » (*Polyanthea medicinal*, page 203). Il cite également, page 202, trois malades qui guérirent d'une affection de poitrine en se retirant l'un à Evora, l'autre à Sacavem et le troisième en quittant Lisbonne. Il conseille également l'air pur de la campagne pour les corysas, les toux rebelles, la phthisie, etc., sans indiquer un lieu particulier.

Enfin E. Rebello de Saldanha dit en parlant de l'Alemtéjo : « Béja est le principal refuge des phthisiques de Lis-
« bonne et des autres parties de l'Estramadure. Et s'il est
« vrai que cette ville s'appelle leur sépulture, c'est parce
« qu'ils ne se résolvent à recourir à ce climat qu'au der-
« nier degré, alors que tout secours est inutile. » D'autres auteurs portugais conseillent le changement de climat contre les maladies chroniques de poitrine, sans désigner un lieu particulier, ce qui montre que cette réputation de certains endroits de l'Alemtéjo et de l'Estramadure n'est pas établie de manière à être généralement recommandée. Toutefois, cette faible tradition est arrivée jusqu'à nous et c'est en se fondant sur elle que des malades sont allés dernièrement habiter ces localités et en ont retiré quelques avantages.

Il n'existe pas en Portugal d'observations météorologiques propres à caractériser exactement le climat des diverses parties du royaume; celles qu'on trouve à cet égard dans certains lieux, quoique l'œuvre de curieux très-dignes d'encouragement sans doute, sont loin d'égaler ces observations suivies, sévères et minutieuses, requises aujourd'hui pour déterminer la nature d'un climat. Ce défaut est tel, quant aux lieux cités plus haut, qu'on ne peut même en définir approximativement le climat ni les conditions météorologiques, et tout ce qu'on dit des guérisons qu'on y rapporte est si vague, si incertain, les faits bien diagnostiqués sont si rares, qu'ils n'encouragent guère à faire de nouveaux essais; d'autant plus que les difficultés de transport et le défaut d'habitations convenables aux malades empêchent toute tentative à cet égard. Ces raisons expliquent le petit nombre de malades et le faible crédit du remède.

Il ne serait pas étonnant, d'après nos informations de l'Algarve, sa latitude, ses productions végétales et la salubrité de ce pays, qu'on y rencontrât un jour le climat désiré. La ligne isothermique qui passe à Funchal, et entre dans la Méditerranée, touche à la pointe de l'Europe. Si la météorologie de l'Algarve était mieux étudiée, si le pays était exploré dans ce sens, il est probable qu'on y trouverait une ou plusieurs localités réunissant les conditions voulues, aussi bonnes, si ce n'est meilleures, que celles des autres climats de l'Europe, recommandés à cet effet. Il y règne une atmosphère maritime, et cette contrée se trouve à une si faible distance de la capitale qu'avec les moyens connus aujourd'hui et que nous serons obligés d'adopter, tôt ou tard, on pourrait s'y rendre en quelques heures sans incommodité. Mais jusqu'à ce que ces investigations et ces améliorations aient lieu, le mieux sera de recourir au climat de Madère.

CONCLUSION.

L'étude et les faits qui précèdent nous permettent de formuler les propositions suivantes, aussi prudentes, réservées et positives que possible dans l'état actuel de nos connaissances :

1° Le climat de Funchal est salutaire; sa température est uniforme et douce, surtout dans l'hiver, sans grandes variations atmosphériques; aucun pays d'Europe ne semble le surpasser dans ces qualités. On y rencontre, l'été, très près de la ville, une température fraîche et agréable.

2° La ville est dans de bonnes conditions hygiéniques; les habitations, les aliments, les eaux et les commodités propres aux malades s'y rencontrent de la manière la plus utile et la mieux entendue.

3° Le séjour dans ce pays, depuis la fin de l'automne jusqu'au commencement du printemps, convient aux constitutions délicates, aux valétudinaires et en général à tous les malades auxquels le froid et les grandes variations atmosphériques de l'hiver sont nuisibles.

4° Les malades atteints de laryngite, bronchite, pleurésie et pneumonie chroniques trouvent souvent leur guérison sous ce climat.

5° Il doit être conseillé aux personnes qui, ayant une prédisposition héréditaire à la phthisie pulmonaire, commencent à tousser, à éprouver des hémoptysies, des faiblesses, de l'amaigrissement ou tout autre symptôme décélant l'invasion de cette maladie.

6° Il doit être conseillé également à ceux qui, avec ou sans cette prédisposition, présentent les signes du premier degré de la phthisie.

7° On peut encore le conseiller aux phthisiques arrivés au second degré, lorsqu'ils conservent des forces, sinon comme moyen curatif, du moins pour prolonger la vie avec moins de souffrances, passer l'hiver plus agréablement et commodément, et obtenir peut-être la suspension de la maladie, comme on en a vu des exemples.

8° Quant aux phthisiques faibles et abattus du second degré, chez lesquels la maladie marche avec rapidité, ainsi que ceux arrivés au troisième degré, le voyage à Madère est généralement inutile et quelques fois fatal.

9° La répugnance des malades pour le changement de pays et l'effet cruel de la séparation doivent être prudemment prévus. Certains phthisiques, en voyant augmenter leurs souffrances, perdent tout espoir de rétablissement et de retour dans leur patrie, dans leur famille; ce qui produit parfois une nostalgie pénible et affligeante, laquelle complique la maladie déjà si grave et empêch toute influence salutaire du climat. Ces malades doiven donc être accompagnés de leur famille ou de quelqu'un de confiance.

10° Les malades qui éprouvent de l'amélioration à Funchal doivent y rester jusqu'à ce qu'elle soit certaine, définitive; le séjour d'un seul hiver suffit rarement pour que cet effet se produise.

11° Quand il y a amélioration, le départ de Madère pour l'Europe doit avoir lieu de mai à octobre. Le voyage du Portugal à Madère peut avoir lieu toute l'année, mais le commencement de l'automne est l'époque la plus utile et la plus favorable pour la navigation, ainsi que pour le choix d'une habitation.

12° Le transport par les navires à vapeur est très-commode pour les malades; mais dans l'été et au commencement de l'automne, quand règnent les vents du nord, le voyage du Portugal à Madère est aussi rapide, aussi sûr et aussi commode par les navires à voiles.

13° On ne connaît pas en Portugal de climat ni de localité que l'on puisse préférer à Funchal pendant l'hiver pour le séjour des phthisiques.

14° Les environs de Lisbonne ne sont pas préférables à ceux de Funchal durant l'été.

15° Il est plus utile et plus commode aux habitants de Lisbonne d'aller séjourner à Madère qu'à Malaga, en Italie, au sud de la France, en Égypte ou tout autre lieu réputé aujourd'hui favorable aux phthisiques; bien que dans certains cas, quand les malades sont encore vigoureux et supportent bien les voyages, ils puissent choisir de préférence et avec avantage un de ces climats ou même les varier.

16° Le traitement du malade doit être rigoureusement surveillé par un médecin pendant le séjour à Madère; car l'expérience montre que des écarts de traitement et de régime ont détruit les plus grandes espérances fondées sur des améliorations positives, en donnant lieu à de funestes rechutes.

TABLE DES MATIÈRES.

PRÉFACE du Traducteur 5
INTRODUCTION historique et bibliographique 1

PREMIÈRE PARTIE : CLIMAT DE MADÈRE.

CHAPITRE I. Topographie et géologie.... 15
» » de Funchal....... 19
CHAPITRE II. Pression barométrique.................. 23
CHAPITRE III. Température.......................... 39
» extérieure à l'ombre........ 40
» » de jour et de nuit. 61
» » au soleil......... 64
» intérieure................. 68
» » et extérieure...... 79
» des divers pays............ 81
CHAPITRE IV. Hygrométrie.......................... 87
» comparée à celle de Londres. 100
CHAPITRE V. Temps, nuages........................ 128
Pluies, inondations.................... 139
Orages, tempêtes, tremblements de terre.. 145
CHAPITRE VI. Vents................................ 146
» *Leste*.......................... 160
CHAPITRE VII. Variations du temps, saisons........... 164
CHAPITRE VIII. Conditions hygiéniques : situation, habitations................. 168
» Salubrité, eaux............. 170
» Hôpitaux, asile de mendicité.. 175
» Prison, cimetières, abattoir, etc. 180
CHAPITRE IX. Animaux et végétaux.................. 187
CHAPITRE X. Longévité et mortalité des habitants...... 195
» mortalité par la phthisie..... 199
Conclusion de la première partie......... 210

DEUXIÈME PARTIE : INFLUENCE THÉRAPEUTIQUE.

CHAPITRE XI. Opinions des médecins de Funchal 215
Statistiques » » 217
CHAPITRE XII. Opinions des médecins étrangers........ 225
CHAPITRE XIII. Opinions des malades et des habitants... 240
Statistique des malades étrangers....... 242
Traitement......................... 253
CHAPITRE XIV. Climats d'Italie comparés à celui de Funchal......................... 256
CHAPITRE XV. Climat de Lisbonne comparé à celui de Funchal......................... 282
Conclusion de la deuxième partie....... 304

FIN DE LA TABLE.

Paris. — Typographie de Gaittet et Cie, rue Gît-le-Cœur, 7.

BIBLIOTHEQUE NATIONALE DE FRANCE
3 7531 03987172 9

www.ingramcontent.com/pod-product-compliance
Ingram Content Group UK Ltd.
Pitfield, Milton Keynes, MK11 3LW, UK
UKHW012012240726
13965UKWH00002B/319

9 782012 960893